Alpinwandern
Rund um die Berner Alpen

Alpinwandern

Rund um die Berner Alpen

Ueli Mosimann

Mit Beiträgen von
Lukas Högl
Ralph Imstepf
Toni Labhart
Hansruedi Mösching

Verlag Schweizer Alpen-Club SAC
Editions du Club Alpin Suisse CAS
Edizioni del Club Alpino Svizzero CAS

Schweizer Alpen-Club SAC
Club Alpin Suisse
Club Alpino Svizzero
Club Alpin Svizzer

Die Angaben in diesem Buch wurden mit grösstmöglicher Sorgfalt und nach bestem Wissen und Gewissen der Autoren zusammengestellt. Eine Gewähr für deren Richtigkeit wird jedoch nicht gegeben. Die Begehung der vorgeschlagenen Routen erfolgt auf eigene Gefahr. Fehler, Ergänzungen oder Änderungswünsche sind zu richten an: SAC-Geschäftsstelle, „Alpinwandern Rund um die Berner Alpen", Postfach, 3000 Bern 23.

© 2003 SAC-Verlag, Bern
Alle Rechte beim Schweizer Alpen-Club SAC

Satz: atelier a&d, Arlette Brügger, Vallamand
Karten: Atelier Guido Köhler, Basel
Lithos: Bienna AG, Biel
Druck: Fischer AG, Münsingen
Bindung: Schlatter AG, Bern

Printed in Switzerland
ISBN-Nr. 3-85902-213-X

Inhaltsverzeichnis

Zum Geleit

Was bringt einen Bergführer dazu, tagelang auf gewöhnlichen Bergwegen unterwegs zu sein? Ganz so gewöhnlich waren die Wege nicht, die Ueli Mosimann rekognoszierte. Sie waren Teil der grossen Umrundung der Berner Alpen, die im vorliegenden Führer beschrieben wird. Ueli kennt als Führer grosse Teile dieses Gebirgszugs aus eigener Anschauung, und als Autor des Bandes 5 der Berner Hochalpen hat er einen wichtigen Teil im Detail beschrieben. Zudem weiss er als Verantwortlicher der gesamtschweizerischen Bergunfallstatistik, dass viele Unfälle nicht in einer (gut abgesicherten) Kletterroute passieren, sondern viel eher an einer steilen Grashalde oder auf einem Schneefeld…

Wandern ist die beliebteste Freizeitbeschäftigung der Schweizerinnen und Schweizer. Wanderungen im Mittelland sind in der Regel von allen problemlos zu bewältigen und völlig ungefährlich. Beim Wandern in den Bergen verlangen die Höhenunterschiede entsprechende körperliche Voraussetzungen, es braucht aber auch eine gewisse Erfahrung. Das Wetter und die Verhältnisse können eine entscheidende Rolle spielen. Ein Fehltritt kann rasch schlimme Folgen haben. Die Tourenplanung setzt Kenntnisse im Kartenlesen voraus, zusätzliche Informationen sind oft wichtig. Genau hier setzen die Wanderführer des SAC an.

Beim Stichwort „Berner Alpen" denkt man zuerst einmal an das berühmte Dreigestirn Eiger, Mönch und Jungfrau. Berge, deren Besteigung auch heute auf allen Routen Erfahrung und sicheres Gehen in Fels und Eis erfordert. Ist das auch ein Wandergebiet? Ueli Mosimann hat Routen ausgewählt, die entlang dem Alpenrand, der sogenannten „Hinteren Gasse", und entlang der Südabdachung eine interessante Umrundung ergeben. Oft sind Varianten möglich, die – mit teilweise erhöhten Anforderungen – weitere, interessante Abschnitte erschliessen. Die neue Schwierigkeitsskala des SAC für Bergwanderungen von T1 bis T6 (mit T für Trekking) soll dem Benutzer zeigen, was er sich zumuten darf. T6 als höchste Stufe, sozusagen die „Eigernordwand des Wanderers", und damit ist die direkte Beziehung zu den Berner Alpen auch wieder hergestellt.

Wandern besteht ja nicht nur darin, eine bestimmte Strecke abzuspulen. Wer zu Fuss geht, hat Zeit für philosophische Gedanken und für Betrachtungen in der Umgebung. Die im Buch eingestreuten, kulturellen Texte sollen Hintergrundinformationen liefern, sollen anregen, sich intensiver mit der Region zu befassen und vielleicht ein zweites Mal herzukommen, in der umgekehrten Richtung oder auf einer ganz anderen Route. Jede Etappe ist für sich allein schon lohnend, man kann immer ins Tal absteigen. Die Querverbindungen und Alternativrouten ermöglichen es, das Programm jederzeit an die eigenen Bedürfnisse und Kapazitäten anzupassen.

Die Verkaufszahlen beweisen es: Diese Reihe der Wanderführer aus dem SAC-

Verlag kommt bei den Mitgliedern und weiteren Benützern gut an. Sie ergänzen die klassischen Clubführer, indem sie eine Auswahl jener Touren bieten, die auf Wegen zu Hütten, über Pässe und auf leichte Gipfel führen und ohne grössere technische Schwierigkeiten gemeistert werden können. Besondere Anforderungen, zum Beispiel bei einer Gletscherüberquerung, sind in den Beschreibungen speziell vermerkt. Viele der beschriebenen Routen sind im Gelände markiert. Trotzdem lohnt es sich, zu Hause auf der Karte die wichtigen Punkte für die Orientierung herauszulesen und sich im Umgang mit den Instrumenten (Kompass, Höhenmesser, evtl. GPS-Empfänger) vertraut zu machen. So wird man nicht überrascht, wenn die Sicht plötzlich einmal schlecht wird, und man wird seinen Weg sicher bis zum nächsten Stützpunkt finden. Natürlich gehört neben der Verpflegung die entsprechende Ausrüstung in den Rucksack.

Ich danke im Namen der Verlagskommission Ueli Mosimann und seinen Mitarbeitern für die wertvolle Arbeit ganz herzlich und wünsche dem vorliegenden Werk, dass es gut aufgenommen wird von den Benützern. Zusammen mit dem Autor lege ich allen Wanderern die Naturschutzregel ans Herz: Lass nichts zurück ausser deinen Fussabdrücken! Respektvoller Umgang mit der Umwelt ist heute nötiger denn je.

In diesem Sinne wünsche ich allen Leserinnen und Lesern viel Vorfreude, eindrückliche Stunden unterwegs und vor allem eine sichere Rückkehr.

Oberwichtrach, im März 2003
Verlagskommission des SAC
Martin Gurtner

Vorwort

Der Weg ist das Ziel! Eine guter Gedanke, dem man wirklich nachleben sollte. Vor allem beim Wandern und Bergsteigen, wo Wege nicht nur symbolisch betreten werden. Oft beruflich zu hohen Gipfeln unterwegs, zwingen mich Zeit und Umstände nicht selten dazu, eilenden Schrittes an manchem vorbeizugehen, was man eigentlich mit Einhalt und etwas Musse würdigen und betrachten sollte. Deshalb begegnete ich der Anfrage des SAC-Verlages, über das Gebiet der Berner Alpen einen Wanderführer zu verfassen, zunächst mit einiger Skepsis. Zwar sind mir viele Routen und Wege in den „Hausbergen" dieses bedeutenden Gebirgszuges zwischen Sanetsch- und Grimselpass durchaus bekannt. Einen Berg- und Alpinwanderführer zu verfassen in einer Qualität, die der bisherigen Reihe dieser Führer aus dem SAC-Verlag entspricht, verlangt aber mehr als nüchterne Routenbeschreibungen. Hier gilt es, den Weg auch als Höhepunkt zu betrachten. Eine solche Aufgabe im Alleingang zu bewältigen, schien mir – als vorsichtigem Alpinisten – doch allzu kühn. Die Entscheidung, diesen Auftrag nach reiflicher Überlegung anzunehmen, ergab sich aus der Gewissheit, auf die Mitarbeit von ausgewiesenen Fachleuten zählen zu können. Lukas Högl, Ralph Imstepf, Toni Labhart und Hansruedi Mösching haben mit ihren Beiträgen über Kultur, Geologie sowie Flora und Fauna dieses vielfältigen Gebirgsraumes wesentlich zum Gelingen des Führers beigetragen.

Die Stunden und Tage, gebeugt über Konzepte und Karten, Verifikationen im Gelände und letztlich die Umsetzung in konkrete Etappen- und Routenbeschreibungen, waren einmal mehr ein Abenteuer, das durchaus mit dem Vorankommen auf einer Bergtour verglichen werden kann: manchmal klar und leichtfüssig, gelegentlich überraschend, hie und da unsicher und nur mit festem Willen und guter Zuversicht weiter und am Ziel mit dankbarem Blick zurück, dass das, was man sich vorgenommen hat, auch zu Ende geführt werden konnte. Der Weg ist das Ziel – doch ohne Ziel gibt es keinen Weg!

Ein herzliches Dankeschön an all diejenigen, die mich mit Rat und Tat auf diesem Weg begleitet haben. Es sind dies, nebst den bereits erwähnten Co-Autoren:

- Heidi Steiner und Martin Gurtner, die mich mehrmals aus den tückischen Fallgruben der deutschen Rechtschreibung gerettet haben.
- Hans Ott, der dafür gesorgt hat, dass letztlich alles zwischen zwei Buchdeckeln Platz gefunden hat.

Mit zusätzlichen Angaben zur Aktualität der Informationen haben beigetragen:

Marianne Aeschbacher	Bern
Paul Emden	Grosshöchstetten
Christoph Blum	Langenthal
Egon Feller	Brig
Ueli Junger	Kandersteg
Beat Leiggener	Ausserberg
Dres Schild	Ittigen
Jakob Schmid	Frutigen
Christian Wäfler	Adelboden
Katrin Zinkernagel	Zumikon

Dem Benutzer viel Freude und erlebnisreiche Tage in den Berner Alpen!

Utzigen, im Februar 2003
Ueli Mosimann

Zum Gebrauch des Führers

Aufbau
Kernstück dieses Führers bildet die Beschreibung einer grossen Umrundung der Berner Alpen in 24 Tagesetappen: Von Gsteig im Saanenland führt diese ostwärts durch das Berner Oberland bis zum Grimselpass und von da entlang der Südabdachung im Kanton Wallis westwärts bis zum Sanetschpass und zuletzt zurück zum Ausgangspunkt. Zusätzlich sind verschiedene Verbindungsrouten beschrieben, mit denen diese Rundtour abgekürzt oder in verschiedenen Variationen gestaltet werden kann.

Beschreibungen
Jede Tagesetappe wird einzeln und ausführlich beschrieben. Übersichtskarten, Streckenprofile und Bilder ergänzen die Ausführungen. Die Informationen gliedern sich wie folgt:

Oberzeile
Enthält Ausgangsort und Endpunkt jeder Etappe.

Routennummer und Titelzeile
Die Tagesetappen sind fortlaufend nummeriert. Bei einigen Etappen werden zusätzliche Alternativrouten beschrieben. Diese sind durch eine zusätzliche Ziffer gekennzeichnet. (Zum Beispiel: Etappe 5 Engstligenalp – Kandersteg über den Chindbettipass und 5.1 Engstligenalp – Kandersteg entlang der Lohner-Westflanke).

Kartenausschnitt
In einem kleinen Kartenausschnitt ist die beschriebene Tagesetappe mit einer roten Linie dargestellt. Soweit der Ausschnitt reicht, sind auch Teile der Anschlussetappen mit ockerfarbenen Linien eingezeichnet.

Einleitung
Hier werden Highlights, Charakteristik sowie typische Eindrücke über das Umfeld einer Etappe beschrieben.

Schwierigkeit
Die Schwierigkeitsbewertung basiert auf der neuen Bergwanderskala des SAC mit den Abstufungen von T1 bis T6 (T für Trecking). T1 sind einfache und problemlose Wanderwege, T6 sind ernsthafte alpine Unternehmungen. Die folgende tabellarische Übersicht enthält detaillierte Informationen über die Definitionen und Anforderungen. Diese Bewertungen gelten für günstige Verhältnisse. Es ist zu beachten, dass die Schwierigkeiten bei ungünstigen

Blick vom Gamchigletscher zum Morgenhorn

SAC-Wanderskala

Grad Bezeichnung	Weg Gelände	Anforderungen	Referenztouren
T1 Wandern	Weg gut gebahnt, falls nach SAW-Normen markiert: gelb Gelände flach oder leicht geneigt, keine Absturzgefahr	keine, für Turnschuhe Orientierung problemlos, auch ohne Karte möglich	Männlichen – Kleine Scheidegg, Hüttenweg Jurahaus, Cabane Mont Raimeux, Strada Alta Leventina, Vermigelhütte
T2 Bergwandern	Weg mit durchgehendem Trassee und ausgeglichenen Steigungen, falls markiert: weiss-rot-weiss, Gelände teilweise steil, Absturzgefahr nicht ausgeschlossen	etwas Trittsicherheit, Treckingschuhe sind empfehlenswert, elementares Orientierungsvermögen	Wildhornhütte, Bergseehütte, Täschhütte ab Täschalp, Cap. Cristallina
T3 anspruchsvolles Bergwandern	am Boden ist meist noch eine Spur vorhanden, ausgesetzte Stellen können mit Seilen oder Ketten gesichert sein, ev. braucht man die Hände fürs Gleichgewicht, falls markiert: weiss-rot-weiss, zum Teil exponierte Stellen mit Absturzgefahr, Geröllflächen, weglose Schrofen	gute Trittsicherheit, gute Treckingschuhe, durchschnittliches Orientierungsvermögen, elementare alpine Erfahrung	Hohtürli, Sefinenfurgge, Fründenhütte, Grosser Mythen, Pizzo Centrale,
T4 Alpinwandern	Weg nicht überall sichtbar, Route teilweise weglos, an gewissen Stellen braucht es die Hände zum Vorwärtskommen, falls markiert: weiss-blau-weiss Gelände bereits recht exponiert, heikle Grashalden, Schrofen, einfache, apere Gletscher	Vertrautheit mit exponiertem Gelände, stabile Treckingschuhe, gewisse Geländebeurteilung und gutes Orientierungsvermögen, alpine Erfahrung	Schreckhornhütte, Dossenhütte, Mischabelhütte, Übergang Voralphütte – Bergseehütte, Steghorn (Leiterli), Lisengrat, Pass Casnile Sud, Vorder Glärnisch
T5 Anspruchsvolles Alpinwandern	oft weglos, einzelne einfache Kletterstellen bis II, falls die Route markiert ist: weiss-blau-weiss, exponiertes, anspruchsvolles Gelände, Schrofen, wenig gefährliche Gletscher und Firnfelder	Bergschuhe sichere Geländebeurteilung und sehr gutes Orientierungsvermögen gute Alpinerfahrung und elementare Kenntnisse im Umgang mit Pickel und Seil	Cabane Dent Blanche, Bordierhütte, Büttlasse, Salbitbiwak, Sustenjoch, P. Campo Tencia, Cacciabellapass
T6 schwieriges Bergwandern	meist weglos, Kletterstellen bis II, meist nicht markiert häufig sehr exponiert, heikles Schrofengelände, Gletscher mit Ausrutschgefahr	ausgezeichnetes Orientierungsvermögen, ausgereifte Alpinerfahrung und Vertrautheit im Umgang mit alpintechnischen Hilfsmitteln	Ostegghütte, Poncione d'Alnasca, Piz Linard, Glärnisch Guppengrat

Auf dem Grossen Aletschgletscher: Solches Gelände entspricht gemäss der Wanderskala T5

Bedingungen (Nässe, Schnee, Vereisung) sehr rasch ansteigen können. In diesem Führer werden auch einige Klettersteige beschrieben. Da für solche Unternehmungen noch keine einheitliche Schwierigkeitsskala existiert, wurden diese in ihrer Gesamtheit ebenfalls mit der Wanderskala taxiert und mit Hinweisen über die speziellen Anforderungen ergänzt. Zusätzliche Erläuterungen finden sich auch im Kapitel „Allgemeine Hinweise zum sicheren Berg- und Alpinwandern" ab Seite 22.

Zeit
Diese Information enthält die Begehungszeit für normal trainierte Wanderer mit den üblichen Pausen. Zusätzlich zur Gesamtzeit werden Zwischenzeiten für die wichtigsten Wegabschnitte angegeben. Die Zeitangaben basieren auf dem folgenden Schema: 1 Stunde pro 400 Höhenmeter im Aufstieg oder 600 Höhenmeter im Abstieg. Bei längeren Wegstrecken im flachen Gelände wird zusätzlich die Horizontaldistanz mit 4 Kilometern pro Stunde berücksichtigt. Ebenso werden, soweit möglich, lokale Geländeeigenschaften berücksichtigt, die das Marschtempo beeinflussen können. Letztlich aber hat jeder Mensch seinen eigenen Schritt. Wer häufig innehält, um die kleinen oder grossen Sehenswürdigkeiten auf seinem Weg zu betrachten und zu bestaunen, ist sicher länger unterwegs als derjenige, der mit der Stoppuhr durch die Bergwelt eilt. Die in diesem Führer angegebenen Zeiten wurden deshalb bewusst auf eine halbe Stunde gerundet und sind als Richtwerte zu verstehen. Daher können durchaus grössere Abweichungen zu den angegebenen Zeiten auf den lokalen Wegweisern resultieren, deren Angaben in Bezug auf das Marschtempo häufig auch von regionalen Anschauungen beeinflusst werden.

Höhenunterschiede
Aufgerechnete Höhenmeter im Auf- und Abstieg.

Ausgangspunkt
Hier werden Informationen zum Startpunkt einer Tagesetappe aufgeführt. Falls dieser über eine öffentliche Verkehrsverbindung verfügt (in der Regel Talorte oder erschlossene Tourismusorte) wird diese zusammen mit offiziellen Kursbuchnummern in eckigen Klammern aufgeführt. Dies erleichtert die Planung einer Etappe auch als Tagestour. Im weiteren werden Angaben zu den Unterkunftsmöglichkeiten aufgeführt. Bei grösseren Ortschaften oder Tourismusdestinationen mit zahlreichen Übernachtungsmöglichkeiten wird nur die Telefonnummer der zentralen Tourismusinformation angegeben. Diese Auskunftsstellen leiten eine Reservationsanfrage in der Regel direkt an die gewählte Unterkunft weiter.

Bei Berghütten werden zusätzlich die Koordinaten gemäss Landeskarte angegeben. Bei bewarteten Hütten erfolgen die Reservationen am besten direkt beim Hüttenwart. Die SAC-Hütten sind auch ausserhalb der Bewartungszeiten geöffnet. Abweichende Situationen werden, soweit bekannt, im Text erwähnt.

Talort
Diese werden nur erwähnt, wenn sich der Startpunkt einer Etappe nicht bereits in einem Talort befindet. Hier werden vorwiegend zusätzliche Angaben zu den öffentlichen Verkehrsverbindungen aufgeführt.

Endpunkt
Sinngemäss wie Ausgangspunkt.

Zusätzliche Hinweise zu den Unterkünften
Sowohl bei Gasthäusern oder Hotels im Tal als auch bei den Bergunterkünften ist eine Reservation einige Tage zum Voraus zu empfehlen. Besonders bei den Bergunterkünften kann es vorkommen, dass sie wegen verzögerter Schneeschmelze oder zu frühem Einwintern noch nicht geöffnet sind oder kurzfristig geschlossen werden. Voranmeldungen schützen hier vor unangenehmen Überraschungen. In der Regel können mit einer solchen Anfrage auch wichtige Informationen über die aktuellen Verhältnisse einer Etappe eingeholt werden, was für die Planung und Sicherheit einer Tour von grosser Bedeutung sein kann. Allein der Anstand gebietet aber auch, dass man eine Reservation absagt, wenn man sie nicht einhalten kann!
Zusätzliche Informationen zu den Bergunterkünften finden sich im Führer „Hütten der Schweizer Alpen" (SAC-Verlag, erhältlich im Buchhandel, Direktbestellungen bei der SAC-Buchauslieferung, Postfach 134, 7004 Chur, Tel. 081 258 33 35, Fax 081 250 26 66 oder www.sac-verlag.ch).

Einfachster Abstieg ins Tal
Solche Angaben werden nur aufgeführt, wenn eine Etappe auf einem anderen Weg als auf der beschriebenen Route abgekürzt oder abgebrochen werden kann.

Karten
Die Ortsangaben und Beschreibungen in diesem Führer stützen sich auf die Landeskarte der Schweiz im Massstab 1:25'000. Die für jede Etappe notwendigen Kartenblätter werden mit der vierstelligen Nummer und der Kartenbezeichung angegeben. Zusätzlich werden auch die offiziellen Wanderkarten der Schweizer Wanderwege SAW aufgeführt, die auf der Landeskarte 1:50'000 basieren. Vor allem für die anspruchsvolleren Etappen sollte die Planung und Durchführung einer Tour mit den Kartenblättern 1:25'000 durchgeführt werden. Es ist zu empfehlen, dass mit den aktuellen Ausgaben gearbeitet wird, da sich bei Wegen und bei den Höhenkoten, die in den Routenbeschreibungen erwähnt werden, Anpassungen und Änderungen ergeben können. Dieser

Führer basiert auf folgenden Kartenausgaben:

1209 Brienz: Ausgabe 1993	1266 Lenk: Ausgabe 2001
1210 Innertkirchen: Ausgabe 1993	1267 Gemmi: Ausgabe 2001
1228 Lauterbrunnen: Ausgabe1993	1268 Lötschental: Ausgabe 1993
1229 Grindelwald: Ausgabe 1993	1269 Aletschgletscher: Ausgabe 1993
1230 Guttannen: Ausgabe 1993	1270 Binntal: Ausgabe 1993
1247 Adelboden: Ausgabe 2000	1286 St. Léonard: Ausgabe 2001
1248 Mürren: Ausgabe 2001	1287 Sierre: Ausgabe 2000
1249 Finsteraarhorn: Ausgabe 1993	1288 Raron: Ausgabe 1993
1250 Ulrichen: Ausgabe 1993	1289 Brig: Ausgabe 1993

Unterwegs einkehren
Hinweise über Unterkünfte und Verpflegungsmöglichkeiten am Weg.

Sehenswert
Hinweise auf Sehenswürdigkeiten und Besonderheiten am Weg.

Die Route
Detaillierte Beschreibung einer Etappe vom Start bis zum Endpunkt. Wie bereits erwähnt, dient als Grundlage die Landeskarte im Massstab 1:25'000. Dort, wo die Route, meist aufgrund der lokalen Beschilderung, klar ersichtlich ist, wird die Beschreibung kurz gehalten. Ausführlicher beschrieben werden diejenigen Abschnitte, die alpintechnisch anspruchsvoller sind oder wo der Weg nicht eindeutig beschildert ist. Die Bezeichnungen „rechts" und „links" beziehen sich auf die Marschrichtung. Wo es sinnvoll ist, werden diese Angaben durch die Himmelsrichtungen ersetzt oder ergänzt.

Varianten
Hier werden Alternativmöglichkeiten (Routenvarianten, Abkürzungen mit Seilbahnen, Abstecher zu besonderen Aussichtspunkten etc.) aufgezeigt. Abweichender Zeitbedarf und andere Schwierigkeitsanforderungen werden direkt eingefügt.

Gipfel
Hinweise auf lohnende Gipfel, die sich im Rahmen einer Etappe oder als zusätzliche Tagestour besteigen lassen. Auch hier werden Zeitbedarf und Schwierigkeit angegeben. Bei längeren oder anspruchsvolleren Unternehmungen wird auf zusätzliche Führerliteratur verwiesen.

Tourentipp
Hinweise auf zusätzliche Wanderungen.

Thematische Texte
Hintergrundbeiträge über geschichtliche oder zeitgenössische Themen zu Kultur und Landschaft von Regionen, welche im Rahmen einer oder mehrerer Tagesetappen durchwandert werden.

Abkürzungen

SAC	Schweizer Alpen-Club
P.	Punkt (Höhenkote aufder LK)
Min.	Minuten
Std.	Stunden
E	Osten
W	Westen
N	Norden
S	Süden
Hm	Höhenmeter
CAS	Club Alpin Suisse
m	Meter
Tel.	Telefon
km	Kilometer
T (1 – 6)	Schwierigkeitsgrad der Wanderskala (T = Trecking)
LK	Landeskarte der Schweiz
I	Geringe Schwierigkeiten im Fels
II	Mässige Schwierigkeiten im Fels
Cab.	Cabane (franz. für Hütte)

Öffentlicher Verkehr
Gerade bei Bergtouren und Wanderungen von Tal zu Tal kommen die Vorzüge des öffentlichen Verkehrs voll zum Tragen: Nach einer Tour kann man sich bequem in ein Postauto oder einen Zug setzen und muss nicht noch lange und kompliziert zu seinem Auto in ein anderes Tal zurückkehren. Wie bereits erwähnt, sind die Kursbuchnummern des Schweizerischen Kursbuches in eckigen Klammern beim Ausgangs- und Endpunkt sowie bei den Hinweisen über den nächstgelegenen Talort aufgeführt. Eine rasche Information über die öV-Verbindungen in der Schweiz können im Internet über die Homepage der Schweizerischen Bundesbahnen SBB abgerufen werden (www.sbb.ch). Nützlich ist auch ein Abruf von Verbindungen von einem Start- zu einem Zielort mittels SMS über das Mobiltelefon. Näheres dazu ist der Betriebsanleitung des entsprechenden Netzanbieters zu entnehmen.
Soweit möglich sind bei abgelegenen Örtlichkeiten auch Telefonnummern von lokalen Transportunternehmern aufgeführt, die im Kursbuch nicht vorhanden sind. Vor allem für die Suche von Transportmöglichkeiten von Gruppen kann auch das Verzeichnis in der Boschüre „Alpen Taxi" hilfreich sein. (Bezug bei Mountain Wilderness Bern, Aargerbergasse 24, 3011 Bern).

Wetterauskünfte
Ein ganz wichtiger Faktor beim Bergsteigen ist das Wetter. Bei anspruchsvolleren Unternehmungen entscheidet die Wetterentwicklung nicht nur über Vergnügen oder Verdruss, sondern wird sehr rasch auch zu einem zentralen Sicherheitsfaktor. Die Möglichkeiten, sich bei der Planung und Durchführung einer Tour über das Wetter zu informieren, sind vielfältig. Vor allem bei nicht ganz eindeutigen Wetterlagen ist die Darstellung der Prognose mittels Piktogrammen, wie dies bei den meisten Tageszeitungen und leider vermehrt auch bei den Wetterdiensten gemacht wird, völlig ungenügend. Wesentlich präzisere Informationen erhält man aus den verbalen Wetterprognosen, die während der Nachrichtenblöcke im Radio ausgestrahlt werden. Diese können auch per Telefon abgerufen werden:

Tel. 162 Offizieller allgemeiner Wetterbericht der Meteo Schweiz (5 mal täglich).

Detaillierte (aber leider recht teure) Informationen erhält man zusätzlich über:

Tel. 0900 552 138 Schweizer Alpen Wetterbericht.
Tel. 0900 552 111 Spezialwetterbericht
Tel. 0900 162 333 Individuelle Wetterauskunft

Internet: Homepage der Meteo Schweiz: www.meteoschweiz.ch

Alarmierung der Bergrettungsdienste
Tel. 1414 Notrufzentrale der Schweiz. Rettungsflugwacht REGA
Tel. 1415 Notrufzentrale der Air Glacier in Sion
Tel. 144   Sanitätsnotruf.

Über jede dieser Nummern kann bei einem Bergnotfall Hilfe angefordert werden, die angerufene Zentrale wird den Einsatz an die zuständige Stelle (REGA im Berner Oberland, Air Glacier im Wallis) weiterleiten.

Dank der zunehmenden Verbreitung der entsprechenden Technologie im Alpenraum werden die Gebiete, in denen nicht mit einem Handy telefoniert werden kann, immer kleiner. Vor allem in hochgelegenen und inneralpinen Gebieten muss jedoch nach wie vor damit gerechnet werden, dass mit einem Mobiltelefon keine Verbindung aufgebaut werden kann. Hier ermöglicht in der Regel nur ein Funkgerät auf der Notruffrequenz 161.300 MHz einen direkten Notruf. (Infos siehe unter: www.rega.ch).

Sperrungen und Gefährdungen infolge von militärischem Schiessen
Die Schweizer Armee hat trotz diverser Schlankheitskuren immer noch einen
ansehnlichen Bedarf an militärischen Übungsplätzen in den Alpen. Hier wird
zu gewissen Zeiten – Naturschutzgebiete hin oder her – aus allen möglichen
Rohren scharf geschossen. Die betroffenen Sektoren werden durch Schiess-
wachen gesperrt. Informationen in Form von Schiessanzeigen werden lokal an
Informationstafeln in den Tourismusorten und bei Tourenausgangspunkten
publiziert.
Vorgängige Auskünfte können bei den lokalen Tourismusinformationen oder
unter folgenden Telefonnummern eingeholt werden (Stand Februar 2002):

Kanton Bern: Tel. 031 324 25 25.
Kanton Wallis: Tel 027 923 51 23 (Brig) und 027 203 35 31 (Sion).

In den Zielgebieten solcher Zonen können Geschosstrümmer herumliegen und
es ist auch nicht ausgeschlossen, dass es sich dabei um Blindgänger handelt.
Verdächtige Teile dürfen deshalb auf keinen Fall berührt werden. Meldungen
über derartige Funde können über Tel. 117 gemeldet werden.

Allgemeine Hinweise zum sicheren Berg- und Alpinwandern

Begriffe und Definitionen

Wandern in den Bergen kann man auf verschiedenste Weise: Auf bestens gepflegten Spazierwegen über klassische Bergwege bis hin zu anspruchsvollsten Unternehmungen im weg- losen Gelände: Dementsprechend unterschiedlich sind denn auch die Begriffe, mit denen das Wandern – sicher die am meisten verbreitete Tätigkeit beim Bergsport – bezeichnet wird. Wo hört ein Spaziergang auf, was ist eine Bergwanderung und wo beginnt das Alpinwandern? Tatsächlich ist das Wandern, als wohl ursprünglichste Form des Bergsteigens, gar nicht so einfach zu umschreiben und abzugrenzen. Im alpi-

Auf der „Wanderautobahn" Männlichen – Kleine Scheidegg. Solche Wege entsprechen der niedrigsten Anforderungsstufe (T1).

nen Sprachgebrauch versteht man unter „Bergwandern" im allgemeinen die Aktivitäten auf den klassischen, weiss-rot- weiss markierten Bergwegen. Als „Alpinwandern" werden eher Unternehmungen auf den weiss-blau-weiss markierten, alpinen Routen oder im unmarkierten und weglosen Gelände bezeichnet. Bezüglich der alpintechnischen Anforderungen gibt es beim Alpinwandern, vor allem auf den obersten Schwierigkeitsstufen, keine scharfe Abgrenzung gegenüber einfacheren Hoch- oder Klettertouren. So kann es zum Beispiel durchaus sein, dass eine Wanderung im topografisch heiklen Gelände in Bezug auf Gewandtheit, Trittsicherheit und Orientierungsvermögen deutlich mehr verlangt, als eine leichte Hochtour, die über einfache Firnhänge auf einen hohen Gipfel führt. Ebenso können solche Unternehmungen sowohl physisch als auch psychisch nicht selten mindestens so anspruchsvoll sein, wie eine perfekt abgesicherte Kletterroute im unteren Schwierigkeitsbereich. Zusätzlich ist seit ein paar Jahren mit dem Klettersteigboom eine – zumindest in den Schweizer Alpen – neue Spielform des Bergsteigens entstanden, deren Abgrenzung gegenüber dem Wandern nicht einfach ist. Diese Problematik hat

Wegweiser sind ein praktisches Orientierungsmittel. Bei diesem Beispiel ist die ganze Palette der offiziellen Markierungszusätze vertreten: Nur gelb (einfacher Wanderweg), weiss-rot-weiss (klassischer Bergweg), weiss-blau-weiss (alpine Route).

Das Begehen von Schnee- und Firnfeldern erfordert wegen der Ausgleitgefahr erhöhte Aufmerksamkeit. Skistöcke sind zwar besser als nichts, doch auf Firn und im steileren Gelände können diese einen Eispickel nicht ersetzen.

den Schweizer Alpenclub SAC dazu bewogen, sein „altes" Bewertungsschema, beginnend mit B = Bergwanderer, EB = erfahrener Bergwanderer und BG = Berggänger als höchster Stufe, durch eine verfeinerte und erweiterte Skala zu ersetzen. Diese umfasst mit sechs Stufen das ganze Spektrum des Wanderns von der „Wanderautobahn" bis hin zu anspruchsvollen Unternehmungen im weglosen Gelände. (Definitionen siehe Seite 14). Der vorliegende Band ist nun das erste Werk in der Reihe der Bergwanderführer des SAC, das diese neue Bergwanderskala anwendet. Die nachfolgenden zusätzlichen Erläuterungen sollen dem Benutzer dazu dienen, sich mit den Anforderungen des anspruchsvollen Alpinwanderns noch detaillierter vertraut zu machen.

Konditionelle Anforderungen
Die Länge einer Tour und die zu überwindenden Höhenmeter haben auf den Schwierigkeitsgrad keinen Einfluss. Es kann also durchaus sein, dass auch eine einfachere Bergwanderung im Bereich T1 bis T2 sehr hohe Ansprüche an die Kondition stellen kann (zum Beispiel die Etappe von Innertkirchen zum Grimselpass). Dem gegenüber kann aber auch eine kurze Tour hohe alpintech-

nische Anforderungen stellen (zum Beispiel die Umrundung des Oeschinensees).

Alpintechnische Schwierigkeiten

Wie bereits in der Einleitung zu diesem Kapitel erwähnt, werden alle Routen in diesem Führer mit der neuen Bergwanderskala bewertet. In deren Definitionen sind die alpintechnischen Anforderungen detailliert aufgeführt. Daraus lassen sich die erforderlichen Fähigkeiten, um eine gewählte Route sicher angehen zu können, recht genau bestimmen. Trotzdem bleibt bei der Klassifizierung von Bergtouren in Schwierigkeitsgrade immer eine gewisse Bewertungstoleranz. Dies beschränkt sich nicht allein auf das Bergwandern, sondern ist auch bei Hoch- und Klettertouren ähnlich: Ist nun eine Wanderung eine T3 oder T4 oder die Schlüsselstelle einer Kletterroute eine 5a oder 5b? Solche Unterschiede ergeben sich nicht zuletzt durch individuelle Wahrnehmungen und werden sich sicher nie völlig egalisieren lassen. Um diese Unsicherheiten auszuräumen, sind Referenz- oder Vergleichstouren, wie sie in den Bewertungsskalen aufgeführt werden, eine wertvolle Ergänzung. Unbedingt zu beachten ist, dass die Bewertungen für „normale", das heisst gute Verhältnisse gelten. Dies ist gerade beim Bergwandern von zentraler Bedeutung: Ein normalerweise trockener Pfad kann bei Nässe oder gar Vereisung um ein Vielfaches anspruchsvoller und häufig auch wesentlich gefährlicher werden!

Tourenplanung

Eine gründliche Vorbereitung bildet die Grundlage für jede sichere und genussvolle Unternehmung in den Bergen: Ist die aktuelle Wetterlage, und sind die gegenwärtigen Verhältnisse für die geplante Tour geeignet? Die heutigen Kommunikationsmittel bieten dazu eine Fülle von Möglichkeiten, sich rasch, kompetent und effizient zu orientieren (siehe dazu auch die Erläuterungen im Kapitel „Hinweise zum Gebrauch des Führers").

Entspricht eine geplante Tour den persönlichen Voraussetzungen? Es ist klar, dass bei der Prüfung dieser Frage vom schwächsten Teilnehmer ausgegangen werden muss. Eine „goldene Regel" besteht auch darin, dass man beim Bergsteigen nie ohne Not an das persönliche Limit gehen sollte. Bei unerwarteten Schwierigkeiten oder Ereignissen bleibt so eine Reserve erhalten, die auch beim Berg- und Alpinwandern überlebenswichtig werden kann.

Entscheidungen während der Tour. Entspricht das, was ich mir vorgenommen habe den Erwartungen? Falls nein: Ein Abbruch oder ein Verzicht ist in den Bergen nur in den allerwenigsten Fällen ein Zeichen der Schwäche oder des Versagens, sondern meistens ein vernünftiger Entscheid.

Wetter und Verhältnisse ändern sich fast täglich, die Berge jedoch bleiben: Ein erneuter Anlauf bei besseren Voraussetzungen ist wesentlich sicherer und auch genussreicher als eine durchgemurkste Tour.

Allein oder in einer Gruppe unterwegs

Es kann durchaus faszinierend sein, auf eigene Faust und allein in den Bergen unterwegs zu sein. In Bezug auf die Sicherheit ist dies jedoch nicht unproblematisch. Bei einem Zwischenfall ist man dann eben wirklich allein und es kann so sehr rasch und manchmal unerwartet eine gefährliche Situation entstehen. Auch die Bergunfallstatistik spricht hier eine deutliche Sprache: Mehr als die Hälfte der beim Wandern in den Bergen tödlich verunfallten Personen waren als Alleingänger unterwegs! Falls man sich trotzdem ohne Begleitung aufmachen will, sollte man die Angehörigen über die geplante Route und das Tourenziel orientieren. Ohne Rücksprache sollte man dann aber unterwegs den Tourenplan nicht ändern: Erfolglose Suchaktionen wegen unklarer oder falscher Angaben können sehr lange dauern und entsprechend hohe Kosten verursachen, welche der Verursacher zu tragen hat.

Wesentlich sicherer – und in der Regel auch genussreicher – ist es jedoch, wenn man sich einer gleichgesinnten Gruppe anschliesst. Die Teilnehmerzahl sollte aber den Anforderungen einer Tour angepasst werden. Besonders im anspruchsvolleren Gelände kann der Zeitbedarf mit einer grossen Gruppe erheblich ansteigen.

Allgemeine Ausrüstung

Keinen schweren Rucksack packen, aber nichts Wichtiges vergessen: Im Grunde genommen eine sehr einfache Regel, deren Umsetzung aber einiges an persönlicher Erfahrung bedarf. Dazu einige Tipps und Hinweise:

Bekleidung: Die heutige Bekleidung lässt bezüglich Funktionalität kaum mehr Wünsche offen. Trotzdem schützt ein Schirm bei Regenwetter nach wie vor am besten. In Höhenlagen oberhalb von 2000 m kann es auch im Sommer bei einem Wettersturz empfindlich kalt werden. Zumindest bei Unternehmungen in die Dreitausenderregion gehören auch im Hochsommer Mütze und Handschuhe zur Grundausstattung.

Schuhe: Auch hier bietet das moderne „Outdoor-Geschäft" für jedermann und -frau ein riesiges Angebot. Die heute üblichen Treckingschuhe sind in der Regel sehr komfortabel, aber nicht für jedes Gelände gleichermassen geeignet. Wer sich häufig im anspruchsvollen und weglosen Gelände bewegt, ist mit stabileren Bergschuhen meistens besser bedient.

Wander- oder Skistöcke: Solche sind – trotz diverser Unkenrufen – sicher eines der besten Mittel, um den Bein- und Fussgelenke bei längeren Abstiegen zu schonen. Sobald aber das Gelände schwierig wird, sind sie kein sicherer Ersatz für die Hände. Vorsicht bei Teleskopstöcken: Diese müssen vor dem Einsatz zuverlässig festgezogen werden. Ein Stock, der beim Einsatz im steilen Gelände nachgibt, kann zu gefährlichen und unkontrollierten Stürzen führen!

Schlechtwetter ist nicht nur unangenehm, sondern erhöht auch die alpintechnischen Anforderungen. Bei ungünstigen Verhältnissen sollte deshalb auf anspruchsvolle Touren verzichtet werden.

Spezielle Ausrüstung

Seil und Pickel gehören zwar nicht zur Grundausrüstung beim Wandern in den Bergen. Auf anspruchsvollen Touren können diese Hilfsmittel jedoch gute Dienste leisten und bei schwierigen Situationen die Sicherheit markant erhöhen, denn auf harten Schnee- oder Firnfeldern gibt ein Pickel einen wesentlich besseren Halt als Wander- oder Skistöcke.

Besonders exponierte und absturzgefährliche Stellen können mit einem Bergseil erheblich entschärft werden (in der Regel bei Touren ab T5). Dazu braucht es kein 50 m langes Kletterseil, und auch ein Klettergürtel ist dazu nicht zwingend notwendig. Ausreichende Kenntnisse der elementaren Seilhandhabung sollte aber zumindest beim Leader der Gruppe vorhanden sein.

Für die Begehung von Klettersteigen hingegen sollte auf einen Klettergürtel, zusammen mit einem entsprechenden Sicherungsset (2 Karabiner mit Verbindungsseilsstück und Seilbremse) nicht verzichtet werden. Auch ein Helm gehört zur Grundausstattung auf Klettersteigen!

Wegweiser und Markierungen

Die meisten der üblichen Bergwanderwege in der Schweiz sind markiert und beschildert. Diese Bezeichnungen bieten nicht nur eine wertvolle Orientierungshilfe, sondern geben auch Auskunft über die alpintechnischen Anforderungen:

Gelbe Wegweiser und Markierungen ohne Zusatz: Problemlose Wege ohne besonderen Anforderungen (T1).

Ski- oder Wanderstöcke können im Abstieg wesentlich dazu beitragen, die Gelenke zu schonen. Teleskopstöcke müssen aber vor dem Gebrauch fest angezogen werden.

Steile Gras- und Schrofenhänge stellen hohe Anforderungen an die Trittsicherheit. In solchem Gelände geben nur feste Bergschuhe genügend Halt.

Wegweiser und Markierungen mit weiss-rot-weisser Kennzeichnung: Klassische Bergwege mit erhöhten Anforderungen (T2 – T3).
Alpine Routen mit weiss-blau-weissen Kennzeichnungen: Solche Markierungen weisen auf hohe alpintechnische Anforderungen hin (T4 – T6).
Trotz gesetzlichen Grundlagen, verschiedenen Verordnungen und zusätzlichen Empfehlungen, gibt es in den Schweizer Alpen noch verschiedene Regionen, darunter auch einige in diesem Führer, in denen diese Regeln nicht eingehalten werden. Darauf wird, soweit möglich und bekannt, in den einzelnen Etappenbeschreibungen hingewiesen.

Orientierung
Zumindest eine Wanderkarte im Massstab 1:50'000 gehört auch bei einfacheren Bergwanderungen in den Rucksack. Leider gibt es hier diverse Fabrikate, die selbst den elementarsten Geländedarstellungen nicht genügen. Nach wie vor ist die offizielle Wanderkarte der Schweizer Wanderwege SAW auf der Basis der Landeskarte das einzige wirklich brauchbare Produkt. Bei anspruchsvolleren Unternehmungen bietet die *Landeskarte 1:25'000 wesentlich detailliertere Informationen.* Zusammen mit einem Höhenmesser und Kompass (allenfalls ergänzt durch ein GPS) ist man auch bei schwierigen Situationen gut vorbereitet. Dies setzt aber auch voraus, dass man diese Instrumente richtig handhaben und einsetzen kann.

Begehung von Gletschern
Gletscherflächen und Eisströme sind ein faszinierendes Naturphänomen. Die meisten Gletscherrouten in den Berner Alpen sind als Hochtouren zu bezeichnen und werden deshalb in diesem Führer nicht beschrieben. Einige Gletscher sind jedoch bei günstigen Verhältnissen auch für erfahrene Alpinwanderer zugänglich. Dazu sind folgende Regeln zu beachten:
Mit Ausnahme von kleineren Firnfeldern sind auf den meisten Gletschern Spalten vorhanden. Mit dem Erfahrungsbackground und der Ausrüstung eines Alpinwanderers sollten *solche Gletscher nur betreten werden, wenn das Eis nicht mehr von Firnschnee überdeckt ist.* Nur so sind die Spalten sichtbar und können entsprechend umgangen werden.
Nur tagsüber, während warmen Hochsommertagen ist blankes Gletschereis genügend aufgerauht, damit es gefahrlos ohne Steigeisen begangen werden kann.
Wegen der aktuellen Erwärmung sind die Gletscher stark zurückgegangen. Dadurch werden die Randmoränen immer unzugänglicher und gefährlicher. Es braucht Erfahrung und einen guten Routensinn, um in diesem Gelände einen sicheren Zugang zu einem Gletscher aufzuspüren. Alte Markierungen können in gefährliche Sackgassen leiten und sind generell sehr kritisch zu beurteilen.

Klettersteige können sehr exponiert und anstrengend sein. Eine vollständige Ausrüstung und entsprechende Kenntnisse, diese auch richtig anzuwenden, sind grundlegende Voraussetzungen für solche Touren.

Alpines Rettungswesen

Der Schweizer Alpen-Club, SAC, und die Schweizerische Rettungsflugwacht, REGA, besorgen gemeinsam den alpinen Rettungsdienst.
Die rund um die Uhr in Betrieb stehende Alarmzentrale der REGA dient der Koordination und gewährleistet eine rasche und zweckmässige Hilfeleistung.
Der Einsatz der Flugrettung bzw. der Rettungsmannschaften kann infolge schlechter Witterung oder Nacht verzögert oder gar verunmöglicht werden.

Alpine Gefahren und Risiken
Die meisten Bergunfälle sind eine Folge von risikobehafteten Entscheidungen und Handlungen im Umgang mit den spezifischen Gefahren der Gebirgswelt.

Die wichtigsten Gefahren sind:
– Sturz
– Lawinen
– Spalteneinbruch
– Steinschlag
– Eisschlag
– Blitzeinwirkung
– Wächtenabbruch

Bei einem Wetterumschlag können sich diese Gefahren vervielfachen, oder sie können nicht mehr rechtzeitig erkannt werden.

Die hauptsächlichsten Risikofaktoren sind:
– Selbstüberschätzung
– mangelnde Vorbereitung
– fehlende Ausbildung
– Gruppendynamik
– unzureichende körperliche Verfassung
– mangelhafte Ausrüstung

Vorbeugen ist besser als Heilen
Gute Kenntnisse und ständiges Beobachten der Berge sind die besten Voraussetzungen, um Unfälle zu vermeiden.

Diese Kenntnisse muss man sich selbst aneignen, indem man:
– Fachliteratur liest und studiert,
– fachspezifische Kurse besucht,
– das Gelernte in die Praxis umsetzt und ständig übt.

Tourenvorbereitung:
– Wetterbericht **Tel. 162**
  oder Spezialwetterbericht abhören **Tel. 0900 552 111**
– Tourenplanung auf LK 1:25'000 vornehmen.
– Zeitplan unter Beachtung der Jahreszeiten und Schlüsselstellen (Umkehr) aufstellen.
– Tourenziel und Route den eigenen Fähigkeiten und denen der Teilnehmer anpassen.
– Im Zweifelsfalle stets einen Bergführer engagieren.
– Tour evtl. mit Bergführern, Hüttenwarten u. a. besprechen.
– Beabsichtigte Tour mit Rückkehrsort und -zeit einer Kontaktperson bekanntgeben bzw. im Hüttenbuch vermerken.

Tourenbeginn:
– Ausrüstung kontrollieren
– Lokale Beurteilung der Verhältnisse
– Routenwahl: den Verhältnissen und den einzelnen Teilnehmern anpassen.

Während der Tour:
– Wetterentwicklung beobachten (Wind, Temperatur, Nebel, usw.)
– Teilnehmer beobachten
– Mögliche Gefahren und gefährliche Stellen frühzeitig erkennen und umgehen
– Zeitplan einhalten – evtl. Umkehr vor Schlüsselstelle.

Verhalten bei Bergunfällen:
– Ruhe bewahren
– Lage beurteilen
– Verunfallte(n) vor weiteren Unfällen schützen
– Eigene Sicherheit
– ERSTE HILFE leisten.

Alarmieren:
– Alarmierungsmittel: Eigene Funkgeräte (evtl. Notfunk)
    SAC-Hüttentelefon (evtl. über 111)
    SOS-Telefone bei Kraftwerkanlagen usw.
    Meldung zu Fuss zum nächsten Telefon stets zu zweit
    Meldung schriftlich.

– Alarmstellen: REGA   Tel. 14 14
    Polizei   Tel. 117

– Inhalt einer Meldung:

WER	Name, Standort, Verbindungsmittel
WAS	Art, Umfang und Wichtigkeit des Unfalles
WO	Koordinaten, Höhe ü.M. und Ortsbezeichnung
WANN	genaue Zeit des Ereignisses
WIEVIELE	Verletzte – Verletzungsart
WETTER	Sichtweite, Wind, Niederschläge usw.
HINDERNISSE	Kabel, Leitungen usw.
EIGENE MITTEL	Funk, Rettungsmaterial usw.
GETROFFENE MASSNAHMEN	Was wurde bereits unternommen?
ACHTUNG	Bei SOS-Telefonen Rückruf verlangen
	Telefon nicht verlassen
	Sich bei schlechter Funkverbindung etwas verschieben.

Alpine Notsignale:
Zeichengebung für die Flugrettung:

 NO
Hilfe nicht
notwendig

 YES
Hilfe
notwendig

Internationales Notrufzeichen:
Sechsmal in der Minute ein Zeichen geben (blinken, rufen, pfeifen), eine Minute warten, Zeichen wiederholen. Antwort: dreimal in der Minute ein Zeichen geben, eine Minute warten, Zeichen wiederholen.

Haftung für die Kosten einer Rettungsaktion

Ob eine Rettungskolonne des SAC, die REGA oder die Polizei durch einen unbeteiligten Dritten, einen Kameraden des Hilfsbedürftigen oder durch den in Not Geratenen selbst aufgeboten wird, hat keinen Einfluss auf die Frage, wer die Kosten des Einsatzes zu tragen hat. Hiefür gelten folgende Regeln:

– Der in Not Geratene hat alle in seinem Interesse gemachten Auslagen zu ersetzen, die notwendig oder nützlich und den Verhältnissen angemessen waren. Dieser Anspruch besteht auch in dem Falle, wo der beabsichtigte Erfolg nicht eintritt.
– Wer sich von einer Tour nicht wie vereinbart zurückmeldet und trotz telefonischen oder anderen Nachforschungen nicht gefunden wird, muss die Kosten für die daraufhin angeordnete Suchaktion ersetzen, auch wenn diese unnötig oder ergebnislos war.
– Wer für einen Dritten, der sich in Not befindet, Hilfe besorgt, haftet nicht für die Kosten der durch ihn veranlassten Hilfeleistung.
– Wer einem in Not geratenen Menschen hilft und dabei Aufwendungen beisteuert oder zu irgendwelchem Schaden kommt, muss diese Auslagen nicht selbst tragen.

Helikopter-Rettung
– Helilandeplatz ausserhalb Lawinenfeld vorbereiten:
  Hindernisfreier Platz, 25 auf 25 m festtreten
  Horizontale Aufsetzfläche 4 auf 4 m
  Keine losen und aufrechtstehenden Gegenstände am Platz
  Hindernisfreier Anflug, in zwei Richtungen mit 45°
  Bei diffusem Licht Umgebung markieren

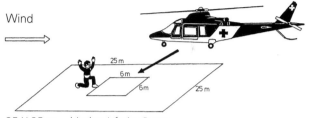

Wind

25 m
6 m
6m
25 m

25 ¥ 25 m = hindernisfreier Raum
6 ¥ 6 m = Aufsetzfläche

– Verhalten am Landeplatz:
  Ausser Einweiser alle mindestens 20 m vom Landeplatz weg
  Einweiser mit Rücken zum Wind, Arme erhoben
  Beim Einschweben des Helis Standplatz halten, evtl. kauern
  Annäherung zum Heli erst bei stehendem Rotor und von vorn
  Achtung mit Skis, Stöcken und Sonden

Keine losen Gegenstände liegen lassen

Achtung auf Antennen, Skis, Sondierstangen usw.
Sich nur von vorn und in gebückter Haltung dem Heli nähern

Nur von der Talseite herangehen

Augenkontakt zum Piloten behalten
Bei laufenden Rotoren sich dem Helikopter immer nur von vorne
und erst auf Zeichen der Besatzung nähern

ERSTE HILFE

Frage	Zeichen/Symptome	Zustand	Lebensrettende Sofortmassnahmen
1. Gibt er Antwort?	• nicht ansprechbar • nicht weckbar (in den Arm kneifen, nie schütteln, um bestehende Verletzungen nicht zu verschlimmern) • reagiert nicht	bewusstlos Erstickungsgefahr	Kopf nach hinten, Mund nach unten 1. Wenn Atmung ausreichend: Seitenlagerung 2. Vor Kälte (auch von unten), Nässe und Hitze schützen 3. Ununterbrochen überwachen Äusserste Sorgfalt bei Wirbelsäulen- und Schädelverletzten
2. Atmet er?	• Atmung rasch, oberflächlich, unregelmässig, röchelnd oder schnappend • Gesicht (vor allem Lippen) und Fingernägel blau verfärbt • keine Atembewegung sicht- und fühlbar • Ein- und Ausströmen der Atemluft weder hör- noch spürbar (mit Ohr an Nase und Mund des Patienten prüfen)	Atemstillstand oder ungenügende Atmung Akute Erstickungsgefahr	Sofort beatmen (Mund zu Nase, notfalls Mund zu Mund) 1. Kopf schonend nach hinten strecken, Unterkiefer gegen Oberkiefer, Unterlippe gegen Oberlippe pressen 2. Vorsichtig Luft in die Nase einblasen, Ausatmen beobachten (sehen/hören), dann 12–15 Beatmungsstösse pro Minute 3. Bei starkem Widerstand und/oder fehlendem Ausatmen Kopfhaltung verbessern, Fremdkörper entfernen

Frage	Zeichen/Symptome	Zustand	Lebensrettende Sofortmassnahmen
3. Blutet er?	• Venenblutung: flächenhaft sickernd bis stark fliessend • Schlagaderblutung: entsprechend dem Pulsschlag spritzend oder strömend • Mischblutungen (Venen- und Schlagaderblutungen) sind häufig • an innere Blutungen denken • auf Blut achten, das von den Kleidern aufgesogen wurde	Blutversorgung lebenswichtiger Organe gefährdet Kreislaufversagen Schockgefahr	1. Patienten flach lagern 2. Blutenden Körperteil (wenn möglich senkrecht) hochhalten 3. Bei ungenügender Blutstillung Fingerdruck herzwärts 4. Druckverband mit weichem Druckpolster (Stoff, möglichst hoch und schmal) und Binde anlegen, notfalls doppelt 5. Falls Druckverband ungenügend: Finger- oder Faustdruck direkt in die Wunde (eventuell mit Druckpolster) 6. Verletzte Gliedmasse hochlagern und ruhigstellen
4. Ist sein Puls fühlbar?	• rascher, nur schwach fühlbarer Puls • blasse, nasse (feuchtklebrige) und kühle Haut • Teilnahmslosigkeit oder auch auffallende Unruhe, Erregung • flache, beschleunigte Atmung	Schock Kreislaufversagen	1. • In der Regel und bei unbekannter Ursache horizontale Lagerung • Ist die Schockursache mit Sicherheit eine starke Blutung oder ein grosser Flüssigkeitsverlust (z.B. bei Verbrennungen): Beine etwa 30 cm anheben • Nichtbewusstlose Schockpatienten mit Atemnot, Brustverletzung (ohne Blutung in den Luftwegen), Schädelverletzung, Herzinfarkt: Oberkörper hochlagern 2. Schutz vor Kälte, Nässe, Hitze: Zuspruch, Überwachung

Willkommen als Gast in der Natur!

Du kannst als Gast in der Natur deinen eigenen Weg, dein Tempo und deinen Rhythmus selbst bestimmen. Diese Freiheit ist ein kostbares Gut. Sie ist jedoch nicht grenzenlos, denn Freiheit setzt Verantwortung gegenüber Natur und Mitmensch voraus.

Der Lebensraum Alpen ist reichhaltig und vielfältig. Viele Pflanzen und Tiere sind spezialisiert auf einen engen Lebensbereich und reagieren sensibel auf Störungen. Mit deiner Rücksicht hilfst du, diesen Lebensraum intakt zu halten.

Unsere Verantwortung gegenüber Natur und Mitwelt ist nicht auf das Verhalten auf der Tour selbst beschränkt. Auch das Vorher und Nachher, die Planung, das Material, die Verkehrs-mittelwahl, die Hüttenübernachtung und die Abfallentsorgung sind darin eingeschlossen.

Lies dazu bitte die Hinweise auf den folgenden Seiten.

Optimale Tourenvorbereitung

Berücksichtige bei der Tourenvorbereitung auch Natur- und Umweltaspekte.
Achte beim Einkauf von Material und Lebensmitteln auf ökologische Gesichtspunkte (z.B. Anbaumethoden, Transportwege, Verpackung, Entsorgung). Kann ein Teil der Verpflegung im Tourengebiet selbst aus regionaler Produktion besorgt werden?

Was weisst du über die Natur und Landschaft deines Zielgebietes? Gibt es spezielle Führer dazu, einen Lehrpfad oder andere Angebote, mit denen du deine Tour bereichern könntest? Gibt es Naturschutz- oder Schongebiete mit speziellen Regeln?

Energiefresser Anreise

Auch dein Beitrag zur Reduktion des überbordenden privaten Freizeitverkehrs zählt! Benutze wenn immer möglich den öffentlichen Verkehr.
Der Freizeitverkehr macht in der Schweiz mit über 60 Milliarden Personenkilometern mehr als die Hälfte des gesamten Verkehrsaufkommens aus. Bergsteiger und Kletterer legen für ihr Hobby jährlich grosse Distanzen zurück. Eine durchschnittliche Anreise zur Bergtour braucht rund 35 mal mehr Energie als eine Hüttenübernachtung. Deine Ausgestaltung der 'Reise zum Berg' ist somit besonders umweltrelevant. Der SAC stellt Billettvergünstigungen, Informationen und Planungshilfen zur Verfügung.

Die simple Abfallregel

Lass nichts zurück als Deine Fussspuren, nimm nichts mit als Deine Eindrücke.
Nimm diese alte amerikanische Wildnisregel zum Nennwert! Achte dabei auch auf Details, nimm vielleicht auch einmal Abfall von andern mit. Nur so können wir unsern Nachfolgern das gleiche Naturerlebnis ermöglichen, wie wir es schätzen.

Innehalten – Sehen – Staunen

Halte ab und zu inne, schaue hin, staune!
Die alpine Natur, in der du dich bewegst, ist unendlich vielfältig. Du kannst von diesem Reichtum mehr oder weniger sehen. Je mehr du wahrnimmst, desto mehr wirst du ins Staunen geraten, desto achtsamer wirst du dich verhalten, desto mehr wirst du auch bereit sein, die Natur und Umwelt vor übermässigen Eingriffen zu schützen.
Wahrnehmen und Sehen ist uns nicht einfach so gegeben. Es kann geschult und verbessert werden. Du kannst dich von Kennern anleiten lassen, kannst Kurse und Exkursionen besuchen, selbst Bücher lesen. All dies wird deine Tour bereichern und dein Naturerlebnis vertiefen.

Zu Gast in der Natur

Verhalte dich rücksichtsvoll, respektiere Einschränkungen.
Dein rücksichtsvolles und naturschonendes Verhalten trägt dazu bei, dass wir als Gäste in der Natur willkommen bleiben und dass uns der freie Zugang erhalten bleibt. Die konkreten Tipps auf der nächsten Seite helfen dir dabei. Respektiere bestehende, offizielle und vom SAC anerkannte Einschränkungen des freien Zugangs aus Naturschutzgründen.

Deine besondere Verantwortung als Leiter

Bereichere deine Tour mit aktiven Naturerlebnissen. Achte auf umweltschonendes Verhalten deiner Teilnehmer.
Als Leiter bist du verantwortlich für die Sicherheit deiner Teilnehmer. Du trägst aber auch die Verantwortung für den Umgang mit der Natur, du bist Vorbild und Autorität gleichzeitig. Öffne deinen Teilnehmern die Augen für die Schönheit und den Wert der Natur und bereichere so das Erlebnis der Tour. Die beiden vom SAC mit herausgegebenen Bücher 'Lebenswelt Alpen' und 'Alpen aktiv' sowie weitere Publikationen des SAC-Verlags helfen dir dabei. Wage es auch, nötigenfalls mit Autorität gegen ein Fehlverhalten einzuschreiten.

Unterwegs in der Bergnatur – Reglen und Tipps für Wanderer

- Halte dich wenn immer möglich an die markierten Routen und Wege. Abkürzungen fördern oft die Erosion an Bergwegen und Schutthalden-Pflanzen sind besonders empfindlich. Schliesse immer alle Weidegatter.

- Nimm Rücksicht auf Tiere aller Art – Gämsen stehen nicht auf Streicheleinheiten!

- Pflanzen atmen lieber Alpenluft als in Rucksack oder Blumenwasser zu welken. Geschützte Arten sind sowieso tabu.

- Bist du Grossist oder Einzelverbraucher? Stelle diese Frage, bevor du Beeren oder Pilze sammelst, nicht danach.

- Eine Hütte ist kein Fünf-Stern-Hotel. Für dich gibt es aber fünf Sterne, wenn du mithilfst, Wasser, Energie und Rohstoffe zu sparen und du deinen Müll wieder ins Tal trägst.

- Lokale Produkte bereichern deine Verpflegung, und vielleicht hilft dein Besuch dem Dorfladen, zu überleben.

- Wildes Campieren ist etwas vom Schönsten – bist du sicher, dass es hier gestattet ist? Hast du den Grundbesitzer gefragt? Die Abfallgrundregel gilt dabei erst recht!

- Dein Hund soll die Berge auch geniessen dürfen – hingegen gehört das Jagen von Rehen und Gämsen nicht zu seinem Wanderprogramm. Im Zweifelsfalle gehören Hunde immer an die Leine.

- Betrachte das Gebirge als das, was es ist: eine grossartige Kultur- und Naturlandschaft, in den Hochregionen eine der letzten Wildnisse Europas. Bewege dich deshalb mit Respekt und Verantwortungsbewusstsein darin! Geniesse die Stille in den Bergen und störe sie selbst nicht unnötig.

Wo erhalte ich Informationen?

Möchtest du weitere Informationen, Anregungen oder Unterlagen zu bestimmten Naturthemen, Hinweise auf Schutz- und Schongebiete, Materialien zum Verteilen an Teilnehmer, Tipps zu bestimmten Gegenden und Routen etc? Auf der Geschäftsstelle des SAC können wir dir sicher weiterhelfen:
Tel 031 370 18 70, natur@sac-cas.ch.
Auch im Internet sind wir vertreten: www.sac-cas.ch.

Schweizer Alpen-Club SAC
Kommission „Umwelt"

Umrundung der Berner Alpen

Von Gsteig durch das Berner Oberland und von der Grimsel zum Sanetschpass

Der Kamm der Berner Alpen, dessen mächtige Nordabdachung sich an klarsichtigen Föhntagen fast unmittelbar über den grünen Hügelzonen des Mittellandes zu erheben scheint, hat die Menschen schon immer in ihren Bann gezogen. Leslie Stephen, der Erstbegeher von Bietschorn und Schreckhorn im 19. Jahrhundert, beschrieb in seinem noch heute faszinierenden Buch „The Playground of Europe" die Berner Alpen:

„...Kein Gebilde der Natur, das ich jemals sah, ist vergleichbar mit der Erhabenheit jener überwältigenden Bergmauer, die, scheinbar in der Luft schwebend, sich dem entzückten Auge in Lauterbrunnen und Grindelwald zeigt. Die Hügel zu Ihren Füssen, der Dünung vergleichbar vor den Granitklippen der englischen Westküste, stehen in einem höchst wirkungsvollen Gegensatz zur ernsten Grossartigkeit dieser Berge. Im ganzen Bereich der Alpen gibt es keinen Eisstrom, der den Adel des Aletschgletschers erreicht, wie er in einer königlichen Kurve sich herabschwingt von der Kammhöhe des Gebirges in die Wälder des Rhonetales. Und kein anderer Berg, keine der Nadeln der Montblanc-Gruppe noch selbst das Matterhorn besitzt eine schönere Linie als der Eiger, der wie ein Ungeheuer sich gen Himmel reckt..."

Das Bergsteigen in den Berner Alpen beschränkt sich jedoch keineswegs auf die Besteigung der hohen Gipfel, wie dies Leslie Stephen tat. Auch das Wandern hat im Berner Oberland oder an der Südabdachung im Kanton Wallis eine lange Tradition und ist bis heute populär. Auf den ersten Blick allerdings steht dazu der langgezogene Hauptkamm für die beliebten Weitwanderungen in der Quere. So gibt es zwischen den Lötschepass im zentralen Bereich und dem Grimselpass im Osten über eine Luftliniendistanz von gut 50 km keinen einzigen Übergang, der zum Berg- oder Alpinwandern geeignet ist. Bekannt für Mehrtageswanderungen ist vor allem die sogenannte „Hintere Gasse", eine sechstägige Wanderung quer durch das Berner Oberland über die bekannten Passübergänge zwischen Gsteig und Meiringen. Im westlichen Teil der Berner Alpen, sind mit den Pässen Sanetsch-, Rawil-, Gemmi- und Lötschepass mehrere Möglichkeiten vorhanden, den Kamm der Berner Alpen auch als Wanderer zu überschreiten. Lokale Tourismusorganisationen propagieren hier seit einigen Jahren mit der „Tour du Wildhorn" und der „Tour du Wildstrubel" zwei neuere Mehrtageswanderungen. (Informationen und Prospekte dazu sind von den Tourismusinformationen Lenk, Adelboden, Kandersteg, Leukerbad und Montana erhältlich).

Die hier vorgestellte Weitwanderung geht nun aber um einiges weiter. Sie umfasst in 24 Tagesetappen eine vollständige Umrundung der Berner Alpen zwischen Sanetschpass und Grimsel. Ausgangspunkt ist die Ortschaft Gsteig im Sannenland. Von hier führen die ersten 12 Tagesetappen bis zum Grimselpass, von dem aus man in weiteren 12 Etappen der Südabdachung der Berner Alpen entlang zum Sanetschpass und weiter zum Ausgangspunkt nach Gsteig gelangt. In Zahlen gefasst, ergibt diese gut dreiwöchige Unternehmung folgende Eckwerte: Die ganze Umrundung (entlang des einfachsten Weges, ohne zusätzliche Varianten und Gipfelbesteigungen) führt über eine Strecke von gut 376 km und je 25'000 Höhenmeter im Auf- und im Abstieg. Dazu ist man mit der in den „Hinweisen zum Gebrauch des Führers" vorgestellten Zeitberechnung insgesamt rund 152 Stunden unterwegs, was einem Tagesdurchschnitt von gut 6 Stunden entspricht. Die meisten Tagesetappen übersteigen den „Wanderschwierigkeitsgrad" T3 nicht, wenn man auf anspruchsvollere Alternativrouten, schwierigere Varianten und zusätzliche Gipfelbesteigungen verzichtet. Wer über genügend Zeit, Beharrlichkeit und Kondition verfügt, diese Umrundung vollständig und ohne Unterbrechung unter die Füsse zu nehmen, tut aber gut daran, dazu noch einige Tage Zeitreserve einzuplanen. Eine dreiwöchige und ununterbrochene Schönwetterperiode im Alpenraum ist ein sehr seltenes Ereignis, und es wäre sicher schade – und bei den anspruchsvol-

Logenplätze vor grosser Kulisse: Auf der Etappe 7.1 nach dem Übergang des Telli mit Blick auf Eiger, Mönch und Jungfrau

leren Etappen auch nicht ungefährlich – diese bei ungünstigen Wetterbedingungen zu begehen. Die beste Jahreszeit für eine vollständige Umrundung dürfte ab Mitte Juli bis Mitte September anzutreffen sein. In dieser Zeitspanne sind auch die hochgelegenen Abschnitte in der Regel genügend ausgeapert, und die Wahrscheinlichkeit, dass ein massiver Schlechtwettereinbruch mit Neuschnee in höheren Lagen das Vorhaben vereitelt, ist während dieser Zeit am kleinsten. Wer nun jedoch weder über genügend Zeit verfügt, noch dazu Lust hat, während gut drei Wochen jeden Tag die Wanderschuhe zu schnüren, muss diesen Führer trotzdem nicht enttäuscht in das Regal zurücklegen: Die meisten Ausgangs- und Endpunkte der in diesem Führer vorgestellten Touren lassen sich dank der guten Erschliessung problemlos mit öffentlichen Verkehrsmitteln erreichen, wodurch diese Umrundung in fast beliebige Teilabschnitte unterteilt werden kann. Darüber hinaus beschränken sich die Tourenvorschläge in diesem Führer keineswegs auf die Beschreibung dieser grossen Rundtour. Mit den vorgestellten Verbindungsetappen, den vorgestellten Alternativen, Varianten und Hinweisen zu Gipfelbesteigungen kann dieser Führer durchaus auch für die Planung von Einzeltouren verwendet werden. Zusammengezählt ergeben die insgesamt 43 beschriebenen Routen eine Wegstrecke von gut 672 km, 48'000 Höhenmeter im Aufstieg, 52'000 Höhenmeter im Abstieg und rund 300 Wanderstunden in den Berner Alpen.

Auf dem Kappellenweg im Aufstieg nach Jeizinen

Unterwegs auf Etappe 16. Im Hintergrund die Wannenhörner

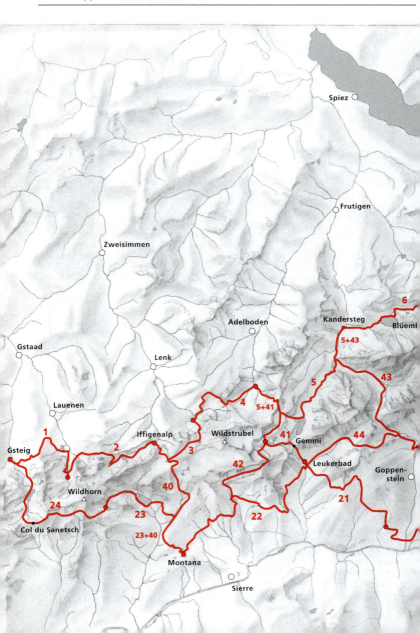

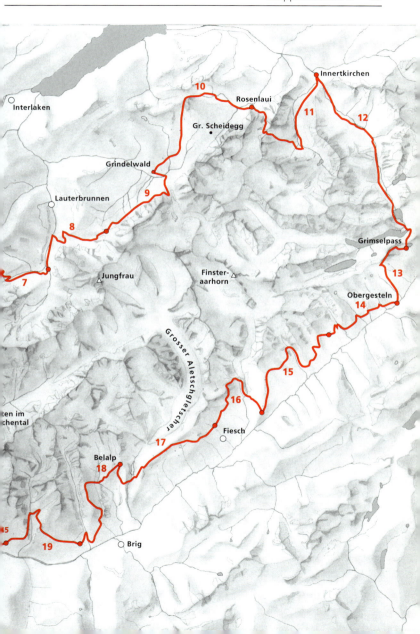

Interlaken

Innertkirchen

10

Rosenlaui

11

12

Gr. Scheidegg

Grindelwald

9

Lauterbrunnen

8

Grimselpass

7

13

Jungfrau

Finster-
aarhorn

Obergesteln

14

Grosser Aletschgletscher

15

16

ten im
chental

17

Fiesch

Belalp

18

5

19

Brig

Über die Wispile zum Geltenschuss

Gsteig – Geltenhütte

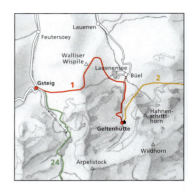

Das Saanenland, am südwestlichen Zipfel des Kantons Bern, bildet eine vielfältige Brückenfunktion zwischen dem Berner Oberland und der Romandie. Dies offenbart sich nicht nur im schönen und melodisch klingenden Dialekt der Bewohner, sondern auch in der Geografie: Die Saane oder eben „la Sarine" fliesst als einziger Fluss des Berner Oberlandes nicht in den Brienzer- oder Thunersee. Im weiten Bogen nach Westen ausholend und dann gegen Norden hin den viel zitierten „Röstigraben" bildend, vereinigt sich dieser Fluss erst weit unten im Berner Mittelland mit der Aare. Die sanfte und ruhige Topografie dieser Gegend bietet, zusammen mit der schönen Bausubstanz der Dörfer, einen ausgesprochen anmutigen Anblick. Maler und Künstler rühmen dazu besonders das Lauenental, dessen Talabschluss mit dem Wildhorn im Hintergrund ein besonders harmonisches Sujet zur Verfügung stellt. Wer sich nun als Wanderer mit der Umrundung der ganzen Berner Alpen einiges vorgenommen hat, muss zum Auftakt auf dieser ersten Etappe seine Kräfte noch nicht voll einsetzen: Ein bewährter Grundsatz, wenn man in den Bergen zu grossen Taten aufbricht.

T2	5 Std. 30 Min.	▲ 1420 m	▼ 600 m

Schwierigkeit T2

Zeit 5$\frac{1}{2}$ Std.
Gsteig – Walliser Wispile 2 Std.
Walliser Wispile – Lauenensee 1$\frac{1}{2}$ Std.
Lauenensee – Geltenhütte 2 Std.

Höhenunterschiede Aufstieg 1420 Hm, Abstieg 600 Hm

Der Geltenschuss unterhalb der Geltenhütte

Ausgangspunkt Gsteig, 1184 m
Bergdorf an der Passstrasse Saanen – Col du Pillon. Postautoverbindung von Gstaad [120.16].
Unterkünfte in den Hotels: Bären Tel. 033 755 19 37, Sanetsch Tel. 033 755 11 77, Viktoria Tel. 033 755 16 91.

Endpunkt Geltenhütte SAC, 2003 m
Koord. 592 340 / 135 360
SAC Sektion Oldenhorn, 3792 Saanen. Die Hütte ist immer offen. Bewartet von Juni – September. Tel. Hütte 033 765 32 20.

Einfachster Abstieg ins Tal Nach Lauenen, 1241 m
Nach der Überschreitung der Walliser Wispile bei der Wegabzweigung zur Geltenhütte zu Fuss dem Talwanderweg entlang oder mit dem Postauto von der Legerlibrügg südlich des Lauenensees nach Lauenen [120.20].

Karten 1266 Lenk, 263T Wildstrubel

Unterwegs einkehren Restaurant Lauenensee
Nach dem Abstieg von der Walliser Wispile von der Brücke (P. 1386) über den Geltenbach in wenigen Min. oder beim Rundgang um den Lauenensee direkt erreichbar.

Die Route Vom Dorfzentrum in Gsteig dem Talwanderweg entlang nach Innergsteig bis zur Talstation der Werkseilbahn Innergsteig – Barrage du Sanetsch. Nun nach Osten auf den Bergweg, der entlang der Burgfälle zu den Alphütten von Burg hinaufführt. Man folgt diesem Weg bis zu P. 1507 oberhalb der Alphütten von Burg. Von da weiter dem Pfad entlang zur Alp der Vorderi Wispile (1756 m) und weiter über den breiten Gratrücken der Walliser Wispile hinauf. Deren höchste Erhebung bei P. 1982.6 m erreicht man, zuletzt kurz weglos, über eine Weide. Im Abstieg folgt man dem Bergweg nach Norden über die Hinderi Wispile und den Brandsberg bis zu P. 1752. Von da dem Weg entlang nach Osten und leicht absteigen zur Sodersegg und weiter dem Fahrweg entlang bis zur Brücke über den Geltenbach bei P. 1386, ca. 200 m südöstlich des Lauenensees. Für den Wiederaufstieg zur Geltenhütte folgt man nun dem normalen Hüttenweg. Dieser verläuft zunächst der östlichen Talflanke entlang bis zum Undere Feisseberg. Hier überquert man den Geltenbach über eine Brücke und folgt dem nun steiler werdenden Weg weiter, bis dieser über dem Geltenschuss wieder auf das östliche Ufer des Geltenbaches wechselt. Weiter dem Weg entlang über P. 1928 bis zur Geltenhütte.

Sehenswert Lauenensee
Diese schöne Geländekammer kann in einem 45 Min. dauernden Seerundgang

besucht werden. Nach dem Abstieg von der Walliser Wispile bei der letzten Wegverzweigung ca. 100 m vor der Brücke über den Geltenbach bei P. 1386, dem hier einmündenden Weg entlang, talauswärts. Man trifft so nach wenigen Min. auf den Rundweg. Möchte man das Gepäck deponieren, empfiehlt es sich, den Rundgang im Gegenuhrzeigersinn zu begehen. Man gelangt so in wenigen Min. zum Rest. Lauenensee.

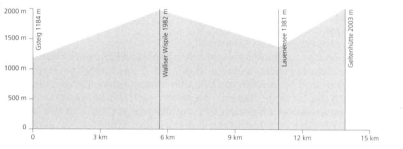

Naturschutz und Natursport

Geltenhütte – Wildhornhütte – Iffigenalp

Das alpine Landschaftsschutzgebiet Lauenen – Lenk, das wir auf dieser Etappe durchwandern, ist mit 43 km² das zweitgrösste im Kanton Bern. (Das grösste, mit 100 km², ist das Grimselreservat im Oberhasli, das wir später noch kennenlernen werden). Basis für den Abgrenzung und den Schutz solcher Gebiete ist der Art. 5 des Bundesgesetzes über den Natur- und Heimatschutz. Wie alle menschlichen Tätigkeiten bringen auch die Natursportarten – zu denen auch das Bergwandern zählt – eine gewisse Beeinflussung der Naturwerte mit sich. So gibt es aus den Kreisen der Naturschützer immer wieder Stimmen, die jeglichen Natursport aus den Schutzgebieten verbannen möchten. Eine Haltung, die verständlicherweise bei den Bergsportlern auf wenig Gegenliebe stösst. Tatsächlich ist es kaum nachvollziehbar, weshalb ein sanfter Tourismus ein Gebiet stärker beeinträchtigen sollte, als eine extensive Alpwirtschaft oder gar die Schiess- und Übungsplätze der Armee in Naturschutzgebieten. Nun – extreme Haltungen dienen der eigentlichen Sache in der Regel nicht. So bleibt es zu hoffen, dass durch die aktuelle Diskussion um Naturschutz und Natursport tragfähige Kompromisse gefunden werden, damit solche Gebiete auch in Zukunft allen zugänglich bleiben. Einiges dazu beitragen kann auch jeder Einzelne: Zum einen, dass man der Natur wirklich respektvoll begegnet, andererseits aber auch, indem man die Alpinverbände (zum Beispiel den SAC) tatkräftig unterstützt.

T3	5 Std.	▲ 620 m	▼ 1030 m

Schwierigkeit T3

Zeit 5 Std.
Geltenhütte – Chüetungel 1 Std.
Chüetungel – Wildhornhütte 1½ Std.
Wildhornhütte – Iffigenalp 1½ Std.

Die Alp Chüetungel und das Niesehorn

Höhenunterschiede Aufstieg 620 Hm, Abstieg 1030 Hm

Ausgangspunkt Geltenhütte SAC, 2003 m
Koord. 592 340 / 135 360
SAC Sektion Oldenhorn, 3792 Saanen. Die Hütte ist immer offen. Bewartet von
Juni – September. Tel. Hütte 033 765 32 20.

Talort Lauenen, 1241 m
Bergdorf im Lauenental. Postauto von Gstaad [120.20].

Endpunkt Iffigenalp, 1584 m
Berghotel Iffigenalp. Zimmer und Touristenlager. Geöffnet von Juni bis Oktober.
Tel. 033 733 13 33. Busverbindung von Lenk [320.26]. Fahrplanmässiger
Betrieb von Juni bis Mitte Oktober. Übrige Zeit auf Bestellung, Tel. 033 733 14
12.

Einfachster Abstieg ins Tal Nach Lauenen, 1241 m
Von der Alp Chüetungel auf dem normalen Bergwanderweg hinunter zur
Legerlibrügg südlich des Lauenensees. Von da zu Fuss auf dem Talwanderweg
oder mit dem Postauto nach Lauenen [120.20].

Karten 1266 Lenk, 263T Wildstrubel

Unterwegs einkehren Wildhornhütte SAC, 2303 m
Koord. 596 100 / 136 430. SAC Sektion Moléson, 1700 Fribourg. Die Hütte ist
immer offen. Im Sommer bewartet von Juni bis September. Tel. Hütte 033 733
23 82.

Die Route Von der Geltenhütte folgt man, zunächst etwas ansteigend, dem
Bergweg, der über die Alp Usseri Gelten der Westflanke des Follhore entlang
zur Alp Chüetungel führt. Dieser Weg ist im Abschnitt Usseri Gelten –
Chüetungel ziemlich exponiert, aber mit Drahtseilen gut gesichert und führt zuletzt über eine 6 m hohe Leiter über die Felsstufe des Geltentrittli hinunter. Von
der Alp Chüetungel quert man die Ebene nach Osten und steigt über P. 1899
zu den Felsbändern der Stigle, die der Pfad in einigen ausgesetzten Kehren
überwindet. Man gelangt so zu den Weiden des Stigelschafbergs und über
diese zum Übergang bei P. 2381. (Von P. 1899 kann der Stigelschafbergs auch
über den Tungelpass und die Steilstufe des Hängstesprung erreicht werden; ca.
15 Min. länger als die Hauptroute). Von P. 2381 steigt man nur kurz nach Osten
ab und folgt dann dem Bergweg, der von P. 2344 dem östlichen Ausläufer des
Niesehorn entlang zur Wildhornhütte führt. (Dieser Abstecher zur Wildhornhütte ist nicht zwingend: Von P. 2344 kann man auch direkt weiter zum Iffigsee
absteigen. Dies ist vor allem dann gegeben, wenn man die Iffigenalp über das

Iffighore erreichen will; siehe Variante). Von der Wildhornhütte über den normalen Hüttenweg hinunter zum Iffigsee und weiter zur Iffigenalp.

Variante Über das Iffighore, 2378 m
Von Übergang P. 2381 am östlichen Ende des Stigelschafbergs dem Weg entlang, der direkt zum Iffigsee hinunter führt. Bei P. 2175 über den Bergweg auf das Iffighore. Vom Gipfel über den Ostrücken hinunter bis zum Chesseli bei P. 1936 und weiter nach Süden hinunter in das Iffigtal, wo man die Hauptroute ca. 20 Min. oberhalb der Iffigenalp wieder erreicht. Zusätzlicher Zeitbedarf ca. 45 Min.

Gipfel Niesehorn, 2776 m
Diese Aussichtskanzel mit sehr schönem Blick auf das Wildhorn lässt sich im Rahmen dieser Tagesetappe über zwei Zugänge erreichen. Beide Möglichkeiten erfordern einen zusätzlichen Zeitaufwand von ca. 2 Std. Alpintechnische Anforderungen: T4.
a): Von Übergang P. 2381 am östlichen Ende des Stigelschafbergs über Geröll in südöstlicher Richtung auf den Nordostgrat des Niesehorns bei P. 2469 (nicht markiert). Nun über den zunächst breiten, dann schmaler werdenden Grat (Wegspuren und leichte Felsen) zum breiten Schuttgrat, der zum Gipfel führt. T4; ca. 1 Std. von P. 2381. Abstieg über den im Folgenden beschriebenen Südgrat.
b): Von der Wildhornhütte nach Südwesten zum Sattel zwischen Niesehorn und Chilchli (P. 2495). Nun nach Norden an den Südgrat des Niesehorns (nicht markiert). Dieser besteht zunächst aus steilen, aber gut gestuften Felsen (Wegspuren). Weiter oben wird der Grat breiter und führt über deutliche Wegspuren zum Gipfel.

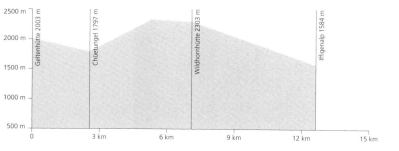

Die Landschaften des Berner Oberlandes

Hansruedi Möschung

Geografisch-geschichtlicher Überblick

Die Kulturgeschichte eines Raumes entwickelte sich häufig entlang des Wassers. Flussnamen gehören deshalb zu den ältesten Wörtern. Die Gewässer und somit auch die Täler waren demnach für frühe Kulturen die wichtigsten Orientierungslinien.

Die Erkundung und Erschliessung eines Raumes von der Mündung hin zur Quelle endete entweder an einem unüberwindbaren Gebirge oder führte über einen begehbaren Pass in den benachbarten geografischen Raum. Im Berner Oberland sind es nur gerade vier Flüsse, die in ein solches System passen. Drei von ihnen – die Aare, die Kander und die Simme – bil-

Der Tungelschuss ist einer der zahlreichen Wasserfälle, die den Oberlauf der jungen Saane speisen.

den einen geschlossenen hydrogeografischen Raum, der einzig durch die Thunerseepforte gegen Norden geöffnet ist. Eine zweite, bedeutend kleinere Kammer wird durch die Saane gegen Westen und nicht gegen Osten hin in den Oberlauf der Aare entwässert.

Die Übergänge, die ins Wallis führen, sind sehr ungleichmässig verteilt, was zur Hauptsache der Geotektonik zuzuschreiben ist. In der östlichen Hälfte liegt nur der Grimselpass, in der westlichen sind es jedoch deren vier: Lötschen-, Gemmi, Rawil- und Sanetschpass. Der Untergrund zwischen Grimsel- und Lötschenpass gehört zum Aarmassiv, einem Gebirgsstock aus kristallinen Gesteinen. Westlich davon schliessen mehrere Sedimentdecken an, in denen durch die Alpenfaltung grosse Passeinschnitte entstanden sind.

Der Kulturraum Berner Oberland, wie er sich heute präsentiert, hat sich vor allem in den vergangenen 1500 Jahren entwickelt. Eine Ausnahme macht dabei der Aareraum, wo sich bereits vorher drei Völker niedergelassen und vermischt haben. In den letzten Jahrhunderten v. Chr. teilten die eingewanderten Kelten diese Gegend mit einer Urbevölkerung. Nach Bibracte, 53 v. Chr., als Cäsar die Helvetier auf ihrem Exodus nach Südfrankreich stoppte und zurückschickte, liessen sich römische Kolonialherren nieder. So wurden mit der Zeit die fluss- und seenahen Gebiete von Thun bis hinauf nach Innertkirchen belegt. Die übrigen Täler waren vermutlich zum grösseren Teil menschenleer und die Passübergänge damit weder wirtschaftlich noch strategisch von Bedeutung.

Das Saanenland ist eher ein Landschaftsbecken als ein Tal.

Nach dem Abzug der Römer um 400 n. Chr. waren es gallo-romanische Siedler, die vom westlichen Mittelland und vom Aaretal her begonnen haben, das Saanenland und das Simmental urbar zu machen. Vom 7. Jahrhundert an bauten schliesslich von Norden her einwandernde, alemannische Gruppen den Raum weiter aus. Dies betraf nun auch Teile des Kandertales, der Lütschinentäler und die höher gelegenen Gebiete im Oberhasli.

Von diesen Vorgängen zeugen zwei Linien, die sich aus einer ursprünglich einzigen herausgebildet haben. Der gallo-romanische Siedlungsschub kam im Mittelland an der Aare zum Stillstand und legte damit die Abgrenze zwischen den Bistümern Lausanne und Konstanz wie auch die vorläufige Grenze der französischen Sprache fest. Dann aber schob sich im Frühmittelalter, von Süddeutschland kommend, die alemannische Kultur gegen Westen hin bis zur Saane vor, währenddem die Bistumsgrenze an der Aare bestehen blieb. Im 7. bis 9. Jahrhundert fand demnach zwischen Aare und Saane ein intensiver, romanisch-alemannischer Durchmischungsprozess statt, der schliesslich mit der Durchsetzung des deutschsprachigen Elementes endete.

In jenen Jahrhunderten begann auch die wirtschaftliche Organisation des Raumes. Wald und Weide, die „Allmende", wurden zum Gemeinbesitz, zum Besitz von allen. Vorwiegend Ackerbau und etwas Tierhaltung als Ergänzung bildeten die Existenzgrundlage. Als diese genossenschaftlichen Strukturen, die sogenannten „Bäuerten", im Hochmittelalter in den Akten erschienen, waren sie bereits umfassend organisiert.

Die Zeit um die Jahrtausendwende und die vier darauffolgenden Jahrhunderte waren geprägt durch die Ausbildung vieler kleiner Herrschaften, die häufig den Besitzer wechselten. Zudem wurde mit der Gründung der Klöster Interlaken (um 1130) und Rougemont (um 1080) die Kolonisation stark vorangetrieben. Das entscheidende Ereignis aber war die Gründung Berns im Jahre 1191. Für die junge Stadt kristallisierten sich die oberländischen Bergtäler bald als wirtschaftlich, aber auch als strategisch unverzichtbares Hinterland heraus. So erstaunt es nicht, dass bereits im Jahre 1400 der überwiegende Teil der verschiedenen Herrschaften in bernische Hände gelangt war.

Mit der bernischen Zeit begann auch der Rückgang des Ackerbaus. Die Selbstversorgung wurde umgestellt auf eine marktorientierte Viehzucht und auf die Käseproduktion. Als Abnehmer boten sich die grossen Märkte in Norditalien, im Burgund, in der Champagne und im süddeutschen Raum an. Allen voran aber war es die Stadt Bern selbst, die wöchentlich mit Butter und Frischkäse versorgt sein wollte.

Das Getreide lieferten künftig der seit 1415 bernische Aargau und die 1536 eroberte Waadt, im Weitern die Franche Comté, das Elsass und Süddeutschland. Das Beispiel zeigt sehr schön die enge Verflechtung von Politik und Wirtschaft auf.

Die heutigen Amtsbezirke sind mehr oder weniger ein Abbild der hochmittelalterlichen Herrschaften, die Bern als Verwaltungseinheiten bestehen liess. Ihre Grenzen wurden von Anfang an mehrheitlich durch Bergkämme gebildet. Durch diese Abgeschlossenheit haben sich in jeder Talschaft des Berner Oberlandes eigene Kulturkreise gebildet. Noch heute sind beispielsweise in den Dialekten oder Haustypen grosse Unterschiede hör- und sichtbar. Erhalten haben sich auch die Bäuerten, allerdings in sehr abgeschwächter Form.

Das Saanenland

Aufgrund der Orts- und Flurnamen, aber auch der archäologischen Funde, kann für diese Gegend eine dünne Besiedlung in keltischer und römischer Zeit angenommen werden. Die mittelalterliche Geschichte Saanens war viel enger mit derjenigen der Westschweiz als mit der bernischen verbunden. Dass das alemannische Element schliesslich überwog und sich vom französischen durch eine Sprachgrenze absetzte, war noch lange kein Grund, auch politisch getrennte Wege zu gehen. Durch das Passgebiet der Saanenmöser von den östlichen Nachbarn getrennt, von den westlichen hingegen nur durch die Schlucht am Vanel, lebte das Saanenland zu Beginn der Neuzeit bereits mehr als ein halbes Jahrtausend mit dem Pays

Alpaufzug und Alpabfahrt sind zwei wichtigste Tage im Leben der Bergbauernfamilien. Diese Ereignisse werden oft in Malereien festgehalten.

d'Enhaut zusammen. Diese Verwandtschaft ist beidseits der Grenze bis in die Gegenwart hinein spürbar geblieben. Geblieben ist im Saaner Wappen auch das Greyerzer Wappentier, der Kranich, französisch la grue.

Als Teil der Grafschaft Greyerz ging das Saanenland 1555 zusammen mit dem Pays d'Enhaut an Bern über, nachdem der damalige Regent in Konkurs gegangen war. Bern bildete so ein zusammenhängendes Territorium bis Aigle und vor die Tore Genfs. Das Chablais und seine Berggebiete bis zum Col des Mosses waren bereits 1476 erobert worden. All diese französischsprachigen Gebiete gingen dem mächtigen Stadtstaat nach dem Einmarsch der Franzosen 1798 wieder verloren.

Das Simmental

Die Berner erobern 1386 das Simmental und schaffen damit die Voraussetzung für eine grundlegende Wirtschaftsreform. In den nächsten zwei Jahrhunderten nämlich wird die bisherige Selbstversorgung mit hauptsächlich Ackerbau und etwas Kleinvieh aufgegeben und durch Viehzucht abgelöst. Die meist sanften Simmentaler Alpen eignen sich hervorragend dazu. Zunächst ist es die Stadt Bern selbst, welche die Milchprodukte dringend benötigt. Dann entwickelt sich aber auch der Export zu einem mächtigen Wirtschaftszweig, weil das Schlachtvieh auf den norditalienischen, ostfranzösischen und süddeutschen Märkten gut abgesetzt werden kann.

Die enge Beziehung Berns zum Simmental bringt denn auch die erste oberländische, für Postkutschen befahrbare Strasse von Thun bis an die Lenk, erbaut in den Jahren 1816–1829.

Das Kandertal

Die vorkeltischen, keltischen und römischen Siedlungen belegen vorwiegend das Aarebecken von Thun bis Innertkirchen. Die eigentlichen Oberländer Landschaften dürften spärlich bis überhaupt nicht besiedelt gewesen sein. Mit dem Abzug der Römer um 400 n. Chr. kann im westlichen Berner Oberland eine schwache kelto-romanische, also nachrömische Ausdehnung angenommen werden, in der auch die Christianisierung mit ersten Kirchenbauten eine Rolle gespielt hat. Um 700 n. Chr. beginnt mit den von Norden her einwandernden Alemannen eine ausgeprägte Besiedlungsphase, die bis ins Spätmittelalter hinein andauert. Das Berner Oberland wird nun erst breit erschlossen. In Aeschi und Frutigen werden die ersten Kirchen der Kanderregion gebaut. Eine ganze Reihe von Siedlergemeinschaften, die „Bäuerten" genannt werden und noch heute vielerorts existieren, erschliessen nun das Gelände vom Talgrund bis zum Berggrat. Ein typischer und sehr häufiger Flurname aus jener Zeit ist „Schwand", ein Ort, wo gerodet wurde. Noch heute wird der Dorfkern von Adelboden von den Einheimischen „Schwand" genannt.

Das Bödeli und die Lütschinentäler

Als Bödeli wird die Gegend zwischen Thuner- und Brienzersee bezeichnet. Es umfasst die Ortschaften Interlaken, Unterseen, Matten, Bönigen und Wilderswil. Um 1130 wird in Interlaken ein Augustinerkloster gestiftet. In dessen Auftrag urbarisieren Siedler, Gotteshausleute genannt, das Tal von Grindelwald. Fast gleichzeitig nehmen Leute aus dem Lötschental das hinterste Lauterbrunnental unter die Hacke. Weil dieses Gebiet direkt an die ursprüngliche Heimat anschliesst und damit eine Erweiterung des damaligen Walliser Herrschaftsgebietes darstellt, gelten die Neusiedlungen nicht als eigentliche Walserkolonien.

Unterseen wurde 1279 als Stadt, also mit Marktrecht gegründet. Ihr oblag dabei die wichtige Aufgabe, den durchgehenden Personen- und Warentransport auf und zwischen den beiden Seen zu organisieren; denn durch das Fehlen eines Passes nach Süden war das Wachsen der Hauptverkehrsachse in west-östlicher Richtung gegeben.

Das Gebiet der geistlichen Herrschaft gelangte bereits 1344 an Bern, dasjenige der weltlichen, also Unterseens, nach dem Sempacherkrieg 1386.

Das Haslital

Das Gebiet des heutigen Haslitals war im Hochmittelalter reichsfreies Land. Es verwaltete sich selbst und war keinem andern Herrn als dem deutschen Kaiser unterstellt. Bei dieser relativ grossen Unabhängigkeit blieb es auch nach der endgültigen Anbindung an Bern im Jahre

Vor allem im 18. und 19. Jahrhundert manifestierte sich der Reichtum im Berner Oberland aus Viehzucht und Käsehandel durch sehr schöne und grosse Holzbauten.

1334, indem die Verwalter der Landschaft Hasli auch fortan aus den eigenen Reihen gewählt werden konnten.

Das Interesse Berns an dieser scheinbar abgelegenen Ecke lag beim Verkehr über die Pässe Brünig–Grimsel–Gries und hatte somit politische und wirtschaftliche Hintergründe. Politische, weil mit der Kontrolle dieser Route die habsburgische Grossmachtpolitik gestört werden konnte und Bern einen eigenen Zugang zu den Urkantonen hatte, mit denen es seit 1353 verbündet war. Wirtschaftliche, weil Bern so eine günstige Verbindung zu den norditalienischen Märkten hatte und damit weder auf den Grossen Sankt Bernhard noch auf den Gotthard angewiesen war.

Die Hauptflüsse des Berner Oberlandes

Die Saane

Ein uralter Flussname gibt der geschlossenen Gebirgsregion des Saanenlandes den Namen. Als La Sarine entspringt das Gewässer auf Walliser Boden westlich des Sanetschpasses, durchfliesst dann als Saane die Gemeinden Gsteig und Saanen, zieht weiter als La Sarine durch das waadtländische Pays-d'Enhaut, das freiburgische Greyerzerland und die Stadt Freiburg und mündet schliesslich nördlich von Laupen wiederum als Saane in die Aare. Dieser letzte Flussabschnitt wird auch etwa als Röstigraben bezeichnet. Gemeint ist damit die Sprach- und Kulturgrenze zwischen der deutschen und der welschen Schweiz. Falls es sie gibt, diese Kluft, so ist sie im Saanenland bestimmt weit weniger ausgeprägt als im übrigen Berner Oberland. Dies hat eine geschichtliche Begründung: Die deutschsprachige Landschaft Saanen war bis 1554 Teil der französischsprachigen Grafschaft Greyerz, währenddem fast alle anderen Gebiete des Berner Oberlandes bereits um 1400 der Stadt Bern angehörten.

Die Simme

Wortlautlich eignen sich die „Sieben Brünnen" (Quellen) oberhalb der Lenk auf der Nordseite des Wildstrubel gut für die Benennung des Flusses. Die Namenforschung geht jedoch von einem ganz anderen Urwort aus, das bereits die Kelten oder zuvor schon eine unbekannte Urbevölkerung verwendet haben. Die Simme blieb lange Zeit ein natürlicher Fluss, der einen grossen Teil des Talbodens belegte. Erst der Bau der Eisenbahn gegen Ende des 19. Jahrhunderts bedingte stellenweise die Anlage eines künstlichen Bettes.

Die Kander

Vor dreihundert Jahren noch floss die Kander unterhalb von Thun in die Aare. Bei Hochwasser erfolgte häufig ein Rückstau bis in die Stadt hinein. Um diese Überschwemmungen abzuwenden, wurde 1711–1714 mit einem waghalsigen Moränendurchstich die Kander direkt in den Thunersee geleitet. Der Erfolg blieb vorerst aus, weil nun die Wasser von Simme und Kander zusammen mit denjenigen der Aare durch die Stadt rauschten und weiterhin über die Ufer traten. Erst mit dem Bau zweier Schleusen und der Benutzung des Stadtgrabens als zusätzlicher Flussarm wurde die Situation gemeistert. Die heute vielbegangene Kanderschlucht ist daher kein Naturphänomen, sondern das Ergebnis eines tollkühnen Baues.

Die Weisse und die Schwarze Lütschine

In Zweilütschinen vereinigen sich die Weisse und die Schwarze Lütschine zur Lütschine. Der von Grindelwald her kommende Bergbach hat immer eine sehr dunkle Farbe, welche von schwarzen Schiefern stammt. In der Region Grindelwald–First sind diese instabilen Gesteinsschichten als Hangverschiebungen deutlich sichtbar.

Im Mittelalter floss die Lütschine im Bödeli in die Aare und verursachte zusammen mit dem Saxet- und Lombach etwelche Hochwasserprobleme. Die Lütschine wurde dann durch die Mönche des Klosters Interlaken in den Brienzersee geleitet und der von Norden kommende Lombach später in einem künstlichen Bett dem Thunersee zugeführt.

Die Aare

Die Aare durchfliesst vorerst als reissender Bergbach mehrere, während des Eiszeitalters entstandene Schluchten. Sie werden im Dialekt „Lamm" genannt, haben aber nichts mit dem gleichnamigen Tier zu tun. Der letzte dieser tiefen, engen Einschnitte ist als Aareschlucht bekannt. Der dazugehörige Hügel heisst „Chirchen", woraus sich der Name Innertkirchen („Innert dem Chirchen") ableiten lässt. Jenseits des Chirchen beginnt die kilometerlange Ebene bis zum Brienzersee. Der Fluss wurde hier bereits im 18. Jahrhundert begradigt und eingedämmt, um den häufigen Überschwemmungen ein Ende zu setzen. Zugleich war damit die Malariagefahr des versumpften Gebietes gebannt.

Bergseen und Gletschervorfelder

Iffigenalp – Tierbergsattel – Rezliberg

Diese Etappe beginnt mit einem steilen, aber dank dem Saumweg überraschend angenehmen Aufstieg der Rawilpassroute entlang durch die Steilwand, welche die Iffigenalp im Süden überragt. Früher jedoch führte der Durchgang über den 'alten' Rawilweg über das Firstli, das weiter östlich von der Langermatte gegen das Laufbodenhorn hinaufzieht. Dieser Weg dürfte bereits von den Jägern benützt worden sein, die in der Tierberghöhle Unterschlupf gefunden haben.

Im Abstieg vom Tierbergsattel durchwandert man die Gletschervorfelder beim Rezligletscherseeli. Dieser See und die in ihrer Kargheit sehr schöne Pioniervegetation sind nach dem Rückgang des früher recht mächtigen Rezligletschers entstanden, der sich heute fast bis zur Hochfläche des Glacier du Plaine Morte zurückgezogen hat. Fast schon als Kleinod bezeichnet werden kann das weiter unten gelegene Flueseeli, an welchem vorbei man darauf die abschliessende Steilflanke erreicht, durch welche der Weg zum Rezliberg hinunterführt.

T3	6 Std.	▲ 1080 m	▼ 1260 m

Schwierigkeit T3
Klassische Bergwege mit einigen ausgesetzten Stellen.

Zeit 6 Std.
Iffigenalp – Tierbergsattel 3½ Std.
Tierbergsattel – Flueseeli 1½ Std.
Flueseeli – Rezliberg 1 Std.

Höhenunterschiede Aufstieg 1080 Hm, Abstieg 1260 Hm

Im Aufstieg zum Tierbergsattel: Blick Richtung Wildhorn

Ausgangspunkt Iffigenalp, 1584 m
Berghotel Iffigenalp. Zimmer und Touristenlager. Geöffnet von Juni bis Oktober, Tel. 033 733 13 33. Busverbindung von Lenk [320.26]. Fahrplanmässiger Betrieb von Juni bis Mitte Oktober, übrige Zeit auf Bestellung, Tel. 033 733 14 12.

Talort Lenk im Simmental, 1064 m
Zahlreiche Übernachtungsmöglichkeiten in Gasthäusern und Hotels. Tourismusinformation: Tel. 033 733 31 31. Zugverbindung Spiez – Zweisimmen [320, 120.2].

Endpunkt Gasthaus Rezliberg, 1403 m
Auf der Hochebene des Rezlibergs, 350 m nördlich der Simmenquelle „Bi de sibe Brünne". Übernachtungsmöglichkeit im Sommer. Auskunft: Tel. 033 733 12 86.

Einfachster Abstieg ins Tal Nach Lenk, 1064 m
Vom Berghotel Iffigenalp zu Fuss auf dem Talwanderweg oder mit dem Bus nach Lenk.

Karten 1266 Lenk, 1267 Gemmi, 263T Wildstrubel

Die Route Von der Iffigenalp folgt man dem Bergwanderweg Richtung Rawilpass. Dieser führt zunächst über den aus den Felsen gehauenen Saumweg bis zum Blattlihütti und weiter durch eine karge Landschaft über den Balltihubel bis zum Stiereläger bei P. 2278. Hier verlässt man die Passroute über den Rawilpass und folgt dem Pfad, der zu den Rawilseeleni bei P. 2489 emporsteigt. Hier lässt man den Weiterweg zur Wildstrubelhütte rechter Hand und steigt durch ein Gerölltälchen in östlicher Richtung zum Tierbergsattel hinauf. Dieser altbekannte Übergang ist heute Bestandteil des Bergwanderwegnetzes der Talschaft Lenk und dementsprechend auch beschildert und markiert. Vom Sattel steigt man durch das steinige Hochtal des Tierbergs nach Osten ab. Man gelangt so zu einer von Felshöckern und Einschnitten umrahmten Schwemmebene. Diese durchquert man in östlicher Richtung, geht nördlich des Rezligletscherseelis vorbei und erreicht die beiden Bäche, die vom Rezligletscher herabfliessen. Nach den Stegen über diese Bäche überquert man eine Kuppe und steigt dann nach Norden über P. 2252 zum Flueseeli ab. Oberhalb des nördlichen Ufers dieses Sees folgt man dem Bergweg, der zum Rezliberg hinunterführt. (Am Seeufer befindet sich die Abzweigung zur Flueseehütte). Der Weg zum Rezliberg windet sich steil und teilweise ausgesetzt durch den Flueschafberg hinunter bis zum Berggasthaus Rezliberg.

Sehenswert Tierberghöhle, ca. 2660 m
Dieser Unterschlupf befindet sich auf der Ostseite des Tiereggrates, der sich vom Tierbergsattel über P. 2718 in nordöstlicher Richtung zum Laufbodenhorn erstreckt. Drei Schichten von Holzkohle und Asche weisen auf mehrere, zeitlich unterschiedliche Benützungsepochen hin. Sicher wurde diese Höhle während der Jungsteinzeit von Jägern benützt. Die Höhle befindet sich auf der Ostseite von P. 2662 bei einem Grasband am Fuss von gelben Felszähnen. Um sie zu erreichen, verlässt man den Bergweg auf der Ostseite des Tierbergsattels und steigt direkt über steile Schutthalden zur Höhle hinauf.
Bemerkung: Wenn man diese Etappe in der Gegenrichtung vom Rezliberg her begeht, kann man anschliessend den Tierbergsattel auch direkt über den Tierberggrat über P. 2718 erreichen. Dies ist jedoch deutlich anspruchsvoller als die Hauptroute (T5; ca. 45 Min. von der Höhle bis zum Tierbergsattel).

Gipfel Wildstrubel Westgipfel, 3243.5 m (Lenkerstrubel)
Vom Flueseeli her lässt sich dieser Gipfel auch ohne Gletscherausrüstung besteigen. Dazu empfiehlt es sich, in der Flueseehütte zu übernachten. Diese Hütte befindet sich oberhalb des nördlichen Ufers des Flueseelis auf 2045 m (Koord. 604 680 / 139 990). Die Hütte bietet 12 Personen Unterkunft, ist aber nicht bewartet.
Von der Hütte auf der hier beschriebenen Etappe zurück bis zu P. 2252. Von da nach links dem Pfad entlang, der über die Rote Steine zu P. 2415 hinaufführt (Steinmänner und verblassende Markierungen). Nun steiler über Geröll zu einer Felsstufe empor. Über sie und weiter in südöstlicher Richtung durch steinige Mulden zum breiten Südwestrücken des Gipfels. Über diesen auf Pfadspuren zum höchsten Punkt. T5; 4 – 5 Std. von der Flueseehütte.

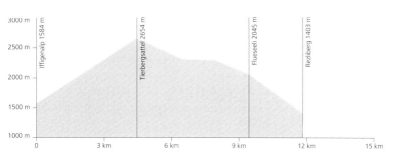

Über den Äugigrat zum Ammertenspitz

Rezliberg – Ammertenspitz – Engstligenalp

Vor der mächtigen Kulisse des Wild-strubelmassivs, welches die Talab-schlüsse des Simmen- und Engst-ligentals dominiert, nimmt sich der vorgelagerte Ammertenspitz mit seinen gut 2600 m recht bescheiden aus. Dank seiner Lage bietet dieser Gipfel jedoch eine hervorragende und kontrastreiche Aussicht. Diese öffnet sich bereits im Aufstieg über den NW-Grat, den sog. „Äugigrat". Diese Bezeichnung stammt aus dem Engstligental und bezieht sich auf einen kleinen Felsturm im unteren Gratteil, der von Adelboden aus sichtbar ist. Die LK gibt diesen Namen irrtümlicherweise dem nordwestlichen Vorgipfel. Die Route über den Äugigrat ist ein altbekannter Aufstieg zum Ammertenspitz. Sie wurde in den Neunzigerjahren ausgebaut und 1997 als gesicherte Weganlage eröffnet. Die touristischen Transportanlagen (Metschberg von der Lenk und Hahnenmoospass von Adelboden) ermöglichen es, diese Tour auch als Tagesausflug durchzuführen. Der nachfolgend beschriebene Weg vom Rezliberg aus führt jedoch ohne mechanische Transportunter-stützung direkt zum Bummeregrat, dem Ansatzpunkt des Klettersteiges.

| T4 | 5½ – 6½ Std. | ▲ 1290 m | ▼ 720 m |

Schwierigkeit T4
Die alpintechnischen Anforderungen konzentrieren sich auf den Äugigrat zum Ammertenspitz. Dieser Abschnitt ist an den exponierten Stellen gut gesichert und weiss-blau-weiss markiert.

Zeit 5½ – 6½ Std.
Rezliberg – Bummeregrat 2½ – 3 Std.
Bummeregrat – Ammertenspitz 1½ – 2 Std.
Ammertenspitz – Engstligenalp 1½ Std.

Blick vom Ammertenspitz gegen das Wildstrubelmassiv

Höhenunterschiede Aufstieg 1290 Hm, Abstieg 720 Hm

Ausgangspunkt Gasthaus Rezliberg, 1403 m.
Auf der Hochebene des Rezlibergs, 350 m nördlich der Simmenquelle „Bi de sibe Brünne". Übernachtungsmöglichkeit im Sommer. Auskunft: Tel. 033 733 12 86.

Talort Lenk im Simmental, 1064 m.
Bahnverbindung über Zweisimmen nach Spiez und Montreux [320, 120.2]. Zahlreiche Übernachtungsmöglichkeiten in Gasthäusern und Hotels. Tourismusinformation: Tel. 033 733 31 31.

Endpunkt Engstligenalp, 1952 m
Berghotel Engstligenalp: Tel. 033 673 22 91 und Berghaus Bärtschi: Tel. 033 673 13 73. Beide Unterkünfte mit Zimmer und Matratzenlager, ganzjährig geöffnet.

Einfachster Abstieg ins Tal Nach Lenk, 1064 m
Vom Gasthaus Rezliberg auf dem Wanderweg hinunter zum Restaurant Simmenfälle in Oberried; 40 Min. vom Gasthaus Rezliberg. Vom Restaurant Simmenfälle Busverbindung nach Lenk [320.27].

Karten 1267 Gemmi, 263T Wildstrubel

Die Route Vom Gasthaus Rezliberg folgt man dem Weg talauswärts bis zur Brücke bei P. 1379. Kurz nach der Brücke verlässt man den Talweg nach rechts und folgt dem Weg in Richtung Ammertentäli bis oberhalb P. 1468. Nun in nördlicher Richtung über den Bergweg zum breiten Rücken „Am Bummere". Der markierte Weg führt nun in nördlicher Richtung über das Wengibergli zur Einsattelung (2055 m) westlich des Regenboldshorns (Pommernpass, ohne Name auf der LK). Von da führt der Weiterweg zum Bummeregrat und zu P. 2093 am Fuss des Äugigrates nördlich um das Regenboldshorn herum. Um den Bummeregrat südöstlich des Regenboldshorns zu erreichen ist man jedoch wesentlich rascher, wenn man dem Rücken „Am Bummere" weiter bis zur Hütte bei P. 1983 folgt. Von da kann der Bummeregrat etwas nordwestlich oder südöstlich der Erhebung bei P. 2150 über Wegspuren direkt gewonnen werden. Dann über den Grat leicht absteigen zu P. 2093, wo man den markierten Pfad, der das Regenboldshorn nördlich umgeht, wieder erreicht. Nun über den aus dem Gestein gehauenen Pfad (Ketten) im Zickzack über den Äugigrat empor. Eine Steilstufe wird mit Hilfe einer Treppenkonstruktion überwunden. Anschliessend nach rechts und durch eine enge Felsspalte („Jumpfere Zwick") in die Südwestflanke des Ammertenspitz und dem Pfad entlang zu einer zweiten Metalltreppe. Diese leitet zum Schlusshang, über den man den Gipfel erreicht.

Im Abstieg folgt man den breiten Geröllrücken im Zickzack hinunter zum Ammertenpass 2443 m. Weiter dem Bergweg entlang, zuerst in nördlicher, dann in östlicher Richtung über Schönbüel hinunter zur Hochebene der Engstligenalp. Über diese in nordöstlicher Richtung zu den Gasthäusern, die sich am nördlichen Ende der Hochebene befinden.

Variante Durch das Ammertentäli
Anstelle der Überschreitung des Ammertenspitz über den Äugigrat kann die Engstligenalp auch direkt durch das Ammertentäli und den Ammertenpass erreicht werden. Dazu folgt man nach P. 1468 dem Talweg weiter durch das Ammertentäli. Nach dem steilen Aufstieg über den Ammerten Schafberg hält man in der kleinen Geröllmulde nach links und gewinnt den Pass über eine Felsstufe und nach Norden. 1 – 1½ Std. kürzer als die Hauptroute.

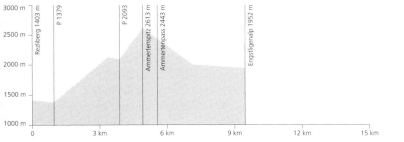

Die historische Bedeutung der Pässe

Hansruedi Mösching

Sanetschpass

Wie im Gemmigebiet liegt die Grenze zwischen den Kantonen Bern und Wallis auch beim Sanetsch nicht auf dem höchsten Punkt des Überganges, sondern vier Kilometer weiter nördlich davon und 240 Höhenmeter tiefer. Für diesen Umstand mag der Bevölkerungsdruck aus dem Wallis eine wichtige Rolle gespielt haben, zu einer Zeit im Mittelalter, als von Norden her noch keine grossen Kolonisationsbewegungen der Alemannen in südlicher Richtung statt gefunden hatten. Die Walliser rodeten damals sogar noch einen Teil am Hügelzug der Wispile. Diese Weiden werden auch heute noch mit Walliser Kühen bestossen. Die alte Passroute oder die Kraftwerkstrasse von 1961 hingegen dienen nicht mehr als Alpwege. Das Vieh wird in Grosstransportern über den Col du Pillon gefahren.

Über den Pass trugen die Walliser in alten Zeiten auch Früchte und Gemüse aus dem Rhonetal. Diese Produkte liessen sich vor allem im Frühsommer auf den Märkten des Saanenlandes und des Pays des Ormonts gut absetzen.

Die Kantonsgrenze auf 2002 Meter wird durch einen direkt neben dem Weg liegenden Felsblock markiert. Darin eingemeisselt sind die Abkürzungen „BE VS" und die Zahl „1803". In diesem Jahr wurde das Wallis als „Département du Simplon" dem napoleonischen Staat einverleibt. Gleichzeitig begann der Bau am Simplon, der ersten schweizerischen Passstrasse. Nicht aus wirtschaftlichen, sondern militärischen Gründen, nämlich „pour faire passer les canons". Auf die bernische Passpolitik hatte dies Auswirkungen. Für den Fall, dass Frankreich den Grimselverkehr stören sollte, begann man 1811 mit dem Bau der Sustenstrasse, um damit die Verbindung in den Süden via Gotthard zu ermöglichen. Das Ende des napoleonischen Spukes 1815 bedeutete auch das Aus für die noch nicht fertig erstellte Sustenlinie.

Auf jedem Pass stand früher ein Passkreuz. Es diente bestimmt nicht nur zur geografischen, sondern auch der inneren Orientierung. Ein Stossgebet an diesem Ort, inmitten von stockdickem Nebel, hat vermutlich manchem Passbegeher wieder Kraft vermittelt. Das „Grande Croix" am Sanetsch steht nicht genau an höchster Stelle des Übergangs, sondern so, dass es von Norden her schon von weitem gesehen wird. Auf dem Querbalken ist die Jahrzahl „1919" eingeschnitzt. Auf alten Karten findet man das südliche Gegenstück als „Petite Croix" eingetragen.

Auf der Südseite des Passes steht das rustikale Hôtel du Sanetsch. 1890 erbaut, diente es nicht nur den Passwanderern als Unterkunft, sondern auch den Alpinisten auf dem Weg zum Arpelistock oder Diableretsgipfel. Zu jener Zeit galten solche Touren noch als grosse Unternehmungen.

Die Rawilhochebene im abendlichen Gegenlicht.

Routen am Rawil

Knapp ein Kilometer südsüdwestlich des Laufbodenhorns liegt eine Balm unter einer überhängenden Felswand. Hier verweilten bereits vor der letzten Eiszeit verschiedentlich Menschen. Damit kann eine sehr frühe Überquerung der Berner Alpen am Rawil angenommen werden.

Im Iffigsee wurden 1976 die Reste eines Gemäuers entdeckt. Es könnte sich dabei um eine ehemalige römische Unterkunft handeln, die am kürzesten Weg von Sedunum (Sitten) nach Dunum (Thun) über den Col des Eaux Froides (Kaltwasserpass) lag.

Die mittelalterliche Verbindung steigt eingangs des Tales von Iffigen zur Alp Ritzmad und weiter über das äusserst steile Firstli zu den flacheren Teilen des Rawils. Dieser mühsame Pfad wurde um die Mitte des 18. Jahrhunderts durch einen in die Felswand gesprengten Saumweg südlich der Iffigenalp abgelöst. Diese Linienführung – es ist der heutige Wanderweg – galt noch Ende des 20. Jahrhunderts als kantonale Hauptstrasse, was deren ursprüngliche Bedeutung zeigt, auch wenn sie nie befahrbar war.

Die fünfte Variante, diesmal eine Nationalstrasse durchs Simmental bis nach Sitten mit einem Rawil–Basistunnel, ist in den 1970er-Jahren am Widerstand der Bevölkerung und an einer Volksabstimmung gescheitert.

Gemmipass

Der kürzeste Weg zu Fuss von Bern ins Wallis führt über den Gemmipass. Und Leuk, als Endpunkt dieser Strecke ins Rhonetal, hat erst noch den grossen Vorteil, ziemlich genau zwischen den beiden Zentren Sion und Brig zu liegen. Solche strategischen Umstände haben ver-

Auf der Spittelmatte am Gemmiweg erinnert eine Gedenktafel an die Opfer des Altels-Gletscherabbruches von 1895.

**Zugänge zum Grimselpass. Links ein Tunnel der im Jahr 1860 gebau-
ten Strasse. Rechts der im Jahr 1774 in die Sprengfluh gesprengte
Saumweg.**

mutlich dazu beigetragen, dass sich die Gemmiroute zum wichtigsten bernischen Passweg
entwickelt hat.

Im ersten Augenblick mag diese Wertung erstaunlich klingen, kennt man doch die über-
ragende Bedeutung des Grimselpasses! Selbstverständlich war die Grimsel verkehrsge-
schichtlich von grosser Bedeutung; nur ist sie, als Einheit mit dem Brünig- und dem Griespass
zusammen, in einen weit grösseren geografischen Rahmen zu stellen, als in einen hauptsächlich bernischen wie die Gemmi.

Zu einer Transitroute europäischen Ausmasses nach und von Italien hat sich der Gemmiweg
nie entwickelt. Was nicht heisst, dass eine solche nicht in einem gewissen Umfang bestanden hat. Für die Frutigtaler waren die italienischen Viehkäufer auf den Märkten von Frutigen
und Aeschi gern gesehene Leute. Und die „Lamparter" (aus der Lombardei) und
„Grischeneyer" (aus Gressoney), also südalpine Wanderkaufleute, brachten etwelche exoti-
sche Kostbarkeiten in den Norden.

Grosse Bedeutung hatte der Pass als Verbindung zwischen Bern und dem mittleren Wallis
bereits 1232, als der Bischof von Sitten Weiderechte bis ins Gasterental hinunter und zur
Engstligenalp hinüber erhielt. Ins Hochmittelalter, etwa um 1200, fallen deshalb auch die
Aufgabe der „Alten Gemmi" und ein erster Bau in schwindelerregender Lage durch die 600
Meter hohe Daubenwand, die vom höchsten Punkt nach Leukerbad hinunter abbricht.

Erst 1739–1743 nahm man eine bedeutende Wegverbesserung vor, und gleichzeitig wurde der Bau des Berggasthauses Schwarenbach getätigt. Der Grund für diese Bauphase war nun nicht mehr landwirtschaftlicher Art, sondern die Absicht, den Bädertourismus zu fördern. Auf Berner Seite wurde sogleich nachgezogen: nicht nur der mühsame Aufstieg oberhalb von Kandersteg wurde neu gebaut, man besserte gleich die ganze Route bis nach Thun aus.

Der aufmerksame Kartenleser kann im Gebiet des Gemmipasses nicht weniger als neun „Lämmeren"-Namen ausmachen. Diese Anhäufung ist kein Zufall, denn die Schafhaltung hat hier besonders Tradition. Im Frutigtal ist aus ihr eine bedeutende Textilindustrie gewachsen, die mit dem „Frutigtuch" weiterhum bekannt war. Der Rohstoff Wolle wurde in grosser Mengen auch im Wallis drüben geholt. Im alljährlich stattfindenden Schäferfest klingen die alten Zeiten noch an.

Lötschepass

Ein Kapitel zur Gemmi darf nicht ohne einen Blick auf den Nachbarn Lötschenpass abgeschlossen werden. Auch er wurde lange Zeit regelmässig als Handelsweg benutzt und stand im 14. Jahrhundert sogar im Zentrum einer Herrschaft, die vom mittleren Wallis bis nach Aeschi und ins hintere Lauterbrunnental reichte.

Wichtig ist die folgende Wechselbeziehung, wie sie in einem Schriftstück von 1652 beschrieben wird:

„Diss passes halb über den Lötschberg ist bericht, dass im Sommer er wegen vielen tiefen Schründen im Berg keineswegs zu gebruchen ist; im winter aber wol, wyl selbige schründ mit schnee verfüllt werden, und der schnee also gefrürt, dass die Italiänder mit vych hinüber kommen könnend. Ueber die Gemmi aber ist der pass allein im Sommer müglich, im winter aber unmüglich zu gebruchen."

Der Versuch, die Lötschenlinie zu einem alpenquerenden Saumweg auszubauen, scheiterte 1697 an der Zurückhaltung der Walliser. Auf Berner Seite sind die kühnen Kunstbauten, die lange als römisch gedeutet wurden, seit einigen Jahren wieder begehbar. Es ist eine Variante zum einfachen Weg über die Balm, die dem Balmhorn den Namen gegeben hat.

Grimselpass

Diese Route entwickelte sich zur bedeutendsten des Berner Oberlandes. Im schweizerischen Vergleich ist sie jedoch zweitrangig. Die Römer benutzten den Grossen Sankt Bernhard und die Bündner Pässe Splügen, Septimer, Julier und Maloja. Sie alle hatten den praktischen Vorteil, auf einer alpenquerenden Linie zu liegen, auf der nicht noch ein zweiter oder gar dritter Übergang zu überwinden war. Dies änderte sich auch im Mittelalter nicht. Um 1200 kam noch die Gotthardroute dazu.

Die wichtigsten Exportgüter, die aus dem östlichen Berner Oberland und der Innerschweiz über die Brünig–Grimsel–Griesspassroute nach Süden geführt wurden, waren Käse und Vieh sowie Kristalle, die in Venedig weiterverarbeitet wurden. Aus dem Süden kamen Wein, Reis, Mais, Öl und Gewürze.

Mit der Inbetriebnahme der Gotthardbahn 1882 endete der Saumverkehr schlagartig. Das Vieh wurde nun in der Innerschweiz auf die Schiene verladen. Ein Teil der Tiere liess sich bereits seit 1859 in Bern, Basel und Genf absetzen, nachdem die Centralbahn Bern–Thun gebaut worden war.Ab 1860 wurde etappenweise an einer Fahrstrasse Meiringen– Grimselpass–Gletsch gearbeitet, die 1894 eröffnet werden konnte. Der Abschnitt Guttannen–Gletsch mit Anschluss an die bereits bestehende Furkapassstrasse diente nun vorwiegend touristischen Zwecken.

Das besterhaltene Teilstück des Saumweges liegt zwischen der Handegg und der 1948–1950 erstellten Staumauer des Räterichbodensees. Die über mehrere Kilometer gepflästerte Oberfläche und zwei pittoreske Steinbogenbrücken versetzen die Wanderer unmittelbar in die Zeit zurück, als der Fuss noch das Mass des Menschen war.

Das 20. Jahrhundert setzte andere Massstäbe. 1924 wurde mit dem Bau der Kraftwerkanlagen begonnen. Hinter den Mauern der Seeuferegg und der Spitellamm stauten sich die Fluten des Grimselsees und verschlangen die alte Säumerherberge, das Spittel. Auf dem nahe gelegenen Felshügel, dem Nollen, wurde 1932 ein Ersatz dafür erstellt, das heutige Hotel Grimsel Hospiz. Oberhalb des Sees verläuft der Wanderweg bis zum Pass und weiter nach Obergesteln hinunter grösstenteils auf dem Trassee des Saumweges.

Das alte Grimsel-Spitel, das später in den Fluten des gestauten Grimselsees versank.

Über den Chindbettipass ins Gasteretal

Engstligenalp – Spittelmatte – Kandersteg

Von der idyllischen Hochebene der Engstligenalp führt diese Etappe zunächst auf den Engstligengrat. Nach einem kürzeren Abstieg durchquert man die abgelegene Karstlandschaft des Tälli und überschreitet den langen Felskamm, der vom Rote Totz über das Felsenhorn zum Üschenegrat verläuft. Zwischen mächtigen Felsformationen hindurch geht es hinunter zur Wanderautobahn der Gemmiroute Kandersteg – Gemmipass – Leukerbad. Beeindruckend wirkt hier die mächtige Alteslflanke: Auch nach dem Gletscherabbruch im September 1865, der auf der Spittelmatte eine ganze Alp mit Mensch und Tier verschüttete, war diese Flanke in der Regel den ganzen Sommer über firnbedeckt. Heute jedoch ist sie bereits nach einigen heissen Sommertagen meistens ausgeapert und ist so zu einem eher betrüblichen Mahnmal für die gegenwärtige Erwärmung im Alpenraum geworden.

T3	7 Std.	▲ 800 m	▼ 1550 m

Schwierigkeit T3
Diese Etappe ist durchwegs gut markiert. Zu Saisonbeginn im Tälli noch häufig Schneefelder. Wenn noch nicht alle Wegmarkierungen sichtbar sind, stellt dies bei schlechter Sicht erhöhte Anforderungen an die Orientierung.

Zeit 7 Std.
Engstligenalp – Chindbettipass 2 Std.
Chindbettipass – Schwarenbach 2 Std.
Schwarenbach – Spittelmatte ½ Std..
Spittelmatte – Waldhus 1 Std.
Waldhus – Kandersteg 1 Std.

Im Passübergang vor dem Abstieg durch die Rote Chumme

Höhenunterschiede Aufstieg 800 Hm, Abstieg 1550 Hm

Ausgangspunkt Engstligenalp, 1952 m
Berghotel Engstligenalp: Tel. 033 673 22 91 und Berghaus Bärtschi: Tel. 033
673 13 73. Beide Unterkünfte mit Zimmer und Matratzenlager, ganzjährig
geöffnet.

Talort Adelboden, 1348 m
Busverbindung von Frutigen [300.20].

Endpunkt Kandersteg, 1176 m
Bahnverbindungen nach Bern und Brig [300].
Talort mit zahlreichen Übernachtungsmöglichkeiten in Hotels und Pensionen.
Tourismusinformation: Tel. 033 675 80 80.
Bemerkung: Will man am Folgetag die Etappe 6 über das Hohtürli unter die
Füsse nehmen, empfiehlt es sich, in einem der Gasthäuser am Oeschinensee
zu übernachten. (Hotel Oeschinensee: Tel. 033 675 11 19, Gasthaus zur
Sennhütte: Tel. 033 675 16 42). Diese sind von der Bergstation der Sesselbahn
Kandersteg – Oeschinen in ca. 20 Min erreichbar. Die Sesselbahn ist im Sommer
bis um 18 Uhr und im Herbst bis um 16.30 Uhr in Betrieb.

Einfachster Abstieg ins Tal Nach Adelboden, 1348 m
Von der Engstligenalp zu Fuss über den Bergweg oder mit der Luftseilbahn nach
Unter dem Birg. Ab Talstation Busverbindung nach Adelboden [300.25].

Karten 1247 Adelboden, 1267 Gemmi, 263T Wildstrubel

Unterwegs einkehren Unterkunft und Verpflegung im Berghotel Schwarenbach: Tel. 033 675 12 72 sowie im Hotel–Restaurant Waldhaus (Waldhus auf
der LK) im Gasteretal: Tel. 033 675 12 73.

Die Route Von der Engstligenalp quert man die Ebene in südöstlicher Richtung
nach Märbenen und folgt dem markierten Bergweg bis in den Chindbettipass
(2623 m). Vom Pass in südöstlicher Richtung dem Hang entlang hinunter in
das Hochtal des Tälli. Weiter nach E ca. 60 Hm hinauf zum Übergang unmittelbar nördlich von P. 2628. Nun steil dem Weg folgend, hinunter durch die
Rote Chumme zum nordwestlichen Ende des Daubensees. Weiter dem breiten
Wanderweg entlang über Schwarenbach bis zur Brücke bei P. 1872 an der
Spittelmatte. Wer den nun folgenden, steilen, gut 600 Hm umfassenden
Abstieg in das Gasteretal nicht mehr unter die Füsse nehmen will, nimmt den
linken Weg zur Bergstation der Luftseilbahn Kandersteg – Sunnbüel. Auf der
Hauptroute hingegen folgt man dem rechten Weg bis zu P. 1820 und steigt
nun auf dem stellenweise ausgesetzten, aber gut gesicherten Bergweg über

den Gurnigel bis zum Berggasthaus Waldhus im Gasteretal ab. Dieser Abschnitt ist landschaftlich sehr lohnend und eindrucksvoll. Vom Waldhus auf dem markierten Wanderweg talaus bis zur Talstation der Luftseilbahn Kandersteg – Sunnbüel und nach Kandersteg (ab Waldhus von Mitte Juni – Ende September Busverbindung nach Kandersteg [300.40], übrige Zeit auf Bestellung, Tel. 033 671 11 71). Von der Talstation der Luftseilbahn in Eggeschwand Ortsbus (ganzjähriger Betrieb).

Varianten
a) Über den Ärtelengrat.
Von der Engstligenalp folgt man dem Weg über den Ärtelengrat bis an den Fuss des Tschingellochtighorns und in südöstlicher Richtung auf den Engstligengrat. über diesen nach Süden zum Chindbettipass; ca. 30 Min. länger als die Hauptroute.

b) Schlussabstieg über Winteregg und Stock.
Anstelle des Abstieges in das Gasteretal über den alten Saumweg der Gemmi. Von der Spittelmatte über die Ebene und kurzer Anstieg zum Sunnbüel. Weiter dem breiten Weg entlang über Winteregg und Stock zur Talstation der Luftseilbahn Kandersteg – Sunnbüel; ca. 30 Min kürzer als die Hauptroute.

Gipfel Tierhörnli, 2894 m
Vom Chindbettipass über den leichten Blockgrat in südlicher Richtung zum Gipfel. Schwierigkeit T4, zusätzlicher Zeitaufwand ca. 1 Std.

Hinweis
Verbindungsetappen nach Gemmipass – Leukerbad oder Montana, sowie Lötschepass – Lötschental siehe Etappen 41 – 43.

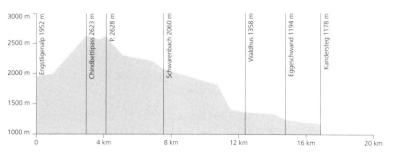

Im Schatten des Lohner

Engstligenalp – Lohnerhütte – Kandersteg

Nach einem sanften Auftakt über die Alpweiden der Ärtelenalp steht diese Etappe zumindest am Anfang ganz unter dem Motte der Titel-zeile: Ganz unvermittelt steht man vor den schroffen Abhängen des Lohnermassivs und fragt sich, wie es nun durch diese Steilflanke, die nach Westen rund 1800 Meter gegen das Engstligental abbricht, wohl weitergehen soll. Ein sehr exponierter Pfad weist hier – mehr oder we-niger horizontal mit einigen kürzeren Auf- und Abstiegen – den Weg nach Norden zur Lohnerhütte, die wie ein Adlerhorst auf einem Vorsprung liegt. Wer diesen wilden und zugleich gastlichen Ort nicht nur für eine kurze Verschnaufpause besuchen will, kann diese Etappe durchaus unterteilen und in der Lohnerhütte übernachten. Die Hütte ist jedoch – obgleich jederzeit offen – nicht bewartet, und man muss sein leibliches Wohl selbst mittragen.

T5	8 – 9 Std.	▲ 1150 m	▼ 1850 m

Schwierigkeit T5

Diese Etappe ist durchwegs markiert. Von der Ärtelenalp über die Lohnerhütte bis zur Bunderalp (I de Schrickmatte) stellt diese alpine Route mit weiss-blau-weisser Markierung sehr hohe Anforderungen an die Trittsicherheit. Bei Nässe oder ungünstigen Witterungsverhältnissen (Gewitter) ist von einer Begehung abzuraten. Dies gilt ebenso für die Vor- oder Nachsaison, wenn die Westflanke des Lohner nicht ausgeapert ist. Pickel empfehlenswert.

Zeit 8 – 9 Std.
Engstligenalp – Lüser 45 Min.
Lüser – Lohnerhütte 2 – 2$\frac{1}{2}$ Std.
Lohnerhütte – I de Schrickmatte 45 Min.
I de Schrickmatte – Bunderspitz 2 Std.
Bunderspitz – Obere Allme 1 Std.
Obere Allme – Kandersteg 1$\frac{1}{2}$ Std.

Die Lohnerhütte und das Mittaghorn im Lohnermassiv

Höhenunterschiede Aufstieg 1150 Hm, Abstieg 1850 Hm (mit der Luftseilbahn Allmenalp – Kandersteg 1300m)

Ausgangspunkt Engstligenalp, 1952 m
Berghotel Engstligenalp: Tel. 033 673 22 91 und Berghaus Bärtschi: Tel. 033 673 13 73 Beide Unterkünfte mit Zimmer und Matratzenlager, ganzjährig geöffnet.

Talort Adelboden, 1348 m
Busverbindung von Frutigen [300.20].

Endpunkt Kandersteg, 1176 m
Bahnverbindungen nach Bern und Brig [300].
Talort mit zahlreichen Übernachtungsmöglichkeiten in Hotels und Pensionen. Tourismusinformation: Tel. 033 675 80 80.
Bemerkung: Will man am Folgetag die Etappe 6 über das Hohtürli unter die Füsse nehmen, empfiehlt es sich, in einem der Gasthäuser am Oeschinensee zu übernachten. (Hotel Oeschinensee: Tel. 033 675 11 19, Gasthaus zur Sennhütte: Tel. 033 675 16 42). Diese sind von der Bergstation der Sesselbahn Kandersteg – Oeschinen in ca. 20 Min erreichbar. Die Sesselbahn ist im Sommer bis um 18 Uhr und im Herbst bis um 16.30 Uhr in Betrieb.

Einfachster Abstieg ins Tal Adelboden, 1348 m
Von der Engstligenalp zu Fuss über den Bergweg oder mit der Luftseilbahn nach Unter dem Birg. Ab Talstation Busverbindung nach Adelboden [300.25].
Nach der Traversierung der Lohner W-Flanke Abstieg von der Bunderalp (I de Schrickmatte) über den weiss-rot-weiss markierten Bergweg nach Adelboden–Oey.

Karten 1247 Adelboden, 1267 Gemmi, 263T Wildstrubel

Unterwegs einkehren Lohnerhütte SAC, 2171 m
Koord. 612 370 / 147 040.
SAC Sektion Wildstrubel, 3715 Adelboden. Immer offen, aber nicht bewartet. Nur SOS-Telefon.

Die Route Von der Engstligenalp auf dem Bergweg in nordöstlicher Richtung um den Ärtelengrat herum zum Ärtelenbach und weiter zu P. 1956. Von da den nun weiss-blau-weissen Markierungen folgen zum Grasrücken des Lüser. An der östlichen Begrenzung dieses Rückens auf ca. 2200 m beginnt die Traversierung der Lohner W-Flanke: Nur das erste, sehr exponierte Wegstück ist während ca. 100 m mit Drahtseilen gesichert. Der Weiterweg führt mit mehreren kleinen Auf- und Abstiegen und weiterhin exponierten Passagen zu P.

2367 im NW-Grat des Mittaghorns (Gedenktafel). Ein steiler und heikler Abstieg führt zu den Geröllhängen der Witi Chume. Durch diese zu einem markanten grasbewachsenen Sporn, auf dem die Lohnerhütte steht. Von da folgt man dem Hüttenweg der Lohnerhütte. Dieser ist an mehreren Stellen mit Drahtseilen und Ketten gesichert. Nach der Felsstufe unterhalb P. 2159 folgt man dem rechten, oberen Pfad, der über den Schryberschreck zur Bunderalp (I de Schrickmatte) führt. Hier ist der alpintechnisch sehr anspruchsvolle Teil dieser Etappe zu Ende: Man folgt dem weiss-rot-weiss markierten Bergweg über die Bunderchumi bis zum Bunderspitz. (Vom Bunderchumi aus kann man auch, statt den Bunderspitz zu besteigen, die Bunderchrinde überschreiten, ca. 1 Std. kürzer als die Hauptroute). Von P. 2456 im SE-Grat des Bunderspitz folgt nun ein steiler Abstieg an den Alphütten von Obere Allme vorbei bis auf ca. 1860 m. Will man sich die folgenden 600 Hm im Abstieg ersparen, geht man weiter nach Undere Allme zur Bergstation der Luftseilbahn Allmenalp – Kandersteg. (Betriebszeiten Juli / August bis 18 Uhr; Juni, September und Oktober bis 17 Uhr). Für den Fussabstieg nach Kandersteg folgt man hingegen dem in südöstlicher Richtung verlaufenden Weg über P. 1795 zum beginnenden Fahrsträsschen, das nach Üsser Üschene führt. Unmittelbar südlich der Hütten von Ryharts verlässt man das Fahrsträsschen und folgt dem steilen Bergweg über Schneitböde bis nach Filfalle an der Strasse Kandersteg – Eggeschwand (Bushaltestelle). Weiter dem Talweg entlang nach Kandersteg.

Hinweis
Verbindungsetappen nach Gemmipass – Leukerbad oder Montana, sowie Lötschepass – Lötschental siehe Etappen 41 – 43.

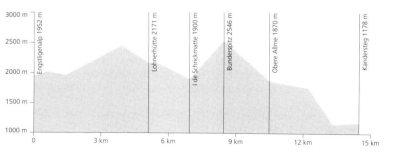

Die Blüemlisalp hautnah

Kandersteg – Hohtürli – Gspaltenhornhütte

Die landschaftliche Kulisse, die man bei dieser Traversierung geniessen kann, ist sicher etwas vom Feinsten, das die Berner Alpen den Bergwanderern zu bieten haben: Allein die Landschaft um den Oeschinensee, dessen Gestade im westlichen Teil zum Verweilen laden, im Osten hingegen von unnahbaren Felswänden umrahmt werden, ist eine Reise wert. Weiter oben wird die Tuchfühlung zur Blüemlisalp fast unmittelbar. Trotz der aktuellen Erwärmung und Ausaperung sind ihre Firn- und Eispanzer immer noch beeindruckend. Vor diesem Hintergrund ist die Überschreitung des Hohtürli ein „Must" für alle, die den nicht unerheblichen Höhenunterschieden einigermassen gewachsen sind. Es sind sicher Tausende, die diese Traversierung, in der Regel als Tagestour, jedes Jahr unter die Füsse nehmen. Trotzdem entsteht hier kaum der Eindruck von Massentourismus: Dazu ist diese Landschaft in ihren Dimensionen schlicht zu grosszügig und vermag den Andrang an den schönen Tagen problemlos wegzustecken.

T3	8 – 8 Std. 30 Min.	▲ 1560 m	▼ 780 m

Schwierigkeit T3

Klassische Bergwege mit weiss-rot-weisser Markierung. Nur bei der Überquerung des Gamchigletschers wegloses Gelände. Im Vorsommer ist die E-Seite des Hohtürli meistens noch schneebedeckt, ein Pickel kann dann hilfreich sein.

Zeit 8 – 8½ Std. (ab Bergstation Sesselbahn Kandersteg – Oeschinen oder Oeschinensee ca. 1 Std. kürzer)
Kandersteg – Oeschinensee 1 Std.
Oeschinensee oder Bergstation Sesselbahn Oeschinen – Hohtürli 4 Std.
Hohtürli – Schnattweng (P. 2061) 1 Std. 15 Min.
P. 2061 – Gamchigletscher 30 – 45 Min.
Gamchigletscher – Gspaltenhornhütte 1 – 1½ Std.

Unterwegs zum Hohtürli

Höhenunterschiede Aufstieg 1560 Hm, Abstieg 780 Hm

Ausgangspunkt Kandersteg, 1176 m
Bahnverbindungen nach Bern und Brig [300].
Talort mit zahlreichen Übernachtungsmöglichkeiten in Hotels und Pensionen.
Tourismusinformation: Tel. 033 675 80 80.
Man kann auch in einem der Gasthäuser am Oeschinensee übernachten. (Hotel Oeschinensee: Tel. 033 675 11 19, Gasthaus zur Sennhütte: Tel. 033 675 16 42). Diese sind von der Bergstation der Sesselbahn Kandersteg – Oeschinen in ca. 20 Min erreichbar. Die Sesselbahn ist im Sommer von 7.30 bis 18 Uhr und im Herbst von 8.30 bis 16.30 Uhr in Betrieb [2410].

Endpunkt Gspaltenhornhütte SAC, 2455 m
Koord. 628 520 / 151 340
SAC Sektion Bern, 3000 Bern. Die Hütte ist immer offen. Bewartet während der Sommersaison von Juli – September. Tel. Hütte: 033 676 16 29.

Einfachster Abstieg ins Tal Nach Griesalp, 1408 m
Nach der Überschreitung des Hohtürli auf dem üblichen Weg über die Bundalp nach der Griesalp, 1408 m. Von da im Sommer und Herbst Postautoverbindung nach Kiental – Reichenbach [300.15].

Karten 1247 Adelboden, 1248 Mürren, 263T Wildstrubel, 264T Jungfrau

Unterwegs einkehren Blüemlisalphütte SAC, 2834 m
Koordinaten 625 560 / 151 030.
SAC Sektion Blüemlisalp, 3600 Thun. Winterraum immer offen. Die Hütte ist bewartet von Juli bis Mitte Oktober. Tel. Hütte: 033 676 14 37. (Die Hütte befindet sich einige Min. oberhalb des Hohtürli).

Die Route Von Kandersteg zu Fuss auf dem üblichen Weg zum Oeschinensee oder mit der Sesselbahn Kandersteg – Oeschinen zur Bergstation. Der nächste Etappenpunkt ist die Alp Oberbärgli (1978 m). Diese lässt sich auf zwei unterschiedlichen Wegen erreichen: Startet man von der Bergstation der Sesselbahn, bietet sich der aussichtsreiche Pfad über den Heuberg hoch über dem Oeschinensee an: Einige Min. nach der Bergstation folgt man dem linken, nördlichen Weg nach Läger bis zu P. 1685. Hier verlässt man den breiten Wanderweg nach links (N) und folgt dem steilen Bergweg, der zum Heuberg hinaufführt. Bei P. 1940 hat man die Anhöhe erreicht und folgt nun dem teilweise etwas exponierten Bergweg mit phantastischen Ausblicken auf den Oeschinenseee bis zum Oberbärgli.

Geht man dagegen vom Oeschinensee aus, ist der übliche Weg, der zuerst dem See entlang und dann über das Underbärgli zum Oberbärgli führt, etwas kürzer.

Der Weiterweg zum Hohtürli ist nun gegeben: Man folgt dem weiss-rot-weiss markierten Pfad mit eindrücklichen Ausblicken auf die Abbrüche des Blüemlisalpgletschers bis zum Passübergang des Hohtürli. Auf der E-Seite des Passes geht es steil hinunter bis zum Übergang Uf der Wart (2508 m), wo der Pfad über einen kleinen Kamm nach N weist.

Der weitere Abstieg wird nun nach und nach weniger steil. Bei P. 2061 verlässt man den Hauptweg, der weiter über die Bundalp zur Griesalp hinunterführt, nach rechts und folgt dem Pfad, der zum Gamchi oder zum Gamchigletscher führt, in östlicher Richtung. Dieser Pfad überquert den gleichen Kamm, den man bei P. 2508 nach N überschritten hat, wieder nach S und führt zu den Schafweiden des Oberloch. Von da gelangt man über P. 2133 auf ältere Moränenreste des Gamchigletschers, denen man bis zum Gletscher folgt. Man betritt diesen ziemlich genau auf 2000 m und traversiert die schuttbedeckte Gletscherzunge in südöstlicher Richtung aufwärts, wo man das rechte (östliche) Gletscherufer erreicht. Über die Moräne hinauf zu P. 2107, wo man auf den vom Gamchi herauführenden Hüttenweg der Gspaltenhornhütte trifft. Über diesen zur Hütte hinauf.

Hinweis Wenn man am folgenden Tag die Etappe 7.1 über das Telli vorgesehen hat, ist die Gspaltenhornhütte als Übernachtungsort ungeeignet. Man steigt deshalb auf dem normalen Bergweg zur Griesalp ab. Dies verkürzt die beschriebene Etappe um ca. 1 Std. Die Griesalp kommt auch als Ausgangspunkt für die Überschreitung der Sefinenfurgge (Etappe 7) in Frage, doch dann ist der Zustieg zur Sefinenfurgge 2½ – 3 Std. länger. Übernachtungsmöglichkeiten auf der Griesalp: siehe Etappe 7.1

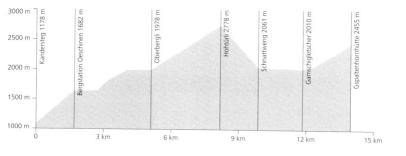

Über die Fründenschnur um den Oeschinensee

Umrundung Oeschinensee

Das südöstliche Ufer des Oeschinensees wird von gewaltigen Felswänden eingerahmt. In diesen Wänden sind zwei Felsbänder eingelagert. Das obere Band ist nicht durchgehend und führt zum Obere Oeschinengletscher. Das untere Band, im alpinen Sprachgebrauch „Untere Fründenschnur" genannt (Fründenschnur auf der LK), stellt hingegen eine Verbindung zwischen der Alp Underbärgli am Hohtürliweg und dem Hüttenweg der Fründenhütte her. Dieses Band ermöglicht somit eine sehr interessante und eindrückliche Umrundung des Oeschinensees. Die exponiertesten Stellen wurden 1998 mit neuen Drahtseilsicherungen versehen. Alpintechnisch gesehen ist diese Rundtour im Gegenuhrzeigersinn, d.h. vom Fründenhüttenweg zur Alp Underbärgli, deutlich anspruchsvoller, da die Wegführung ab dem Hüttenweg der Fründenhütte durch wegloses und unübersichtliches Gelände führt und deshalb schwierig zu verfolgen ist. Begeht man diese Tour hingegen im Uhrzeigersinn, das heisst vom Underbärgli her, ist der Routenverlauf im wesentlichen gegeben. Unter diesen Voraussetzungen kommt deshalb diese Umrundung für eine Verlängerung der Tagesetappe über das Hohtürli vom Oeschinensee her, eher nicht in Frage. Sie ist jedoch ein lohnendes Tagesziel, wenn man die faszinierende Umgebung des Oeschinensees detaillierter kennenlernen will. Zur Ergänzung bietet sich nach der Umrundung auch noch ein Abstecher zur Fründenhütte SAC an, da diese Route direkt in den normalen Hüttenweg mündet.

T5	3¹/₂ – 4 Std.	▲ 450 m	▼ 540 m

Schwierigkeit T5

Stellenweise sehr ausgesetzter Pfad. Nur rudimentäre Markierung.
Diese Route sollte nur bei trockener Witterung ohne Nässe oder Wassereis unternommen werden.

Trittsicherheit ist gefragt: Im zentralen Teil der Fründenschnur

Zeit 3$\frac{1}{2}$ – 4 Std.
Bergstation Sesselbahn Oeschinen – Underbärgli 1$\frac{1}{2}$ Std.
Underbärgli – Abzweigung Fründenhüttenweg 1$\frac{1}{2}$ – 2 Std.
Abzweigung Fründenhüttenweg – Oeschinensee $\frac{1}{2}$ Std.

Höhenunterschiede Aufstieg 450 Hm, Abstieg 540 Hm

Ausgangspunkt Bergstation der Sesselbahn Kandersteg – Oeschinen, 1682 m
Die Sesselbahn ist im Sommer von 7.30 bis 18 Uhr und im Herbst von 8.30 bis 16.30 Uhr in Betrieb [2410].
Diese Route kann auch direkt vom Hotel Oeschinensee, Tel. 033 675 11 19, oder vom Gasthaus zur Sennhütte, Tel. 033 675 16 42 aus angegangen werden.

Talort Kandersteg, 1178 m
Ortschaft mit Bahnstation an der Lötschberglinie Bern – Spiez – Brig [300].

Endpunkt Hotel Oeschinenseee, 1593 m

Karten 1247 Adelboden, 1248 Mürren, 263 Wildstrubel, 264 Jungfrau

Unterwegs einkehren Fründenhütte SAC, 2562 m
Koord. 623 280 / 148 080.
SAC Sektion Altels, 3714 Frutigen. Die Hütte ist immer offen. Bewartet von Juli – Oktober. Tel. Hütte: 033 675 14 33

Die Route Der Pfad entlang der Fründenschnur beginnt bei der Alp Underbärgli (1843 m), am Weg zum Hohtürli und zur Blüemlisalphütte. Diese Alp lässt sich auf zwei unterschiedlichen Wegen erreichen: Startet man von der Bergstation der Sesselbahn Kandersteg – Oeschinen aus, bietet sich der aussichtsreiche Pfad über den Heuberg hoch über dem Oeschinensee an: Einige Min. nach der Bergstation folgt man dem linken, nördlichen Weg nach Läger bis zu P. 1685. Hier verlässt man den breiten Wanderweg nach links (N) und folgt dem steilen Bergweg der zum Heuberg hinaufführt. Bei P. 1940 hat man die Anhöhe erreicht und folgt nun dem teilweise etwas exponierten Bergweg mit phantastischen Ausblicken auf den Oeschinenseee bis zum Oberbärgli. Von da steigt man auf dem Hohtürliweg durch eine Felsstufe zur Alp Underbärgli ab. (Geht man vom Oeschinensee aus, kann die Alp Underbärgli auch über den üblichen Weg zum Hohtürli erreicht werden, der zuerst dem See entlang und dann direkt zum Underbärgli hinaufführt, ca. $\frac{1}{2}$ Std. kürzer).
Von der Alp Underbärgli folgt man dem auf der LK eingezeichneten Pfad über P. 1843 zum Beginn des schmalen Felsbandes der Fründenschnur. Man folgt diesem Band, zum Teil sehr exponiert (Drahtseile), bis auf die Gras- und

Geröllhänge unterhalb P. 1911. In südlicher Richtung auf spärlichen Wegspuren über diese Hänge hinauf bis auf ca. 1920 m. Nun in südwestlicher, später in westlicher Richtung, dabei mehrere Runsen und Gräben querend, zum Hüttenweg der Fründenhütte, den man genau bei einem auffälligen Stein mit einer roten, kreisförmigen Markierung erreicht. Dieser letzte Abschnitt verlangt aufgrund der hier nur sehr spärlichen Wegspuren einen guten Geländesinn. Nun weiter auf dem Hüttenweg zum Oeschinensee hinunter.

Variante Fründenhütte SAC, 2562 m
Von der Einmündung in den Fründenhüttenweg über diesen in ca. 1¹/₂ Std. zur Hütte hinauf.

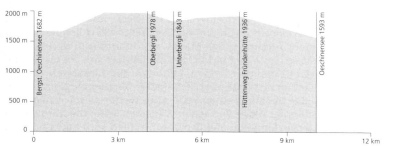

Über die Sefinenfurgge nach Stechelberg

Gspaltenhornhütte – Stechelberg

Wie bereits am Vortag über das Hohtürli bewegt man sich auch hier über längere Abschnitte auf der klassischen Wanderroute der „hinteren Gasse". Der Charakter dieser Etappe ist jedoch ganz anders: So nimmt sich der Aufstieg von der Gspaltenhornhütte zur Sefinenfurgge mit seinen gut 350 Höhenmetern recht bescheiden aus. Nach einem letzten Blick vom Passübergang zurück zur Blüemlisalp rückt im Abstieg über die Alpweiden von Poganggen mehr und mehr das Massiv der Jungfrau in den Vordergrund. Von dieser Seite aus betrachtet präsentiert sich dieses als gewaltiger Felswall, der vom engen Talboden des hintersten Lauterbrunnentals fast unmittelbar über 3000 Meter bis zum vergletscherten Gipfelbereich des Hochfirns emporragt. Auch weiter westlich zeigt sich der Kamm der Berner Alpen von seiner wildesten Seite: Die Nordwände von Gletscherhorn, Ebnefluh und Grosshorn zählen auch heute noch zu den grossen und schwierigen Wanddurchstiegen in den Alpen. Weiter unten im engen Sefinental wird der Blick dann durch die Ostflanke des Gspaltenhorns in Bann gezogen, die den hintersten Talabschluss der Chilchbalm als mächtiges Bollwerk 1600m hoch überragt und die nach der Eigernordwand die zweithöchste Wand der Berner Alpen ist. Talauswärts wird nun die Terrasse von Gimmelwald sichtbar, die hoch über den Felswänden des Lauterbrunnentals liegt. Diese Siedlung ist durch die Luftseilbahn Stechelberg–Mürren–Schilthorn erschlossen, eine valable Alternative, wenn man die respektablen Abstiegshöhenmeter auf knieschonende Weise reduzieren will.

| T3 | 6 Std. | ▲ 350 m | ▼ 1860 m |

Schwierigkeit T3

Die alpintechnischen Anforderungen konzentrieren sich auf den ersten Abschnitt von der Gspaltenhornhütte bis zur Sefinenfurgge.

Oberhalb Poganggen im Abstieg von der Sefinenfurgge

Zeit 6 Std.
Gspaltenhornhütte – Sefinenfurgge 2 Std.
Sefinenfurgge – Poganggen (Rotstockhütte) 1 Std.
Rotstockhütte – Stechelberg 3 Std.

Höhenunterschiede Aufstieg 350 Hm, Abstieg 1860 Hm (nach Gimmelwald 1520 Hm, nach Mürren 1160 Hm)

Ausgangspunkt Gspaltenhornhütte SAC, 2455m
Koord. 628 520 / 151 340
SAC Sektion Bern, 3000 Bern. Die Hütte ist immer offen. Bewartet während der Sommersaison von Juli – September. Tel. Hütte 033 676 16 29.

Talort Kiental, 958m
Postautobetrieb von Reichenbach bis Griesalp vom Mai bis Oktober, übrige Zeit nur bis Kiental [300.15].

Endpunkt Stechelberg, 919 m
Hinterster Talort im Lauterbrunnental. Postautobetrieb ab Lauterbrunnen, ganzjähriger Betrieb [311.15].
Hotel Stechelberg: Tel. 033 855 29 21, Naturfreundehaus Alpenhof: Tel. 033 855 12 02.

Einfachster Abstieg ins Tal Nach Kiental, 958 m
Von der Gspaltenhornhütte auf dem Hüttenweg hinunter nach Griesalp. Von da zu Fuss auf dem Talwanderweg oder mit dem Postauto (Mai – Okt.) [300.15] nach Kiental.

Karten 1248 Mürren, 264T Jungfrau

Unterwegs einkehren Rotstockhütte, 2039 m
Koord. 630 650 / 154 950.
Skiclub Stechelberg, 3824 Stechelberg.
Auf der Alp Poganggen östlich unterhalb der Sefinenfurgge. Bewartet von Juni – September, übrige Zeit geschlossen. Tel. Hütte 033 855 24 64.

Die Route Von der Gspaltenhornhütte folgt man dem Hüttenweg talabwärts bis zu P. 2331. (Wegweiser). Man folgt nun dem hier beginnenden Pfad, teilweise exponiert, um den westlichen Ausläufer der Bütlasse (Trogegg) herum zu den Geröllhängen nordwestlich der Bütlasse. Von da mittels einer Leiter über eine kurze Felsstufe hinauf und weiter steil empor zu einem Sattel bei P. 2628. Nun in nordöstlicher Richtung zu einer Felsstufe (Drahtseil) und weiter auf den Grat auf ca. 2660m, den man etwas südlich oberhalb der Sefinenfurgge erreicht. Von der Sefinenfurgge auf dem Weg hinunter zur Alp Pogänggen (Rotstockhütte). Weiter hinunter in das Sefinental und durch dieses talaus bis zur Waserbrigg bei P. 1165. Über die Brücke auf die rechte Talseite und dem Weg entlang nach Stechelberg.

Varianten Nach Mürren oder Gimmelwald
Von der Rotstockhütte über Bryndli und Gimmlera nach Mürren oder vom Sefinental (P. 1259 Im Tal) nach Gimmelwald.
Mürren oder Gimmelwald eignen sich auch als Etappenziel, dies vor allem dann, wenn man an nächsten Tag das Hintere Lauterbrunnental (Etappe 8.1) besuchen will. Der Ausgangspunkt für Etappe 8 am nächsten Tag in Trümmelbach, kann mit der Luftseilbahn und dem Postauto erreicht werden.

Gipfel Bütlasse, 3193m
Vom Sattel bei P. 2628 (ca. 1 Std. von der Gspaltenhornhütte) auf spärlichen Wegspuren über den Geröllrücken empor zu den Felsen der Vorderen Bütlasse und diesen in südöstlicher Richtung entlang zu einem auffälligen Couloir. Durch dieses Couloir hinauf auf den Gratrücken und über diesen zum Gipfel. T5; zusätzlicher Zeitbedarf von P. 2628: Ca. 3 Std.

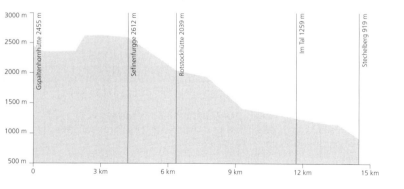

Einsames Hochkar vor grosser Kulisse

Griesalp – Telli – Lauterbrunnen

Von der Sefinenfurgge aus zieht sich ein weit verzweigter Gebirgsstock nach Norden, der mit der Schwalmere und dem Morgenberghorn zwei bekannte Bergwanderziele aufweist. Auch das mit einer Seilbahn vom Lauterbrunnental her erschlossene Schilthorn ist topografisch dieser Gruppe zuzuordnen. So ist es eigentlich erstaunlich, dass sich in dieser Gegend durchaus noch einsame und wenig bekannte Alpinwanderungen finden lassen. Die im Folgenden vorgestellte Traversierung von der Griesalp über das Telli bis in das Lauterbrunnental erfüllt praktisch alle Voraussetzungen für einen langen und genussvollen Tag: Ein steiler Aufstieg von der Griesalp, eine einmalige und einsame Gebirgslandschaft vor der Kulisse der Berner Hochalpen und ein interessanter Abstieg mit mehreren Variationsmöglichkeiten: alles Attribute, um diese Tour als Geheimtipp feilzubieten…

T4	8¹/₂ – 9 Std.	▲ 1500 m	▼ 2100 m

Schwierigkeit T4
Ab Obere Dürreberg steiler, ungesicherter und z.T. ausgesetzter Weg.
Auf dem Hochkar zwischen Telli und dem Sattel (2828 m) bei schlechter Sicht schwierige Orientierung.

Zeit 8¹/₂ – 9 Std.
Griesalp – Telli 4 Std.
Telli – Sattel (2828 m) 1 – 1¹/₂ Std.
Sattel (2828 m) – Sousläger 1¹/₂ Std.
Sousläger – Stat. Grütschalp 1 Std.
Stat. Grütschalp – Lauterbrunnen 1 Std.

Höhenunterschiede Aufstieg 1500 Hm, Abstieg 2100 Hm (bis Grütschalp 1400 Hm)

Im Aufstieg zum Telli öffnet sich der Blick zur Blüemlisalp

Ausgangspunkt Griesalp, 1408 m
Postautobetrieb von Reichenbach – Kiental von Mai – Oktober [300.15].
Übernachtungsmöglichkeiten im Hotel Griesalp: Tel. 033 676 12 31 oder im Berggasthaus Golderli: Tel. 033 676 21 92. Beide Häuser sind in der Regel vom Mai – Oktober geöffnet.

Talort Kiental, 958 m
Postautobetrieb von Reichenbach [300.15].

Endpunkt Lauterbrunnen, 795 m
Touristenort im Lauterbrunnental. Bahn von Interlaken [311].
Zahlreiche Übernachtungsmöglichkeiten in Hotels oder Gasthäusern. Tourismusinformation: Tel. 033 855 19 55. Wer lieber in der Höhe mit formidabler Aussicht übernachtet, dem sei Mürren bestens empfohlen: Dieser Touristenort kann von der Grütschalp aus problemlos mit der Bahn erreicht werden (siehe Routenbeschreibung). Tourismusinformation Mürren: Tel. 033 856 86 86.

Einfachster Abstieg ins Tal Nach Kiental, 958 m
Von der Griesalp auf dem Talwanderweg oder mit dem Postauto nach Kiental.

Karten 1228 Lauterbrunnen, 1248 Mürren, 254T Interlaken, 264T Jungfrau

Die Route Vom Hotel Griesalp oder vom Berggasthaus Golderli folgt man dem Bergwanderweg zur Sefinenfurgge über das Bürgli (Abzweigung des Hüttenwegs zur Gspaltenhornhütte) bis zur Alp Obere Dürreberg (1995 m). Von da folgt man dem Sefinenfurggeweg ca. 400 Wegmeter weiter aufwärts. Hier zweigt der Pfad zum Telli ab (rote Anschrift auf einem Stein). Dieser Pfad verläuft zuerst aufwärts in östlicher, dann mehr oder weniger horizontal in nördlicher Richtung über Bänder im unteren Bereich der Hundsflüe (alte, blaue Markierungen, dazwischen sehr spärlich gesetzte neuere, weiss-rot-weisse Wegzeichen). Bei P. 2299 steigt dieser Pfad steil empor und leitet zu kargen Schafweiden empor. Weiter den Pfadspuren entlang und zuletzt über Geröll in den Passübergang des Telli (2709 m). Von hier folgt man der nur teilweise erkennbaren Wegspur (spärliche, weiss-rot-weisse Markierungen) durch eine eindrückliche Karlandschaft nach Nordosten und gelangt so zum Übergang des Rote Härd (2683 m). (Wegverzweigungen nach Poganggen und Hohkien / Spiggengrund). Man steigt nun über den breiten Gratrücken zum westlichen Vorgipfel des Schilthorns bei P. 2828 m hinauf (nur auf der LK 1:25'000 mit Sattel benannt). Von hier aus ist der Gipfel des Schilthorns mit der Bergstation der gleichnamigen Seilbahn in einer knappen halben Stunde über einen gut ausgebauten und versicherten Bergweg erreichbar. Wer jedoch den nun folgenden Abstieg in das Soustal seinen Gelenken noch zumuten kann und will, steigt direkt von P. 2828 über den steilen Geröllhang (Pfadspuren) nach Norden ab. Bei P. 2460 stösst man auf den Bergwanderweg, der vom Chilchfluepass her in das Soustal hinunterführt. Man folgt diesem Weg über die Alphütten von Oberläger bis zum Talboden und der Alp Sousläger. Von da weiter, mehr oder weniger horizontal, dem Weg entlang duch den Spryssewald zur Umsteigestation Grütschalp der Bahn Lauterbrunnen – Mürren. Hier ergibt sich eine zweite und vernünftige Chance, seine Kniegelenke für die letzten 700 Abstiegshöhenmeter zu schonen: Von der Grütschalp kann man mit der steilen Standseilbahn direkt nach Lauterbrunnen oder mit der Bahn der zweiten Sektion nach Mürren gelangen. Auch der finale Fussabstieg von der Grütschalp nach Lauterbrunnen ist gegeben: Man folgt dem Weg, der mehr oder weniger direkt nach Lauterbrunnen hinunterführt.

Gipfel Wild Andrist, 2849 m
Dieser kühne Felsgipfel erhebt sich nordwestlich des Telli und kann von hier aus über seinen Ostgrat und die Ostflanke erreicht werden: Man folgt weglos und unmarkiert dem zuerst breiten und dann schmaleren Schuttgrat. Die Felsstufe vor dem Gipfel wird rechts umgangen. T5; zusätzlicher Zeitbedarf ca. 1¹/₂ Std.

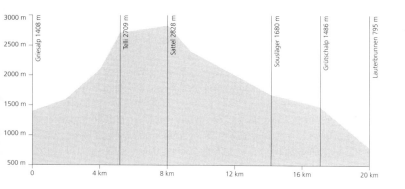

Der frühe Reise- und Forschungstourismus

Hansruedi Mösching

Bädertourismus

Erstmals erwähnt wird der Bädertourismus in den Berner Alpen im Jahre 1315 mit den Bädern von Boez (Leukerbad, Kanton Wallis). Im 17. Jahrhundert wurden die Quellen von Weissenburg im Simmental sowie diejenigen in Blumenstein (Thuner Westamt) und am Gurnigel (Region Gantrisch) entdeckt. Diese Anlagen schlossen ihre Pforten, teilweise kriegsbedingt, im 20. Jahrhundert.

Weitere Oberländer Bäder, gut zwei Dutzend an der Zahl, waren vor dem 19. Jahrhundert kleine Betriebe in Form von einfachen Badehäuschen oder sogar nur Holztrögen. Sie wurden von der lokalen Bevölkerung benutzt, weshalb es keine Unterkünfte brauchte. Als Zugänge reichten Fusswege aus. Auch die drei ältesten eingangs genannten Bäder erhielten ihre Zufahrten erst im 19. Jahrhundert, als Gäste aus aller Welt in Kutschen angereist kamen.

Als einzige grosse Ausnahme erhielt das Leukerbad bereits in der Mitte des 18. Jahrhunderts einen verbesserten Verkehrsanschluss. Treibende Kraft dafür war nicht ein privates Unternehmen, sondern der Staat Bern selbst. Er hatte beschlossen, von 1740 an jedes Jahr 6000 Kronen für den Strassenbau auszugeben. Als erste und für längere Zeit einzige Route im Berner Oberland sollte davon der „Gemmiweg" profitieren, die Strasse von Thun nach Spiez–Frutigen–Kandersteg bis an die Walliser Staatsgrenze in der Spittelmatte.

Auch jenseits davon führten Tiroler Sprengspezialisten in den Jahren 1739–1743 eine bedeutende Wegverbesserung aus. In der 600 Meter hohen Daubenwand wurde der halsbrecherische Weg aus dem Mittelalter zu einem zwar immer noch sehr steilen, aber doch deutlich verbesserten Saumweg ausgebaut. Zudem wurde das Berggasthaus Schwarenbach erstellt.

Man reiste von Norden her in der Kutsche von Bern nach Thun, stieg hier in einen Leiterwagen um, benutzte von Kandersteg bis auf die Passhöhe das einachsige „Gemmiwägeli" und brachte die Daubenwand zu Fuss oder auf einem Pferd hinter sich.

Dieser Alpweg an der Lenk erinnert heute eher an ein Bachbett. Die ersten Touristen trafen solche Verhältnisse aber auch auf den Hauptverbindungen an. Erst die Postkutschenstrassen des 19. Jahrhunderts brachten markante Verbesserungen.

Die Route Bern–Leukerbad unterschied sich bis ins 19. Jahrhundert auch hinsichtlich Infrastruktur von vielen andern Landstrassen. Den Badereisenden standen Wirtschaften zur Verfügung, die sich auf diese Gäste ausgerichtet hatten. Die heute älteste Unterkunft ist der Gasthof „Zum Bären" in Reichenbach im Kandertal, erbaut 1541.

Die Oberlandtour

Im Jahre 1771 unternahm Jakob Samuel Wyttenbach, der damalige Pfarrer der Heiliggeistkirche in Bern, eine Reise ins östliche Berner Oberland. Dieses für jene Zeit ungewohnte Unternehmen folgte der Route Interlaken – Lauterbrunnen – Kleine Scheidegg – Grindelwald–Grosse Scheidegg – Meiringen – Interlaken. Seine Erlebnisse veröffentlichte Wyttenbach 1777 in einer Schrift, und damit war auch der frühe Reisetourismus in dieser Alpenregion geboren. Bis zum Bergbahnbau der 1880er-Jahre gehörte nun dieser Rundgang, Oberlandtour genannt, obligatorisch zu einem Reiseprogramm durch die Schweiz.

Einer der ersten, der 1779 Wyttenbachs Spuren, wenn auch nur bis Lauterbrunnen, folgte,

war ein deutscher Gelehrter, 30 Jahre alt – Johann Wolfgang von Goethe auf seiner bereits zweiten Schweizerreise. Der Staubbachfall von Lauterbrunnen hat dabei dem Dichtergenie den „Gesang der Geister über den Wassern" entlockt.

Die Oberlandtour benutzte das bestehende Wegnetz. Ein grosser Teil der Strecke war nicht oder nur schlecht befahrbar. Die Talstrassen von Interlaken nach Lauterbrunnen oder Grindelwald und von

Die ersten Touristen fanden noch viel häufiger attraktive Wasserfälle, wie am Handeggfall. Heute fliesst hier nur noch eine kleine Restwassermenge.

Meiringen nach Brienz konnten bestenfalls auf holprigen Leiterwagen zurück gelegt werden. So blieb das Reisen bis zum Bau der Kutschenstrassen eine anstrengende Angelegenheit. Eine echte Erholung war höchstens die Benutzung eines Bootes auf den Seen.

Stieregg/Unterer Grindelwaldgletscher

Zwischen dem Eiger und der Bergkette vom Mettenberg zum Schreckhorn liegt der Untere Grindelwaldgletscher. Der höher gelegene Teil wird auch Eismeer genannt. Obwohl dieser Führer dieses Seitental nur streift, lohnt sich ein kurzer Einblick, weil sich hier ein wichtiger Teil der frühen Tourismusgeschichte abspielte.Im Jahre 1821 bewilligt die Berner Regierung 500 Pfund für den Ausbau der Zugänge zu den Giessbachfällen am Brienzersee, zum Handeggfall am Grimselweg und zur Stieregg im Kessel des Unteren Grindelwaldgletschers. Wie bereits beim Gemmiweg 1740 ist es wiederum der Staat, der die Zeichen der Zeit erkennt und gezielt in die Zukunft investiert. So wie die Verbesserung des Gemmiweges den Bädertourismus förderte, ist es nun der junge Reisetourismus, der profitiert. Die ersten zwei genannten Projekte sind kleinräumig und sollen Wasserfälle erschliessen. Das dritte, der Zugang zur Stieregg, wird schnell zum alpintouristischen Ereignis.

Bereits zwei Jahre nach dem Wegbau erhält Christian Burgener die Bau- und Betriebsgenehmigung für eine Wirtschaft auf der Bäregg, einem Bergrücken unmittelbar vor der Stieregg gelegen. Hier baut Burgener vorerst nur eine Schutzhütte, die fortan für Schäfer, Jäger, Forscher und Alpinisten als Unterkunft dient. Dieses erste alpintouristische Gebäude der Schweizer Alpen besteht noch heute, währenddem das 1858 erstellte Bäregggasthaus mehrere Male von Lawinen weggefegt, wieder aufgebaut, aber schliesslich aufgegeben wird.

Der Weg von Grindelwald aus konnte ohne grossen Aufwand in den harten Hochgebirgskalk gesprengt werden. Ein guter Teil der Strecke liess sich mit Saumtieren bewältigen, was die Attraktivität des Tagesausfluges zum Eismeer für viele Gäste noch erhöhte.

Die wenigen und hauptsächlich einheimischen Besucher benutzten vor dem Bau des Stiereggweges den Gletscher. Dies wäre heute nicht mehr möglich, da an Stelle des Eises eine tiefe Schlucht ein Durchkommen verunmöglicht. Der Zugang hätte also früher oder später mit Sicherheit in die Flanke des Mättenbergs gelegt werden müssen. Durch die frühest mögliche Verwirklichung nimmt dieser Weg einen besonderen Platz in der Geschichte des schweizerischen Tourismus ein.

Faulhorn

First–Faulhorn und zurück kann zusätzlich als Halbtageswanderung eingeplant werden. Aber selbst wenn man diesen Abstecher beiseite lässt und gleich die Chrinne in Angriff nimmt – einige Zeilen zu diesem wichtigen Oberländer Tourismuskapitel seien im Folgenden festgehalten. Zwischen Grindelwald und dem Brienzersee liegt die Gebirgskette, die mit dem

Faulhorn einen markanten Berggipfel besitzt. Zwar ist er nicht der höchste und auch nicht der aussichtsreichste der Gruppe, dafür ist er vom Gletscherdorf aus einfach zu erreichen. Jeder Meter des Weges gibt eine unvergleichliche Sicht auf die Fels- und Eisriesen des Hochgebirges frei. Und schliesslich lächelt beim Vorbeigehen der ungezählte Male abgelichtete Bachsee, er ladet der Temperatur wegen allerdings nicht zum Bade.

Auf dem 2680 Meter hohen Gipfel wurde 1832 ein Berggasthaus erstellt. Äusserlich hat es sich seither wenig verändert. Im Berner Oberland ist es nach der Stieregg von 1823 erst die zweite Gebirgsunterkunft, zudem die erste auf einem Gipfel. Im gesamtschweizerischen Vergleich gehört das Gebäude noch immer in die Pionierzeit. Nur auf der Rigi wurde sechzehn Jahre zuvor schon ein Hotel auf einen Berg gestellt.

Der Zugang zum Faulhorn wurde als Saumweg gebaut, um den Personen- und Materialtransport mit Maultieren und Trägern zu ermöglichen. Der untere Teil zwischen Grindelwald und der Alp Bachläger war gleichzeitig ein Alpweg. Neu angelegt werden mussten die letzten 700 Höhenmeter. Hier war das Gelände teilweise stark versumpft oder von Hangschutt übersät, was zur Anlage eines Steinbettes zwang. Diese Pflästerungen sind bis heute erhalten geblieben. Besonders pittoresk sind die vielen kleinen, mit Felsplatten überbrückten Bäche.

Die Wiege der Gletscherforschung

Auf dem Saumwegabschnitt zwischen der Handegg und dem Grimsel Hospiz, in den sogenannten „Hälenplatten", fällt dem aufmerksamen Wanderer die Inschrift „L.AGASSIZ 1838 EISSCHLIFF" auf. Sie liegt wenig neben dem Weg und ist in den vom Gletscher glattgeschliffenen Granit gemeisselt worden. Louis Agassiz ist der Begründer der Gletscherwissenschaft. Er verweilte für seine Studien mit andern Wissenschaftern auf dem Lauteraargletscher. Schutz bot ein unter einem grossen Block eingerichtetes Biwak, stolz „Hôtel des Neuchâtelois" genannt. Diese Unterkunft verschob sich innerhalb kurzer Zeit beträchtlich, was dann folgerichtig in Zusammenhang mit der Bewegung des Eises gebracht wurde.

Die Namen jener und anderer Pioniere wurden später in der schweizerischen Landeskarte verewigt. Im Umfeld des Lauteraargletschers befinden sich das Agassiz-, Studer-, Gruner-, Scheuchzer- und Escherhorn, die Desorspitze, der Hugisattel und die Fellenberglücke. Bereits in der Erstausgabe der Dufourkarte von 1854 wurden einige dieser Bezeichnungen gedruckt. Derartige Benennungen waren allerdings sonst nicht üblich und sind es auch heute nicht. Die letzte Person, deren Namen in die Landeskarte aufgenommen wurde, war General Dufour. Es war immerhin ein Bundesratsbeschluss von 1863 nach dem Vorschlag des bekannten Alpinisten Weilemann. Die „Höchste Spitze" machte der Dufourspitze Platz.

Etappe 8

Zu Füssen der Jungfrau

Stechelberg – Eigergletscher

**Aus der Canyonlandschaft des Lau-
terbrunnentals zu den Eisabbrü-
chen von Eiger, Mönch und Jungfrau: Grössere Gegensätze auf einer
so kurzen Distanz hat kaum eine
andere Gebirgslandschaft vorzu-
weisen. Es sind jedoch nicht allein
die landschaftlichen Eindrücke, die diese Gegend prägen. Man befindet
sich hier auch im eigentlichen Zentrum der Jungfrauregion, die touri-
stisch stark erschlossen ist. Die Bahnstation der Kleinen Scheidegg, mit
Bahnen von Grindelwald und Lauterbrunnen her bestens erreichbar, ist
der finale Umsteigeort für alle Ausflügler, die sich das Jungfraujoch als
Reiseziel vorgenommen haben. Dementsprechend gross ist an schönen
Ausflugtagen denn auch das Gedränge auf den Perrons und in den Zü-
gen, das durchaus mit demjenigen eines Knotenbahnhofs einer grösseren Stadt verglichen werden kann oder muss. Was hat hier also ein
Alpinwanderer verloren, der doch in der Regel Ruhe und Abgeschieden-
heit sucht? Nun, Menschenansammlungen haben die Eigenschaft, sich
zu konzentrieren. Schon wenige hundert Meter von der touristischen
Infrastruktur entfernt, kann man diese Hochgebirgslandschaft ganz un-
gestört geniessen. Hat man dazu noch die ganze Strecke vom Tal aus
zu Fuss ganz nahe am Rand dieser grossartigen Gebirgsarchitektur
zurückgelegt, sind die Eindrücke noch um ein Vielfaches grösser und
nachhaltiger. Auch eine geruhsame Einkehr ist nun kein Problem: Kaum
hat am Abend der letzte Zug die Kleine Scheidegg talwärts verlassen,
sind auch die Ausflügler wieder verschwunden, und man kann sich in
aller Ruhe am letzten Sonnenlicht an den Gletschern und Zinnen er-
freuen.**

T3	5 Std.	▲ 1540 m	▼ 260 m

Schwierigkeit T3
Die alpintechnischen Anforderungen konzentrieren sich auf den ersten
Abschnitt von Trümmelbach bis zu den Alphütten von Preech. Etwas heikel bei
Nässe. Bei möglicher Vereisung ist von einer Begehung abzuraten.

Tiefblick in das Lauterbrunnental

Zeit 5 Std.
Trümmelbach – Mettla 3 Std.
Mettla – Biglenalp $\frac{1}{2}$ Std.
Biglenalp – Eigergletscher 1$\frac{1}{2}$ Std.

Höhenunterschiede Aufstieg 1540 Hm, Abstieg 260 Hm (nur falls Endpunkt Kleine Scheidegg)

Ausgangspunkt Haltestelle Trümmelbachfälle, 819 m
An der Postautolinie Lauterbrunnen – Stechelberg, ganzjähriger Betrieb [311.15].
Zu Fuss auf dem Talwanderweg von Lauterbrunnen oder Stechelberg in 45 Min. erreichbar. (Unterkünfte in Stechelberg siehe Etappe 7). In Lauterbrunnen zahlreiche Hotels und Gasthäuser. Tourismusinformation Tel. 033 855 19 55.

Talort Lauterbrunnen, 795 m
Bahnverbindung von Interlaken [311].

Endpunkt Eigergletscher, 2320 m oder Kleine Scheidegg, 2061 m
Bahnverbindungen nach Lauterbrunnen und Grindelwald [311, 312].
Eigergletscher: Guesthouse Eigergletscher Tel. 079 456 36 39, Kleine Scheidegg: Scheidegghotels Tel. 033 855 12 12.

Karten 1228 Lauterbrunnen, 1229 Grindelwald, 1248 Mürren, 1249 Finsteraarhorn, 254T Interlaken, 264T Jungfrau

Die Route Von der Postautohaltestelle Trümmmelbach ca. 100 m dem Talweg entlang Richtung Stechelberg. Beim ersten Wegweiser nach dem Trümmelbach nach links (östlich) über eine Wiese. Nun steil dem Pfad entlang, der schon bald durch eine Felsstufe führt (Drahtseile, bei Nässe heikel). Auf ca. 1100 m verläuft der Weg in nordöstlicher Richtung und führt, etwas absteigend, über einen Steg des Trümmelbaches. Weiter über die Alp Preech und eine weitere Felsbarriere zum Fahrweg, der von Wengen heraufführt. Auf diesem Weg bis zur Alp Mettla. Von dieser weiter dem Höhenweg entlang auf die Biglenalp (In den Biglen auf der LK). Kurz dem Trümmelbach entlang und nach links auf den Weg, der zu P. 1868 hinaufzieht. Von da über den Geländerücken empor zu einer Wegverzweigung auf ca. 2000 m. Nun etwas rechtshaltend auf die Seitenmoräne des Eigergletschers und über diese zur Bahnstation Eigergletscher der Jungfraubahn. (Von der Abzweigung auf ca. 2000 m kann die Kleine Scheidegg auch ohne Abstecher zur Station Eigergletscher erreicht werden). Wählt man von hier aus als Endpunkt die Kleine Scheidegg, so folgt man von der Station Eigergletscher dem Wanderweg, der mehr oder weniger den Bahngleisen entlang führt, zur Kleinen Scheidegg hinunter.

Sehenswert Trümmelbachfälle
Eindrückliche Wasserfälle in der Trümmelbachschlucht, durch welche alles
Wasser der Nordwestabdachung von Eiger, Mönch und Jungfrau herabschiesst.
Eingang gleich neben der Postautohaltestelle des Ausgangspunktes. Geöffnet
von April bis November. Zeitbedarf ca. 1 Std.

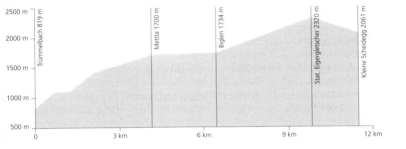

Im Quellgebiet der weissen Lütschine

Obersteinberg – Schmadri

Die im alpinen Sprachgebrauch verbreitete Bezeichnung „Hinteres Lauterbrunnental" für diesen Talabschluss kommt nicht von ungefähr: Tatsächlich ist diese bedeutende Geländekammer von Norden her nicht einsehbar. Erst nach dem ersten Aufstieg von Stechelberg her öffnet sich dann die Szenerie dem staunenden Besucher: Gewaltige Bergflanken bis hinauf zum Kamm der Berner Alpen, tosende Wasserfälle, türkisfarbene Bergseen und ein botanisches Eldorado, das sich im Nebeneinander von Kalk und kristallinem Gestein in einer seltenen Vielfalt entwickeln konnte. Es wäre wahrlich schade, wenn man dieser grossartigen Landschaft nicht einen Besuch abstatten würde. Die hier vorgestellte Route vom Sefinental her vermittelt die wohl umfassendste Möglichkeit, den nördlichsten Teil des UNESCO Weltnaturerbes Jungfrau – Aletsch zu besuchen.

T3	6 – 7 Std.	▲ 1240 m	▼ 1700 m

Schwierigkeit T3

Klassisches Bergweggelände. Im Abschnitt zwischen Tschingel Lütschine – Oberhornsee – Schmadribach eher spärlich markiert und dementsprechend bei schlechter Sicht nicht ganz einfache Orientierung.

Zeit 6 – 7 Std.
Gimmelwald – P. 1978 2 – 2¹/₂ Std.
P. 1978 – Obersteinberg ¹/₂ Std.
Obersteinberg – Schmadrihütte 1¹/₂ – 2 Std.
Schmadrihütte – Stechelberg 2 Std.

Höhenunterschiede Aufstieg 1240 Hm, Abstieg 1700 Hm (ab Stechelberg Aufstieg 1560 Hm, Abstieg 1560 Hm)

Idyllische Landschaft unterhalb des Oberhornsees

Ausgangspunkt Gimmelwald, 1363 m oder Stechelberg, 919 m
Erreichbar mit der Schilthornbahn ab Postautohaltestelle Lauterbrunnen –
Stechelberg oder ab Mürren [313], [311.15], [2460].
Unterkunft: Esther's Guest-house: Tel. 033 855 54 88, Hotel Gimmelwald: Tel.
033 855 17 30, Hotel Mittaghorn: Tel. 033 855 16 58.

Talort Lauterbrunnen, 795 m
Bahnverbindung von Interlaken [311]. Postautobetrieb nach Stechelberg
[311.15], mit Anschluss an die Luftseilbahn Stechelberg – Schilthorn mit
Umsteigestationen Gimmelwald und Mürren [2460].

Endpunkt Stechelberg, 919 m
Hinterster Talort im Lauterbrunnental. Postautobetrieb ab Lauterbrunnen,
ganzjährig [311.15].
Unterkunfte: Hotel Stechelberg: Tel. 033 855 29 21, Naturfreundehaus
Alpenhof: Tel. 033 855 12 02.

Einfachster Abstieg ins Tal Von Obersteinberg (1178 m) über Schiirboden
und Trachsellauenen nach Stechelberg

Karten 1248 Mürren, 264T Jungfrau

Unterwegs einkehren Berghotel Obersteinberg Tel. 033 855 20 33,
Berggasthaus Trachsellauenen Tel. 033 855 12 35, beide geöffnet von Juni –
Oktober

Die Route Von der Umsteigestation Gimmelwald der Schilthornbahn durch das
Dorf und auf dem Bergwanderweg in das Sefinental. Vor den Berghütten (Im
Tal, P. 1259) hinunter zur Brücke bei ca. 1230m über die Sefinen Lütschine. (Bis
hierher auch direkt von Stechelberg, ca. 1 Std. länger, Wegbeschreibung siehe
Route 7). Südlich der Brücke dem Bergweg entlang, der durch den Busewald
und über eine Felsstufe zum Busebrand hinaufführt. Weiter durch den lichten
Wald hinauf zu einem Geländerücken und über diesen zu P. 1978. Von hier
aus lohnt sich ein kurzer Abstecher zum Tanzbödeli, einer kleinen und flachen
Wiese unmittelbar unter dem Gipfel des Spitzhorn (2210 m). Von P. 1978 folgt
man dem Bergweg den steilen Grashängen entlang bis zum Berghotel
Obersteinberg. Nun in westlicher Richtung dem Pfad entlang zur Brücke über
die Tschingel Lütschine auf ca. 1780 m und über diese zum Schafläger (1800
m). Weiter in südlicher Richtung hinauf zu einer Wegverzweigung. Für den
Weiterweg können beide Pfade verwendet werden: Folgt man dem rechten
Weg, kommt man zum Oberhornsee bei P. 2065, von welchem aus man, etwas absteigend, die Brücke über den Chrumbach, ca. 100 m südlich der Hütte
von Oberhorn bei P. 2029, wieder erreicht. Folgt man dem linken Weg, ge-

langt man direkt zu P. 2029 und zur genannten Brücke. Der Weiterweg führt nun zur Oberhornmoräne und nach der Überquerung des Schmadribaches zu P. 2111. Von hier aus erreicht man die kleine und unbewartete Schmadrihütte in 20 – 30 Min. Von der Hütte zurück zu P. 2111 und weiter dem Hüttenweg entlang hinunter über den Tanzhubel zur Wegverzweigung bei P. 1670. Von hier folgt man am bestem dem neu erstellten Weg, der steil direkt zu den Holdrifäll und weiter zu den Alphütten des Schiirbodens hinunterführt. (Der rechte Weg über Schwand ist vom weiter oben liegenden Breitlouwenengletscher her etwas eisschlaggefährdet). Vom Schiirboden aus auf dem Bergweg talwärts nach Trachsellauenen und weiter über nun breiten Weg nach Stechelberg.

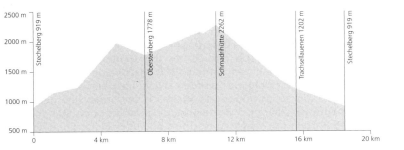

Vom Talgrund ins Hochgebirge

Rottalhütte

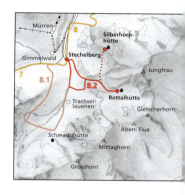

Auch dieser Ausflug ist eine interessante Möglichkeit, das bereits in Route 8.1 vorgestellte, Hintere Lauterbrunnental zu besuchen. Hier handelt es jedoch nicht um eine weitere Rundwanderung, sondern um einen ultimativen Aufstieg an den Fuss der wilden Seite der Jungfrau. Nachdem die Erstbesteigung der Jungfrau bereits 1811 von ihrer „zahmen" Seite her, das heisst von Süden über den Aletschgletscher, erstmals gelang, wurde das gewaltige Nordwestbollwerk über dem Rottal das Objekt der Begierde der damaligen Alpinistenelite. Die Ursprünge der heutigen Rottalhütte gehen denn auch auf diese Zeit zurück, als der Geologe Hugi für seine Besteigungsversuche in den Jahren 1827 – 1830 eine einfache Unterkunft bauen liess. Erfolgreich wurden solche aber erst später, im letzten Quartal des 19. Jahrhunderts. Klassisch geworden und geblieben ist bis heute vor allem der Rottalgrat, der nördlich vom Standort der heutigen Rottalhütte steil zum Hochfirn hinaufleitet. Berühmt ist auch die Besteigungsgeschichte des Rotbrättgrates, an dessen Fuss die Silberhornhütte liegt: Eine kleine, nach allen Seiten senkrecht abfallende Felsstufe (sog. Fellenbergflieli) wies über Jahre alle Anwärter ab. Erst eine gewagte Umgehung in der Nordflanke brachte 1887 für eine der damals klassischen Seilschaften mit einem englischen Alpinisten und zwei Bergführern den Erfolg.

T4	9 Std. 30 Min.	▲ 1840 m	▼ 1840 m

Schwierigkeit T4

Zeit 9¹/₂ Std.
Stechelberg – Staldenflue – Rottalhütte 5¹/₂ Std.
Rottalhütte – Stufenstein – Stechelberg 4 Std.

Der Rottalgletscher unterhalb der Rottalhütte

Höhenunterschiede Aufstieg 1840 Hm, Abstieg 1840 Hm

Ausgangspunkt Stechelberg, 919 m
Hinterster Talort im Lauterbrunnental. Postauto ab Lauterbrunnen, ganzjähriger Betrieb [311.15].
Unterkunft: Hotel Stechelberg: Tel. 033 855 29 21, Naturfreundehaus Alpenhof: Tel. 033 855 12 02.

Talort Lauterbrunnen, 795 m
Bahnverbindung von Interlaken [311].

Endpunkt Stechelberg, 919 m

Karten 1228 Mürren, 1249 Finsteraarhorn, 264T Jungfrau

Unterwegs einkehren Rottalhütte SAC, 2755 m
Koord. 638 830 / 152 875
SAC Sektion Interlaken, 3800 Interlaken. Die Hütte ist immer offen. Während der Hochtourensaison zeitweise bewartet. Tel. Hütte 033 855 24 45.

Die Route Von Stechelberg folgt man dem alten Talweg ca. 400 m am östlichen Ufer der Weissen Lütschine entlang. Vor dem Staldenbach zweigt der Hüttenweg nach links ab und leitet steil hinauf bis unterhalb eines Fluhbandes. Nun weniger steil unter der Staldenflue entlang. Bei P. 1580, ca. 100 m vor der Hütte von Altläger, zweigt der Weg nach links ab und führt über Madfura bis unter die Bäreflue. (Etwas unterhalb der Flue, „Bim Chalten Brunnen", einer kleinen Quelle bei P. 2019, zweigt der Pfad zur Silberhornhütte ab.) Wenig oberhalb von P. 2096 nach rechts dem Wandfuss entlang. Nach ca. 150 m führt die Route durch eine, erst im letzten Moment sichtbare, Steilrinne durch die Bäreflue hinauf. Dieser Abschnitt ist mit Drahtseilen und Eisenstiften gesichert. Oberhalb der Bäreflue führt der Pfad durch karge Weiden zur Seitenmoräne des Rottalgletschers. Dieser Moräne entlang und über einige kleine Schneefelder oder Geröll und steile Felsen (Drahtseil) zur Hütte hinauf.
Im Abstieg folgt man der Aufstiegsroute bis zur Weggabelung bei der Hütte von Altläger. Von der Hütte auf einem Pfad südwärts hinab gegen den Schafbach, wo der Weg von der Alp Stufenstein heraufzieht. Man folgt diesem Weg talwärts durch felsdurchsetzte Hänge hinunter nach Sichellouwena. Von da auf dem alten Saumweg zurück nach Stechelberg.

Variante Silberhornhütte, 2663 m
Die Silberhornhütte liegt in einer Einsattelung zwischen dem Schwarzmönch und dem Rotbrätt am Nordwestbollwerk der Jungfrau. Diese kleine und an einem einmaligen Ort gelegene Hütte bietet 12 Schlafplätze und ist nicht be-

wartet. Der Zugang ist im unteren Teil identisch mit dem beschriebenen Weg zur Rottalhütte. Beide Hütten im Rahmen einer Tagestour zu besuchen, dürfte auch für sehr konditionsstarke Gänger des Guten zu viel sein. Verbindet man jedoch dieses Vorhaben mit einer Übernachtung in einer der beiden Hütten, kann eine solche Kombination für sehr erfahrene Bergwanderer durchaus in Erwägung gezogen werden. Es ist zu beachten, dass der Weg zur Silberhornhütte einer der anspruchsvollsten Hüttenzustiege in den Alpen darstellt!

Von P. 2019 „Bim Chalten Brunnen" zweigt eine kleine Wegspur nach links ab (weiss-blau-weisse Markierung). Diese Wegspur kreuzt zwei Bäche, die vom Lawinenkegel am unteren Ende der Silberlouwena herabkommen. Der stellenweise durch Stifte gesicherte Pfad quert unterhalb eines grossen, auffallend rötlichen Felswalls auf Fels- und Geröllbändern zu einem Vorsprung. Man erklettert einen breiten Kamin, worauf der Pfad in einen Kessel („Wart") führt, der über Felsschrofen, schräg nach links ansteigend, passiert wird. Man quert eine glatt geschliffene Bachrinne und gelangt auf weniger steile Matten, von wo aus die Lücke östlich des Rotbrätthoren sichtbar wird. Weiter über die Strälblatti, ausgedehnte, abwärts geschichtete Kalkfelsen, deren Begehung in trockenem Zustand keine, bei Neuschnee jedoch grosse Schwierigkeiten bieten kann. Am oberen Ende der Strälblatti zieht sich eine Gneisfluh in den Kalk hinein, deren Basis man ungefähr horizontal durch Schutt bis in die Falllinie der Hütte verfolgt. Die dort halbkreisförmige Wandstufe wird durch einen kurzen, fast senkrechten Kamin auf der rechten, südlichen Seite der Wandstufe über eine Eisenleiter erstiegen. Nun in wenigen Minuten über Platten zur Hütte. T5; 3 Std. von P. 2019.

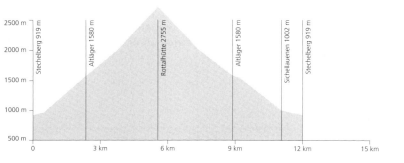

Im Banne des Eiger

Eigergletscher – Grindelwald

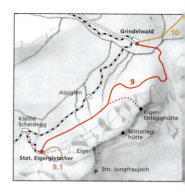

Nach dem längeren Aufstieg des Vortages geht es nun auf dieser Etappe praktisch nur bergab. Die Tuchfühlung mit der mächtigen Nordabdachung des Berner Hochalpenkammes ist an diesem Tag noch fast enger und unmittelbarer. Es ist nun aber nicht mehr die grossartige Szenerie der Gletscher, sondern der gewaltige Felswall der Eigernord- und Nordostwand, die den Blick in den Bann zieht. Bereits nach einer halben Stunde auf dem Eiger-Trail, einem neu erstellten Bergweg, erhält man einen atemberaubenden Blick auf diese Felsbastion, und etwas weiter unten ist man nur noch gut hundert Meter vom Einstieg in die klassische Heckmair-Route entfernt. Geübte Augen vermögen denn auch deutlich die Wegspuren auszumachen, die direkt zum Einstieg führen. In dieser Wand wurde und wird noch immer alpine Geschichte geschrieben. Berühmt und auch berüchtigt wurde der Eiger vor allem durch die zahlreichen Unfälle, die sich im Wettlauf um die Erstbesteigung in den Dreissigerjahren und die Wiederholungen bis in die Achtzigerjahre des letzten Jahrhunderts ereignet haben. Heute findet diese Wand in der breiten Öffentlichkeit nur mehr selten Beachtung, obwohl sie noch immer häufig begangen wird. Dass es dabei kaum mehr zu grossen Dramen kommt, ist zu einem guten Teil der heutigen Bergrettung zu verdanken, welcher es dank perfekter Technik in den meisten Fällen gelingt, die Folgen von Unvernunft oder Fehleinschätzung zu einem guten Ende zu führen. Näheres dazu im Beitrag ab Seite 129.

T3	4 Std. 30 Min.	▲ 200 m	▼ 1350 m

Schwierigkeit T3

Der erste Abschnitt über den Eiger-Trail vom Eigergletscher bis nach Alpiglen ist ein problemloser Bergweg und kann mit T2 bewertet werden. Offizielle Hinweise betreffend Öffnung beachten: Je nach Altschneesituation im

Oft verhüllt: Blick vom Eigertrail auf die Eigernordwand

Vorsommer nicht begehbar! Etwas anspruchsvoller ist der zweite Abschnitt von Alpiglen bis zur Gletscherschlucht.

Zeit 4^1/$_2$ Std.
Station Eigergletscher – Alpiglen 2 Std.
Alpiglen Boneren – Grindelwald 2^1/$_2$ Std.

Höhenunterschiede Aufstieg 200 Hm, Abstieg 1350 Hm

Ausgangspunkt Eigergletscher, 2320 m oder Kleine Scheidegg, 2061 m
Bahnverbindungen von Lauterbrunnen und Grindelwald [311, 312].
Übernachtung im Guesthouse Eigergletscher, Tel. 079 456 36 39, oder Kleine Scheidegg: Scheidegghotels, Tel. 033 855 12 12.
Bemerkung: Kommt man von der Kleinen Scheidegg, kann die Station Eigergletscher zu Fuss in ca. 1 Std. oder mit der Jungfraubahn in 10 Min. erreicht werden [311, 312].

Talort Lauterbrunnen, 795 m
Bahnverbindung von Interlaken [311].

Endpunkt Grindelwald, 1034 m
Zahlreiche Hotels wie auch einfachere Gruppenunterkünfte. Tel. Touristinformation 033 854 12 12.

Einfachster Abstieg ins Tal Nach Wengen oder Grindelwald
Die beiden Touristenorte sind über das lokale Wanderwegnetz problemlos erreichbar. Sowohl von der Station Eigergletscher als auch der Kleinen Scheidegg fährt die Bahn ganzjährig [311, 312].

Karten 1229 Grindelwald, 254T Interlaken

Unterwegs einkehren Hotel und Restaurant des Alpes in Alpiglen, Tel. 033 853 11 30

Die Route Von der Station Eigergletscher über die Bahngeleise zum Startpunkt des gut bezeichneten Eiger-Trails. Dieser ist weiss-rot-weiss markiert und führt zunächst etwas steiler hinab unter dem Rotstock hindurch in eine grosse Geröllmulde bei P. 2226. Ein kurzer Gegenanstieg führt auf den Grasrücken der Wart (Hinweistafel über die Eiger Nordwand). Von da führt der Weg, mehr oder weniger regelmässig abfallend, bis zu einer Weggabelung ca. 500 Wegmeter südöstlich der Alpsiedlung Alpiglen. Nun entweder direkt in östlicher Richtung weiter oder mit einem kleinen Abstecher via Alpiglen über den Bergweg, der weiter den Hängen der Rinderalp entlangführt. Von Boneren (1508) m senkt sich der Weg steil hinunter bis zur Mündung der Gletscherschlucht des Unteren Grindelwaldgletschers (Restaurant). Weiter den Wegweisern entlang über die schwarze Lütschine hinauf zum Dorf.

Hinweis Diese Etappe liegt nicht nur im Banne, sondern auch im Schatten des Eigers. Wenn man gutes Licht zum Fotografieren sucht und es die Wetterverhältnisse gestatten, sollte man nicht schon am Morgen starten. Tipp: Die Vormittagsstunden können auch zur Begehung des Rotstock Klettersteigs genutzt werden (siehe Etappe 9.1).

Tourentipp Eiger–Ostegghütte, ca. 2320 m (ohne Namen und Höhenangabe auf der LK)
Koord. 646 200 / 161 150.
Eigentümer: Bergführerverein Grindelwald. 12 Plätze. Kein ständiger Hüttenwart. Die Hütte ist in der Regel geschlossen. Schlüsseldepot und Information beim Bergsteigerzentrum Grindelwald, Tel. 033 853 52 00.
Diese 1998 erbaute Unterkunft liegt auf einer Geröllterrasse in der Nordostflanke der Ostegg (sogenannte Eigerhörnli). Sie dient als Ausgangspunkt für die Überschreitung der sog. Eigerhörnli, der nordöstlichen Fortsetzung des Mittellegigrates am Eiger. Obwohl die Route zu dieser Hütte durch sehr anspruchsvolles Gelände führt, ist sie dank der Absicherung auf für sehr versierte Alpinwanderer geeignet.
Auf der Hauptroute im Abschnitt Alpiglen – Boneren bis zur Rinderalp bei P. 1773. Weiter dem Bergweg entlang über zwei Bäche (orange markiert). Nun leicht ansteigend auf einen Geländerücken und über diesen hinauf zu einem ersten Felsband. Von da in allgemein östlicher Richtung ansteigen bis in den markanten Grassattel (grosser Steinmann). Weiter über eine Geröllhalde an die Felsen und über den ersten Felsaufschwung hinauf (Fixseile). Nun wieder im flacheren Gelände bis in die markanteste Rinne und durch diese hinauf zur Hütte. Schwierigkeitsgrad T6; zusätzlicher Zeitaufwand ca. 5 Std. von P. 1773.

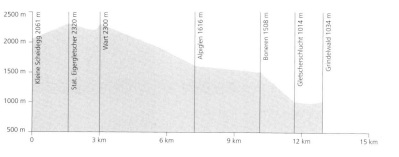

Fast in der Nordwand

Klettersteig Rotstock

Von Ferne betrachtet ist der Rotstock nur eine kleine Erhebung am unteren Rand der Eiger Westflanke. Beim Beginn des Eigertrails, gleich nach der Station Eigergletscher, ist der Anblick schon wesentlich eindrücklicher: Eine gegen dreihundert Meter hohe und praktisch senkrechte Felsmauer türmt sich unmittelbar oberhalb des Weges auf und bildet hier die westliche Begrenzung der Eigernordwand. Von der Station Rotstock aus , einer damaligen Haltestelle an der im Bau befindlichen Jungfraubahn, gab es schon im Jahre 1899 einen gesicherten Steig am westlichen Rand „der Wand der Wände". Nach der Aufnahme des Bahnbetriebes bis zum Jungfraujoch, wurde die Haltestelle Rotstock zugunsten der Station Eigerwand aufgegeben, und so geriet dieser Weg rasch in Vergessenheit. Mit der zunehmenden Popularität der Klettersteige erinnerte man sich dieses alten Weges wieder. Im Auftrag der Jungfraubahn wurde der Steig im Jahre 1997 von den Grindelwaldner Bergführern restauriert und verlängert. Ausgangspunkt ist nun der Wandfuss, von dem aus man auch den untersten und steileren Abschnitt der Wand mittels Leitern überwinden kann. Man erlebt hier durchaus ein gewisses Nordwand-Feeling: Glatter oder splittriger Hochgebirgskalk, häufig feucht und wasserüberronnen. So kann man auf diesem gut gesicherten Steig durchaus erahnen, was die „echten" Nordwand-Anwärter nur wenige hundert Meter östlich dieses Steiges zu erwarten haben. Um so überraschender dann der Ausblick im Rotstocksattel: Ganz plötzlich kommt man nach dieser Kelleratmosphäre in das helle Sonnenlicht und steht den gleissenden Gletschern und Firnen von Jungfrau und Mönch ganz nah gegenüber.

| T5 | 3 – 3 Std. 30 Min. | ▲ 430 m | ▼ 430 m |

Schwierigkeit T5
Die Begehung dieses Steiges verlangt eine Klettersteigausrüstung (siehe allgemeine Hinweise zum sicheren Berg- und Alpinwandern ab Seite 22). Helm nicht

Vom Schatten ans Licht: Auf dem Gipfel des Rotstocks

vergessen! Bei grosser Nässe oder Altschneeresten sollte diese Route nicht begangen werden. In der Regel ist auch im Herbst von einer Begehung abzuraten, da sich dann die häufig feuchten Stellen in gefährliche Wassereisbahnen verwandeln können.

Zeit 3 – 3$\frac{1}{2}$ Std.
Station Eigerglescher – Einstieg $\frac{1}{2}$ Std.
Einstieg – Rotstock 1$\frac{1}{2}$ – 2 Std.
Rotstock – Station Eigergletscher 1 Std.

Höhenunterschiede Auf- und Abstieg 430 Hm

Ausgangspunkt Eigergletscher, 2320 m oder Kleine Scheidegg, 2061 m
Bahnverbindungen von Lauterbrunnen und Grindelwald [311, 312].
Übernachtung im Guesthouse Eigergletscher: Tel. 079 456 36 39, oder Kleine Scheidegg Scheidegghotels: Tel. 033 855 12 12.
Bemerkung: Kommt man von der Kleinen Scheidegg, kann die Station Eigergletscher zu Fuss in ca. 1 Std. oder mit der Jungfraubahn in 10 Min. erreicht werden [311, 312].

Talorte Lauterbrunnen, 795 m oder Grindelwald, 1034 m
Bahnverbindung von Interlaken [311].

Endpunkt Station Eigergletscher, 2320 m

Karten 1229 Grindelwald

Die Route Von der Station Eigergletscher wie auf Etappe 9 über den Eigertrail hinunter in die grosse Geröllmulde bei P. 2226 und kurzer Gegenanstieg auf den Grasrücken der Wart. Von der Hinweistafel über die Eiger Nordwand direkt über den Grasrücken der Wart hinauf. (Keine Markierungen, spärliche Wegspuren). Man erreicht den Einstieg in den Steig bei ca. 2400 m. Etwas links ausholen über Geröll zum ersten Drahtseil. An diesem nach rechts über eine Felsstufe empor an die erste Leiter. Nun steil über mehrere Leitern, dann flacher auf Wegspuren und kurzen Stufen an der alten Station Rotstock vorbei in den Geröllkessel unterhalb des Rotstocksattels. Den Drahtseilen entlang nach W und über eine kurze Stufe in den Rotstocksattel. Von da über bankige Stufen zum Gipfel des Rotstocks hinauf (Gipfelkreuz und Gipfelbuch).
Abstieg: Zurück in den Rotstocksattel und weiter der Südwestflanke des Rotstocks entlang über Geröll und Felsstufen zurück zur Station Eigergletscher. Dieser Abstieg ist nur an einigen steileren Stellen mit Seilen gesichert und nur sehr rudimentär markiert. Bei schlechter Sicht (Nebel) ist hier die Orientierung schwierig. Nicht zu weit nach links (Süden) zu den Schneefeldern ausweichen!

Hier besteht Eisschlaggefahr aus einem weiter oben gelegenen Hängegletscher in der Eiger Westflanke.

Hinweis Die Begehung dieses Steiges von der Station Eigergletscher aus ist ein eher kurzes Unterfangen und kann deshalb auch mit dem Eigertrail (Etappe 9) verbunden werden, indem man am Morgen zuerst den Klettersteig begeht.

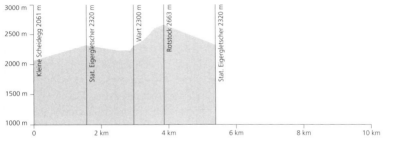

Hilfe am Berg

Die Bergrettung am Eiger und anderswo

Menschen zu helfen, die in den Bergen in eine Notlage geraten sind, ist in jeder humanitären Gesellschaft ein wichtiges und vornehmes Anliegen. Anders als in den umliegenden Alpenländern, in denen diese Aufgabe staatlichen Organen obliegt, wird das Rettungswesen in der Schweiz weitgehend von privaten Institutionen getragen. Bereits vor mehr als hundert Jahren hat der Schweizer Alpenclub SAC dazu eine Organisation begründet, deren Zielsetzung zunächst darin bestand, verunfallten Mitgliedern beizustehen.

Mit der stetigen, zuweilen aber auch sprunghaften Entwicklung im Bergsport, musste auch die Bergrettung Schritt halten. Dies war vor allem in der ersten Hälfte des letzten Jahrhunderts nicht einfach: Mit den zur Verfügung stehenden Mitteln konnte nur mit terrestrischen Einsätzen operiert werden, was vor allem im technisch schwierigen und bei ungünstigen Wetterbedingungen auch gefährlichen Gelände nicht immer rechtzeitig möglich war. Mit der heutigen Technik ist der SAC, zusammen mit der schweizerischen Rettungsflugwacht REGA

Der entscheidende und heikelste Moment bei einer „Long-Line" Rettung: Sekundengenau muss der Retter die Verbindung vom Fels lösen.

und weiteren Partnern, in der Lage, in praktisch allen erdenklichen Situationen Hilfe leisten zu können.

Gerade die Eigernordwand, die auf der Etappe 9 dieses Führers in unmittelbarem Blickpunkt steht, hat durch ihre Besteigungsgeschichte und den damit verbundenen Unglücksfällen die Rettungstechnik massgeblich mitgeprägt. Den ersten ernsthaften Besteigungsversuch, mehr oder weniger in der Falllinie im Jahre 1935, beendete oberhalb des zweiten Eisfeldes ein Wettersturz. Mit den damaligen Mitteln und den herrschenden Verhältnissen war keine Hilfe möglich, und die beiden Männer starben – vermutlich erst nach mehreren Tagen – an ihrem Biwakplatz, einem kleinen Absatz, der seither den Namen Todesbiwak trägt. Noch dramatischer endete ein Jahr später ein weiterer Versuch: Vier Alpinisten fanden einen besseren Zugang zum ersten Eisfeld mittels einer Traverse (gemäss dem damaligen Entdecker auch heute noch Hinterstoisser Quergang genannt) und kamen zügig weiter voran. Doch auch dieser Vorstoss scheiterte wegen eines Wetterumschlags. Ein Rückzug über die zuvor gefundene Traverse war nicht mehr möglich. Der Versuch, der Wand im direkten Abstieg zu entfliehen, endete in den entfesselten Elementen mit Steinschlag und Wasserfällen zunächst für drei Männer tödlich. Dem letzten Überlebenden gelang es, sich weiter in Richtung des sogenannten Stollenlochs abzuseilen, von dem aus eine Rettungsmannschaft versuchte, Hilfe zu bringen. Es gelang dem sich in höchster Not Befindlichen, mittels aufgedrehter Litzen seines zu kurzen Hanfseils, ein längeres Bergseil der Retter zu sich hinaufzuziehen. Dieser verzweifelte Versuch scheiterte jedoch an einem Seilkoten, der sich im Abseilbremskarabiner blockierte. Es gelang dem entkräfteten Mann nicht mehr, diesen Knoten zu lösen, und er starb, frei in der Luft hängend, nur wenige Meter von den Rettern entfernt.

Mit der neu entwickelten Stahlseilwindentechnik gelang es erstmals im Jahre 1957, einen Menschen aus dieser Wand lebend zu bergen. Ursache für diesen Unfall war wiederum ein Schlechtwettereinbruch, durch welchen eine Zweierseilschaft durch den Sturz eines Seilpartners im obersten Wandteil blockiert wurde. In einer grossartigen Zusammenarbeit trug eine international zusammengesetzte Rettungsmannschaft das schwere Rettungsgerät vom Jungfraujoch her über die Eigerjöcher bis zum Eigergipfel. Von dort aus gelang es, bis zu einem der Blockierten abzuseilen und diesen wieder zum Gipfel hinaufzuziehen und über die Westflanke bis zur Station Eigergletscher zu tragen. Sein Seilpartner hingegen, der wegen des Sturzes weiter unten im Seil hing, konnte infolge des schlechten Wetters nicht mehr geborgen werden.

Mit der stetig besseren Einsatzmöglichkeit der Helikopter, mit denen man nun das Rettungsgerät auf den Gipfel transportieren konnte, wurden auch die erfolgreichen Rettungseinsätze in der Eigernordwand zahlreicher. Mit der Stahlseiltechnik vom Gipfel aus waren jedoch während mehrerer Jahre nur Einsätze im oberen Wandteil möglich. Erst eine neue Generation von leistungsstarken Helikoptern, gepaart mit einem hervorragenden Können von Piloten und

Rettern, ermöglichte ab den Siebzigerjahren auch direkte Fluginterventionen in der Wand. Allerdings waren mit der um dieser Zeit verwendeten Rettungswinde nur einige Stellen in der Wand erreichbar und die Retter mussten von diesen Stellen aus die Verunfallten kletternd oder abseilend erreichen und diese dann zum Ausgangspunkt zurückbringen. Bei den zumeist vorherrschenden, ungünstigen Bedingungen kann man sich unschwer vorstellen, welche Risiken dazu von den Rettungsleuten eingegangen werden mussten! Mit der heutigen "Longline-Technik" hingegen, bei welcher der Retter bis zu zweihundert Meter unter dem Helikopter hängt, ist praktisch jeder Punkt in der Wand direkt erreichbar. Die Interventionen sind dadurch wesentlich kürzer, was gerade bei den oftmals sehr wechselhaften Wetterbedingungen in dieser Wand ein sehr entscheidender Faktor ist. Doch auch dieses hochentwickelte Verfahren verlangt von den Rettungskräften höchstes Können und ist nach wie vor mit hohen Risiken verbunden.

Obwohl es auch heute noch – wenn auch von der Öffentlichkeit kaum mehr beachtet – praktisch jedes Jahr zu solchen Rettungseinsätzen am Eiger kommt, beschränkt sich die Bergrettung keineswegs auf Aktionen in derartigem Gelände. Ein Blick in die Statistik zeigt deutlich, dass es, rein zahlenmässig betrachtet, gerade das Bergwandern ist, bei dem die Bergrettung am häufigsten beansprucht werden muss. Dies muss jedoch vor dem Hintergrund der grossen Popularität und der entsprechend hohen Zahl der Bergwanderer betrachtet werden und hat keineswegs zu bedeuten, dass das Bergwandern eine besonders risikoreiche Form des Bergsteigens sei, wie dies ab und zu behauptet wird. Auch beim Bergwandern sind jedoch Respekt, Vorsicht und Vernunft die besten Ratgeber für ein gutes und sicheres Erleben der Gebirgswelt. Allein unterwegs, ohne klare Angaben von Weg oder Gebiet an die Angehörigen: Solche Situationen führen gerade beim Bergwandern nicht selten zu langwierigen Suchaktionen, deren Kosten einen Longline-Einsatz in der Eigernordwand um ein Mehrfaches übersteigen können!

Retter und Patient schweben nun am langen Seil unter dem Helikopter, der sie in dieser Position zum nächstmöglichen Landeplatz transportiert.

First – Wart – Rosenlaui

Grindelwald – Reichenbachtal

Mit einer Distanz von über 18 Kilometern und einem Gesamtaufstieg von fast 1700 Höhenmetern ist diese Etappe ein respektables Unterfangen. Möchte man noch eines der lohnenden Gipfelziele auf das Schwarzhorn oder den Wild-

gärst mit einbeziehen, sollte man seine Kondition überprüfen oder aber die Betriebszeiten der Gondelbahn Grindelwald – First. So oder so wird an diesem Tag wiederum eine ganze Palette an Landschaftseindrücken geboten: Im Süden präsentiert sich der Gipfelkranz der zentralen Berner Hochalpen von seiner schönsten Seite. Vom Wildgärst aus geniesst man auch nach Norden phantastische Ausblicke auf den tief unten liegenden Brienzersee und die Gipfelwelt der Berner- und Zentralschweizer Voralpen. Je näher man im Abstieg über die Alpweiden von Breitenboden oder Oberläger dem Reichenbachtal entgegenwandert, um so beeindruckender werden die mächtigen Nordabstürze des Scheideggwetterhorns und die Zinnen der Engelhörner. Unten im Reichenbachtal, in der Umgangssprache oft fälschlicherweise wegen des Ortsnamens Rosenlaui auch Rosenlauital genannt, wartet eine der schönsten Berglandschaften des Berner Oberlandes: Ein ruhiges Tal, umsäumt von grünen Alpen im Norden und einer grandiosen Berg- und Gletscherwelt im Süden. Fürwahr ein Ort zur Einkehr und zum Verweilen.

T4	8 resp. 5 Std.	▲ 1680 m	▼ 1380 m

Schwierigkeit T4
Die alpintechnischen Anforderungen konzentrieren sich auf die letzten 100 Hm im Aufstieg zur Grossi Chrinne.

Zeit 8, respektive 5 Std.
Grindelwald – Grossi Chrinne 5 Std. (ab Bergstation Firstbahn 2 Std.).
Grossi Chrinne – Wart 20 Min.
Wart – Schwarzwaldalp 2 Std.
Schwarzwaldalp – Rosenlaui 30 Min.

Dem Reichenbachtal entgegen, im Hintergrund die Engelhörner

Höhenunterschiede Aufstieg 1680 Hm, Abstieg 1380 Hm
(ab Bergstation Firstbahn 620 Hm Aufstieg, 1460 Hm Abstieg).

Ausgangspunkt Grindelwald, 1034 m oder Bergstation der Gondelbahn
Grindelwald – First, 2167 m
Betriebsdauer der Firstbahn: Von Ende Mai bis Mitte Oktober. Betriebszeiten
gemäss Kursbuch [2440] oder Tel. 033 854 50 50.
In Grindelwald zahlreiche Hotels wie auch einfachere Gruppenunterkünfte.
Tourismusinformation: Tel. 033 854 12 12.

Endpunkt Schwarzwaldalp, 1441 m oder Rosenlaui, 1328 m
Unterkunft im Berghotel Rosenlaui: Tel. 033 971 29 12, geöffnet von Mitte
Mai bis Oktober oder im Berghotel Schwarzwaldalp: Tel. 033 971 35 15, in der
Regel ganzjährig geöffnet.
Postautoverbindung nach Meiringen [470.65] (Juni – September).

Karten 1209 Brienz, 1229 Grindelwald, 254T Interlaken

Die Route Von Grindelwald aus bietet das lokale Wanderwegnetz verschiedene Möglichkeiten, um die Alp Grindel östlich der Bergstation der Luftseilbahn
Grindelwald – First zu erreichen. Der direkteste Weg führt mehr oder weniger
der Linienführung der Bahn entlang über Oberhaus und Bort zum Schreckfeld,
der letzten Zwischenstation der Firstbahn. Von da erreicht man den Chrinneri-
boden (2259 m) direkt in nordöstlicher Richtung, ohne Umweg über die
Bergstation First.
Von der Bergstation First bis hierher, zuerst etwas absteigend, in ca. 30 Min.
Vom Chrinneriboden weiter über den Bergweg durch die SW-Flanke des
Schwarzhorns hinauf. (Abzweigung des Abstiegs vom Klettersteig Schwarz-
horn, weiss-blau-weiss markiert, Näheres dazu siehe Tourentipp Schwarzhorn).
Weiter steil hinauf (Drahtseile und Eisenstifte) in den Übergang der Grossi
Chrinne (2635 m). Nach einem kurzen Abstieg kommt man zur Wegkreuzung
der Bergwege vom Hagelseewli her (siehe Variante) oder zur Axalp. Man folgt
dem Weg in nordöstlicher Richtung zum Übergang der Wart zwischen
Schwarzhorn und Wildgärst. Von hier aus ist als kurzer Abstecher die breite
Gipfelkuppe des Wildgärst (2890.8 m) über einen breiten Gratrücken
(Wegspuren) problemlos in 30 Min. erreichbar. Im Abstieg von der Wart geht
man in östlicher Richtung am nördlichen Rand des Firnfeldes des Blau
Gletscherli entlang hinunter bis auf die Höhe des markanten Felszahns des
Schrybershörnli. Der offizielle Bergweg führt nun weiter in südlicher Richtung
hinunter durch das Tälchen des Wischbäch zu den Alphütten von Oberläger
(1950 m) und weiter zur Schwarzwaldalp. Man kann aber auch nördlich am
Schrybershörnli vorbeigehen und vom Hagelseeli bei P. 2432 zur Alp

Breitenboden absteigen. Man gelangt so über das Pfanni zur Schwarzwaldalp; etwas kürzer als über die Alp Oberläger.

Variante Über das Hagelseewli, 2339 m
Die Schlüsselstelle dieser Etappe über die Grossi Chrinne kann auch umgangen werden: Von der Bergstation der Gondelbahn Grindelwald – First auf dem Wanderweg Richtung Faulhorn bis zu einer Verzweigung kurz vor dem Bachsee. Nach rechts auf einem Pfad zu einem kleinen See und über einen Sattel bei ca. 2420 m um das Ritzengrätli herum zum Hagelseewli (2339 m). Weiter über eine Geländerippe in das Hiendertellti und durch dieses zum Häxeseeli. (2464 m). Von da über den Geländerücken hinauf zur der in der Hauptroute erwähnten Wegkreuzung und, wie bereits beschrieben; zur Wart hinauf. Mit dieser Variante übersteigt diese Etappe den Schwierigkeitsgrad T3 nicht, sie ist jedoch 1 bis 1½ Std. länger als die Hauptroute.

Tourentipp Klettersteig zum Schwarzhorn, 2927.6 m
Dieser sehr gut gesicherte Steig führt von der Grossi Chrinne über den Südwestgrat hinauf. Drei Leitern überbrücken die senkrechten Aufschwünge, der Rest des Aufstieges ist an den exponierten Stellen mit Drahtseilen gesichert. Der Abstieg führt über den stellenweise schmalen Südgrat bis zu einer Schulter. Von da führt ein Pfad zurück zur Aufstiegroute in die Grossi Chrinne. Schwierigkeitsgrad T5; zusätzlicher Zeitbedarf ca. 2 Std.

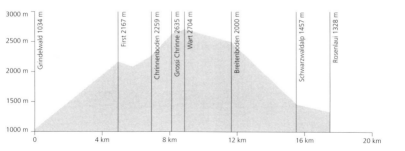

Über den Dossengrat ins Urbachtal

Reichenbachtal – Innertkirchen

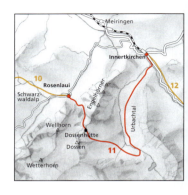

Auf dieser Etappe folgt man zunächst dem normalen Hüttenweg zur Dossenhütte durch die Dossenwand mit grossartigen Ausblicken auf den Rosenlauigletscher. Hier nähert man sich bereits der Höhe des Gipfelkranzes der Engelhörner, die zu Beginn noch fast unerreichbar hoch in den Himmel zu ragen schienen. Nur der Kamm der Südgruppe mit dem Gstellihorn mit seinen senkrechten Felsabstürzen dominiert noch immer die Szenerie. Dieser Aufstieg ist auch ein Gang durch eine geologisch höchst interessante Gegend, befinden wir uns doch hier im Randbereich von Kristallin- und Sedimentgestein am Nordrand des Aarmassivs (siehe Geologiebeitrag ab Seite 234). Von der Dossenhütte aus zeigt sich im Süden eine völlig andere Landschaft: Die steilen Schafweiden erscheinen im Vergleich zum soeben durchstiegenen Gelände fast lieblich, und auch das Urbachtal scheint nicht mehr allzuweit entfernt. Doch dieser Eindruck trügt: Der Abstieg bis hinunter ins Tal braucht mindestens gleich viel Zeit und Aufmerksamkeit wie der soeben vollbrachte Aufstieg. Wer Zeit hat, sollte sich deshalb einen Zwischenhalt in der Dossenhütte nicht entgehen lassen. Eine Übernachtung an diesem einmaligen Ort und ein Abstieg ohne Zeitdruck am nächsten Tag durch die urwüchsige Landschaft des Urbachtals, dürfte die Qualität dieser Etappe noch erhöhen.

T4	10 Std.	▲ 1350 m	▼ 2040 m

Schwierigkeit T4

Diese Etappe ist ab der Abzweigung Engelhornhüttenweg bis nach Schrätteren im Urbachtal weiss-blau-weiss markiert. Die alpintechnischen Anforderungen konzentrieren sich auf den Aufstieg ab der Moräne des Rosenlauigletschers bis zur Dossenhütte. Der Abstieg in das Urbachtal weist nur auf ca. 2500 m eine exponierte Steilstufe auf. Das weitläufige Gelände, umrahmt von zahlreichen Felsabstürzen, darf jedoch vor allem bei schlechter Sicht nicht unterschätzt werden. Diese Etappe sollte nur bei günstigen Verhältnissen angegangen werden. Bei Altschnee zu Saisonbeginn ist ein Pickel empfehlenswert.

Abstieg von der Dossenhütte Richtung Urbachtal

Zeit 10 Std.
Rosenlaui – Rosenlauibiwak 3 Std.
Rosenlauibiwak – Dossenhütte 1 1/2 Std.
Dossenhütte – Urbachtal 4 Std.
Urbachtal – Innnertkirchen 1 1/2 Std.

Höhenunterschiede Aufstieg 1350 Hm, Abstieg 2040 Hm

Ausgangspunkt Rosenlaui, 1328 m
Postautoverbindung von Meiringen [470.65] (Juni – Sept.).
Unterkunft im Berghotel Rosenlaui, Tel. 033 971 29 12, geöffnet von Mitte
Mai bis Oktober, oder im Berghotel Schwarzwaldalp, Tel. 033 971 35 15, in
der Regel ganzjährig geöffnet.

Talort Meiringen, 595 m
Hauptort des Oberhasli. Bahnverbindungen von Interlaken und Luzern [470].

Endpunkt Innertkirchen, 635 m
Postauto- und Bahnverbindung von Meiringen [474, 470.70, 470.76, 474].
Mehrere Gasthäuser und Hotels, ganzjährig geöffnet.
Hotel Alpenrose: Tel. 033 971 11 51, Hotel Alpina: Tel. 033 971 11 16, Hotel
Carina: Tel. 033 971 25 15, Hotel Hof und Post: Tel. 033 971 19 51.

Karten 1209 Brienz, 1210 Innertkirchen, 1229 Grindelwald, 1230 Guttannen,
254T Interlaken, 255T Sustenpass

Unterwegs einkehren Dossenhütte SAC, 2663 m
Koord. 655 940 / 167 360
SAC Sektion Oberaargau 4900 Langenthal. Die Hütte ist ganzjährig offen.
Bewartet während der Sommersaison von Juli – September. Tel. Hütte: 033
971 44 94

Die Route Vom Hotel Rosenlaui zum Parkplatz beim Eingang der Gletscherschlucht und dem Bergweg entlang, der zur Dossen- bzw. zur Engelhornhütte
führt. Von der Abzweigung zur Engelhornhütte auf ca. 1700 m, ist der Weg
zur Dossenhütte weiss-blau-weiss markiert. Man folgt diesem Weg bis zum
oberen Ende der Moräne bei P. 2068. Von da längs der östlichen Begrenzung
des nun folgenden Couloirs über plattige Felsstufen hinauf (künstliche Tritte
und Seilgeländer). Oberhalb des Couloirs nach rechts, über eine Leiter auf eine Felsstufe und etwas weiter oben auf eine Geröll- und Grasterrasse unmittelbar unterhalb des Rosenlauibiwaks. An diesem vorbei an die sog. Dossenwand. In dieser steil und teilweise exponiert über Rippen und Stufen empor
(Drahtseilsicherungen und künstliche Stufen) bis auf den Dossengrat. Über die-

sen, gelegentlich etwas nach links oder rechts ausweichend, zur Dossenhütte hinauf.

Im Abstieg von der Hütte in das Urbachtal folgt man den weiss-blau-weissen Markierungen, steigt zunächst in südöstlicher Richtung durch eine erste Karmulde ab und folgt dann einem breiten Rücken bis zu einer Steilstufe bei ca. 2500 m. Über diese hinab (Drahtseilsicherung) und weiter den Pfadspuren entlang über Schutt in flacheres Gelände. Immer weiter in südöstlicher Richtung absteigend, erreicht man einen breiten Geländerücken bei P. 1879. Dem nun allmählich deutlicher werdenden Weg entlang, zuerst etwas nach links ausholend, hinunter zur Alphütte von Enzen (1677 m). Von da weiter in südöstlicher Richtung hinunter, über die Brücke des Wyssenbachs und über Illmestein zur Abzweigung des Gaulihüttenwegs. Nun über die Brücke des Urbachwassers zur Alp Schrätteren und dem breiten Alpweg entlang hinunter in das Urbachtal zum Beginn der Fahrstrasse bei Mürvorsess (880 m). (Fahrmöglichkeit siehe unter Hinweis). Weiter dem Talweg entlang nach Innertkirchen.

Sehenswert Rosenlauischlucht

Eine der eindrücklichsten Gletscherschluchten der Alpen. Eingang direkt beim Beginn des Aufstiegs zur Dossenhütte oberhalb des Rosenlauihotels. Taxpflichtiger Rundgang von ca. 40 Min. Geöffnet von Mai bis September von 9 bis 17 Uhr. Der Ausgang aus der Schlucht mündet direkt in den Aufstiegsweg zur Dossenhütte. Ein Besuch dieser Schlucht kann damit direkt in Tagesetappe integriert werden. Dies ist wegen der verhältnismässig späten Öffnungszeit am Morgen nur zu empfehlen, wenn man am Abend in der Dossenhütte übernachtet.

Hinweis Das Urbachtal ab Mürvorsess hat keine öV-Anbindung. Nächste Taxiunternehmung in Meiringen, Tel. 033 971 19 43 (Taxi Marti).

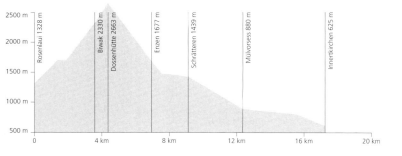

Guttannen – Handeck – Grimselpass

Innertkirchen – Grimselpass

Aus der Sicht der Berggänger, die sich ausschliesslich für anspruchsvolle Pfade interessieren, ist die folgende Strecke sicher keine alpinistische Herausforderung. Dass diese Etappe dennoch in den Führer aufgenommen wurde, hat zweierlei Gründe. Zum einen lässt die Topographie der östlichen Berner Alpen mit ihren schroffen Seitenkämmen und hochalpinen Übergängen zum Bergwandern wenig Spielraum offen, und so kommt man um diese Route nicht herum, wenn man die Berner Alpen wirklich vollständig zu Fuss umrunden will. Zum andern gibt es auf dieser Strecke doch einiges zu entdecken, das sonst auf der eiligen Fahrt über den Grimselpass verborgen bleibt. Ermöglicht wird dies zu einem guten Teil durch die Restaurierung des alten Saumweges, der 1995 auch im unteren Talabschnitt zwischen Innertkirchen und Guttannen wieder eröffnet worden ist. Die Etappe kann auch problemlos unterteilt, oder durch Benützung der öffentlichen Verkehrsverbindungen abgekürzt werden.

T2	9 Std.	▲ 1540 m	▼ 0 m

Schwierigkeit T2
Der untere Teil der Etappe von Innertkirchen bis zur Handegg ist ein einfache Wanderung und kann mit T1 bewertet werden.

Zeit 9 Std.
Innertkirchen – Guttannen 3 Std.
Guttannen – Handegg 2 Std.
Handegg – Grimsel Hospiz 3 Std.
Grimsel Hospiz – Grimselpass 1 Std.

Höhenunterschiede Aufstieg 1540 Hm

Strahlerutensilien am Kristallweg (Handegg – Grimselhospiz)

Ausgangspunkt Innertkirchen, 635 m
Postauto- und Bahnverbindung von Meiringen [474, 470.70, 470.76, 474].
Mehrere Gasthäuser und Hotels, ganzjährig geöffnet.
Hotel Alpenrose: Tel. 033 971 11 51, Hotel Alpina: Tel. 033 971 11 16, Hotel
Carina: Tel. 033 971 25 15, Hotel Hof und Post: Tel. 033 971 19 51.

Talort Meiringen, 595 m
Hauptort des Oberhasli. Bahnverbindungen von Interlaken und Luzern [470].

Endpunkt Grimselpass, 2164 m
Postautoverbindung von Meiringen oder Gletsch [470.75] von Mitte Juni bis
Ende September. Mehrere Gasthäuser, in der Regel mit der Passstrasse ab Mitte
Juni bis Oktober geöffnet.
Hotel Alpenrösli: Tel. 027 973 12 91, Hotel Grimsel-Passhöhe: Tel. 033 973 11
37, Hotel Grimsel Blick: 027 973 11 77.

Karten 1210 Innertkirchen, 1230 Guttannen, 1250 Ulrichen, 255T Sustenpass,
265T Nufenenpass.

Unterwegs einkehren Gasthaus Urweid zwischen Innertkirchen und
Guttannnen: Tel. 033 971 26 82, Gasthäuser Bären: Tel. 033 973 12 61 und
Adler: Tel.033 973 13 23 in Guttannen, Hotel Handeck: Tel. 033 982 66 11 in
Handegg, Hotel Grimsel Hospiz: Tel. 033 982 66 21. Alle genannten Gasthäuser
mit Übernachtungsmöglichkeit. (Gasthaus Urweid und Gasthäuser in
Guttannnen ganzjährig geöffnet, übrige Adressen in der Regel mit der
Passstrasse von Mitte Juni bis Oktober).

Die Route Von der Aarebrücke im Dorfzentrum von Innertkirchen dem west-
lichen Ufer der Aare entlang talaufwärts und über zwei Brücken hinüber zur
Zentrale der Kraftwerke Oberhasli (Endstation der Schmalspurbahn von
Meiringen).
Der restaurierte Saumweg führt von hier, zunächst der westlichen, dann der
östlichen Talflanke entlang nach Guttannen. (Der Abschnitt zwischen Üsseri und
Inneri Urweid war während der Felssturzgefahr am Blattenstock gesperrt. Der
Weg sollte ab Frühjahr 2003 wieder begehbar sein. Allfällige Hinweise oder
Umleitungen sind zu beachten). Von Guttannen weiter auf der Ostseite des
Tales bis nach Tschingelmad. Bis zur Handegg (die gleichnamige Kraftwerk-
zentrale und das Hotel werden, entgegen der Namengebung auf der LK, mit
Handeck benannt) führt der Weg nun mehr oder weniger der Passstrasse ent-
lang. Bis hinauf zum Grimsel Hospiz folgt der Saumweg der westlichen
Talflanke. Dieser Abschnitt ist identisch mit dem Erlebnispfad 'Kristallweg
Grims', wo an verschiedenen Stellen auf die interessante Geschichte der
Säumerei, des 'Strahlens' (Kristallsuche) und auf die Kraftwerkinstallationen hin-

gewiesen wird. Der mächtige Steinbau des Grimsel Hospiz steht auf dem Felsbollwerk des „Nollen" zwischen den beiden Staumauern des Grimselsees (das alte Hospiz versank in den Fluten des Stausees). Vom Hospiz zurück über die östliche Staumauer und der Passstrasse entlang bis zur ersten Haarnadelkurve, von wo aus der Saumweg, mehrmals die Passstrasse kreuzend, direkt zum Pass emporleitet.

Variante Über Understock, 893 m
Von Innertkirchen auf dem Wanderweg zum Urbachtal bis nach der Brücke über das Urbachwasser. Nun nach Süden zum Weiler Understock hinauf und weiter der westlichen Talflanke entlang, mehrheitlich über Forstwege, zum Weiler Boden unterhalb Guttannen, wo man die Hauptroute wieder erreicht. Ca. 15 Min. länger als die Hauptroute.

Sehenswert Kristallmuseum in Guttannen, Führung durch die Kraftwerkinstallationen und Besichtigung der Kristallkluft Gerstenegg (Voranmeldung beim Besucherdienst der Kraftwerke Oberhasli erforderlich, Tel. 033 982 20 11).

Tourentipps Die Seitentäler des obersten Haslitals sind Ausgangspunkt für eine Vielzahl von alpinen Hoch- und Klettertouren. Die Wege zu den dort gelegenen SAC-Hütten bieten interessante Halb- bis Tageswanderungen: So die Gruebenhütte des akademischen Alpenclubs Basel AACBs, von der Handegg in 4 Std. erreichbar (T3), nicht bewartet. Die Gelmerhütte SAC, von Chüenzentennlen zwischen Handegg und Räterichsboden in 3 Std. (T2) erreichbar, im Sommer bewartet. Dieser Weg kann mit einer Umrundung des Gelmersees zusätzlich aufgewertet werden (T3). Die Bächlitalhütte SAC, 2 Std. von der Staumauer des Räterichsbodensees (T2), im Sommer bewartet. Die Lauteraarhütte SAC, wird in einer Zusatzetappe vorgestellt.

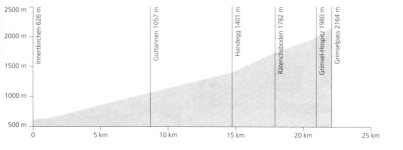

Extrem- , Sport- oder Plaisirklettern?

Die Entwicklung des Klettersportes im Grimselgebiet

Wenn man nicht gerade bei Regenwetter oder anderen garstigen Bedingungen auf der Etappe 12 oder 12.1 im Grimselgebiet unterwegs ist, wird man um die Kletterszene in dieser Gegend kaum herumkommen. Schon bei der Tschingelbrigg, unterhalb der Handegg sind an der Südwand der Mittagfluh praktisch jeden Tag mehrere Seilschaften unterwegs. Eine Wegstunde talaufwärts bleibt der Blick am steilen Felspfeiler der Hangholzegg, unmittelbar nördlich der Gelmerbahn hängen. Auch an dieser Bastion wird häufig über die steilen Plattenschüsse und Steilstufen emporgeturnt. Weiter oben, zwischen Chüenzentennlen und dem Grimsel Hospiz, braucht man keinen Feldstecher mehr, um das Tun des Klettervolkes zu beobachten. Dort, so vor allem an den Plattenschüssen am Räterichsbodensee, beginnen die Kletterereien direkt am alten Saumweg, den man auf dieser Etappe als Wanderer benutzt. Was zieht denn dort die Kletterer in ganzen Scharen an? Die Antwort ist rasch zur Hand: Fester

Auch Kletterer haben es gerne gemütlich: Lagerplatz unter den Einstiegen der Routen am Räterichsbodensee.

Fels, möglichst sonnig gelegen und leicht zugänglich – das gibt es hier zuhauf, und dies sind gleichzeitig die Qualitäten, die ein Klettergebiet in der heutigen Zeit auszeichnet. Da im Grimselgebiet nicht erst seit heute geklettert wird, lässt sich hier die Entwicklung des Klettersportes während der letzten Jahrzehnte fast beispielhaft verfolgen:

Die erste moderne Kletterroute in dieser Gegend wurde 1963 an der Mittagfluh von zwei einheimischen Bergführern erstbegangen. Obwohl die Route den fünften Schwierigkeitsgrad der alten UIAA-Skala nur stellenweise erreicht, war es für diese Zeit ein beachtenswertes Unterfangen. Denn damals wurde noch mit festen Bergschuhen geklettert, und auch die Absicherung mit normalen Felshaken, die mit dem Hammer in die spärlichen Ritzen getrieben wurden, war auch für damalige Verhältnisse eher rudimentär. Während 15 Jahren blieb es bei dieser einzigen Route, die fast nur Insidern bekannt war.

Dies änderte sich schlagartig im Jahre 1978: Mit aus den USA mitgebrachten Reibungskletterschuhen eröffneten die beiden jungen Bergführer Jürg von Känel und Martin Stettler eine Neutour an der bereits genannten Hangholzegg. Die Sicherungspunkte bestanden nun nicht nur mehr allein aus den bekannten Normalhaken, sondern es wurden auch Bohrhaken

Heute ist Klettern auch für Kinder hochaktuell.

verwendet, wozu allerdings die notwendigen Löcher mit einem Meissel in anstrengender Handarbeit in die Felsen gebohrt werden mussten. „Fair Hands Line" nannten die Entdecker ihren Weg vor allem deshalb, weil die Sicherungspunkte eben nicht zur Fortbewegung, sondern wirklich nur zur Sicherung gedacht waren. Durch den hohen Schwierigkeitsgrad (6+ nach der UIAA Skala) und den Respekt erheischenden Hakenabständen blieb diese Route jedoch über längere Zeit der Elite vorbehalten. Diese betätigte sich nun auch an den andern Wandfluchten in diesem Gebiet, und schon nach wenigen Jahren war eine Vielzahl von neuen Routen entstanden.

Für das breite Mittelfeld der Kletterer eigneten sie sich jedoch noch nicht: Zu spartanisch war die Absicherung und zu zweifelhaft auch das verwendete Material. Dies änderte sich erst zu Beginn der Neunzigerjahre. Von den französischen Klettergebieten herkommend, begann sich nach und nach auch in der Schweiz die Einsicht durchzusetzen, dass genussvolles Klettern auch ohne allzu grossen Risikoeinsatz möglich ist. Dies setzt aber wesentlich geringere Hakenabstände und sicheres Material voraus. Erst mit den nun verfügbaren Akku-Bohrmaschinen liessen sich diese Ansprüche mit vernünftigem Aufwand umsetzen. Es war wiederum der bereits genannte Jürg von Känel, der mit dem Begriff ‚Plaisirklettern' die neueste Entwicklung massgeblich prägte. Unter diesem Motto wurden gerade im Grimselgebiet neue Anstiege erschlossen und viele der bereits vorhandenen Routen saniert. Nicht zuletzt durch die finanzielle Unterstützung der Kraftwerke Oberhasli, welche die Bedeutung des Klettersports auch für ihre Gastwirtschaftsbetriebe erkannte, ist dieses Gebiet nun zu einem eigentlichen Mekka für junge und jung gebliebene Kletterer geworden. Auch wenn hie und da die Wanderer das bunte Treiben in den Plattenschüssen und Felswänden etwas skeptisch betrachten; gross ist der Unterschied zum Klettern letztlich nicht: Die Mehrheit des Klettervolkes dürfte zwar um einiges gehfauler sein als die Gilde der Weit- und Alpinwanderer. Beiden Gruppen gemeinsam ist sicher jedoch die Freude an der Bewegung in der freien Bergwelt und auch das Bewusstsein, dieser fragilen Natur mit Respekt und Sorgfalt zu begegnen.

In den Plattenschüssen des „Eldorado"   bei Mederlouwenen am Grimselsee geht es hingegen ernsthaft zur Sache: Nach wie vor müssen viele Zwischensicherungen selbst angebracht und wieder entfernt werden.

Zum Karakorum der Alpen

Lauteraarhütte

Sicher haben wir es hier nicht mit den Dimensionen zu tun, wie sie das „echte" Karakorum im Himalaya aufweist. Wenn man allerdings am Ende des Grimselsees über die Schwemmebene zum Unteraargletscher unterwegs ist und dann über dessen schuttbedeckte Oberfläche weiter in diese urwüchsige Hochgebirgslandschaft hineinwandert, ist dieser Vergleich so abwegig nicht: Glattpolierte Felsplattenschüsse, eine weitläufige Moränenlandschaft und im Hintergrund die hohen Gipfel vom Finsteraarhorn bis zum Schreckhorn prägen hier eine Landschaft, die in ihrem Charakter durchaus an das Karakorumgebirge im westlichen Teil des Himalaya erinnert. Fast ging bei dieser Schilderung der erste Teil dieser Tour vergessen: Allein der Weg vom Grimsel Hospiz über dem Ufer des Grimselsees bis zum Seeende ist eine Reise wert. Wäre diese Landschaft ohne den See noch schöner, und wie würde sie nach der geplanten Seespiegelerhöhung aussehen? Schon fast eine gefährliche Frage, mit der wir uns im Beitrag über Natur und Technik ab Seite 152 in dieser Gegend etwas näher befassen möchten.

| T3 | 7 Std. 30 Min. | ▲ 550 m | ▼ 550 m |

Schwierigkeit T3

Zeit 7½ Std.
Grimsel Hospiz – Lauteraarhütte 4 Std.
Lauteraarhütte – Grimsel Hospiz 3½ Std.

Höhenunterschiede Aufstieg und Abstieg 550 Hm

Hüttenweg zur Lauteraarhütte bei Mederlouwenen

Ausgangspunkt Grimsel Hospiz, 1980 m
Postautoverbindung von Meiringen oder Gletsch [470.75] von Mitte Juni bis Ende September.
Unterkunft: Berghotel auf dem Nollen über dem Grimselsee. Geöffnet von Mitte Juni bis Ende September, Tel. 033 982 66 21.

Talort Meiringen, 595 m
Bahnverbindungen von Interlaken und Luzern [470].

Endpunkt Grimsel Hospiz, 1980 m
Karten 1230 Innertkirchen, 1250 Ulrichen, 255T Sustenpass, 265T Nufenenpass

Unterwegs einkehren Lauteraarhütte SAC, 2393 m
Koord. 660 080 / 157 940.
SAC Sektion Zofingen, 4800 Zofingen. Die Hütte ist immer offen. Durchgehend bewartet Juli – August. Tel. Hütte 033 973 11 10

Die Route Vom westlichen Ende des grossen Parkplatzes beim Berghotel Grimsel Hospiz über die Treppen hinunter zur Bogenstaumauer der Spittellammsperre. Über die Staumauer und dann auf dem aus den Felsen gesprengten Weg nach rechts ausholen zu einem Tunnel. Durch diesen (unbeleuchtet) und weiter dem Bergweg entlang, der über dem östlichen Ufer des Grimselsees nach Westen führt. Dieser Weg ist gut ausgebaut und leitet mit geringfügigen Auf- und Abstiegen durch eine einmalige Urgesteinslandschaft zum berühmten Arvenbestand bei Mederlouwenen. Hier senkt sich der Weg nahe zum Seeufer und führt den Felsplattenschüssen des sog. „Eldorado" entlang. (An diesen befinden sich einige der schönsten und längsten Granitklettereien in den Schweizer Alpen). Nach dem Seeende führt der immer bescheidender werdende Pfad durch die Schwemmebene hinter dem Grimselsee und dann, zunehmend über Geröll, auf den schuttbedeckten Unteraargletscher. Man folgt nun den eher spärlichen Markierungen über den Gletscher bis auf ca. 2040 m. Hier geht man an das nördliche Gletscherufer, gewinnt auf Pfadspuren die nördliche Seitenmoräne und folgt dem nun wieder deutlicheren Bergweg bis zur Lauteraarhütte. Diese liegt auf einer sehr schön gelegenen Geländeschulter hoch über dem Unteraargletscher.
Rückweg: Man folgt der beschriebenen Aufstiegsroute.

Tourentipp Aarbiwak, 2731 m
Koord. 654 720 / 156 270
SAC Sektion Pilatus, 6000 Luzern. Das Biwak entspricht nahezu dem normalen Hüttenkomfort einer SAC Hütte. 17 Plätze. Immer offen, aber nicht bewartet. Gasvorrat für Camping-Gaskocher nicht gewährleistet.

Wer noch mehr Karakorum Atmosphäre erleben möchte, genügend Zeit hat und über Erfahrung im hochalpinen Gelände verfügt, kann auch einen Besuch des Aarbiwaks in Erwägung ziehen. Dies dürfte aber im Rahmen einer Tagestour ab Grimsel Hospiz mit Rückweg am gleichen Tag nicht zu bewerkstelligen sein.

Anstatt den Unteraargletscher auf ca. 2040 m Richtung Lauteraarhütte zu verlassen, folgt man dessen Mittelmoräne weiter. Beim „Abschwung" geht man über den Finsteraargletscher weiter. Bei der Einmündung des Strahlegggletschers nach rechts (Nordwesten) und über diesen bis ca. 2700m . Nun nach rechts (Markierungen) und über Moränengeröll und plattigen Granit zum Biwak empor. T5; ab Abzweigung zur Lauteraarhüttte auf dem Unteraargletscher ca. 3 Std. Für den Rückweg ist mit dem gleichen Zeitaufwand zu rechnen. Detailliertere Informationen siehe Berner Alpen, Band 5 oder Auswahlführer Hochtouren Berner Alpen (beide SAC-Verlag).

Erlebenswert Parcours du Glacier

Vom Grimselverein ist mit Unterstützung der Kraftwerke Oberhasli ein Lern- und Erlebnisparcours zwischen Grimsel Hospiz und Lauteraarhütte eingerichtet worden. Dazu kann ein spezieller „Forschungsrucksack" gemietet werden. Dieser enthält einen „Parcoursführer" mit einer Gebietsübersicht, Angaben zum Zeitbedarf, Forschungsthemen und Anleitungen zu über 130 Beobachtungs-, Versuchs- und Forschungsbeiträgen. Der Mietpreis beträgt 20 Franken.

Reservation und Bezug: Hotel Grimsel Hospiz, Tel. 033 982 66 21.

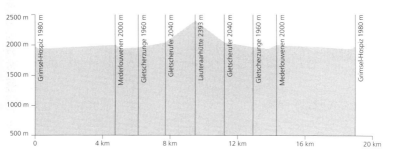

Natur und Technik

Wie in kaum einer andern Region im Berner Oberland bestimmt die Naturgewalt im oberen Haslital das Leben der Anwohner: Guttannen wird praktisch in jedem Winter während mehrerer Tage wegen drohender Lawinengefahr von der Aussenwelt abgeschnitten. Besonders gravierend war diese Situation letztmals im Lawinenwinter 1998/1999: Grosse Tallawinen verschütteten nicht nur die Verbindungsstrasse, sondern verwüsteten auch wichtige Teile der Schutzwälder, die schon knapp zehn Jahre zuvor im Wintersturm Vivian grossen Schaden erlitten hatten. Doch auch im Sommer geraten die mehr als 1000 Meter hohen Bergflanken dieses Tales gelegentlich in die Schlagzeilen. So zuletzt in den Sommern 2001 und 2002, als grosse Felsmassen am Blattenstock die Strasse schon am Taleingang kurz nach Innertkirchen bedrohten und mit zwei aufwändigen Sprengaktionen gezielt ausgelöst werden mussten. Die knapp 400 Einwohner von Guttannen, dem obersten Dorf im Haslital und mit 200

Das Innenleben der Kraftwerkzentrale KW 2.

Die Bogenstaumauer am Grimsel Hospiz.

Quadratkilometern grössten Gemeinde im Kanton Bern, nehmen dies trotz allem gelassen. Dies ist mit Sicherheit nicht nur dem sprichwörtlich zähen Charakter der Haslitaler zuzuschreiben. Anders als in vergleichbaren Alpentälern ist im Haslital die wirtschaftliche und finanzielle Situation für die Anwohner stabil. Der Grund dafür ist auch hier in der speziellen Topografie dieser Gegend zu suchen: Die Wasserläufe im Oberhasli haben ein riesiges Einzugsgebiet, das sich bis zum Hochgebirgskamm zwischen Wetter- und Finsteraarhorn erstreckt. Mit dem grossen Gefälle zwischen dem Grimselpass und dem Talgrund in Innertkirchen, ermöglicht diese im Alpenraum wohl einmalige Lage, die Wasserkraft in „weisses Gold", sprich elektrische Energie, zu verwandeln. Seit dem Bau der ersten Staumauern am Grimsel Hospiz während der Zwanzigerjahre des letzten Jahrhunderts, wodurch der gut sechs Kilometer lange Grimselsee entstand, haben die Kraftwerke Oberhasli ihre Anlagen immer wieder erweitert. Mit dem Bau eines Pumpspeicherwerkes zwischen Grimsel- und Oberaarsee in den Siebzigerjahren des letzten Jahrhunderts wurde ein wesentlicher Ausbau in der Nutzung der Wasserkraft realisiert: Mit diesem kann nun mittels der sog. Umwälztechnik das Wasser nach der ersten Nutzung mit überschüssiger und damit billiger Bandenergie wieder in höher gelegene Stauseen hinaufgepumpt werden, wo es dann bei entsprechender Nachfrage wieder in teurere Spitzenenergie umgewandelt werden kann. Praktisch mittels Knopfdruck können die Anlagen vom stromerzeugenden Turbinenbetrieb auf wasserfördernden Pumpbetrieb umgeschaltet werden. Und dies nicht zu knapp: Die installierte Pumpleistung ist bei Vollbetrieb in der Lage, eine Wassermenge zu fördern, die der mittleren Wasserführung des Aarelaufes zwischen Thun und Bern entspricht! Dies ist, aus der Sicht der Technik, ein Meisterwerk der Ingenieurkunst, hat aber durch die einschneidende Veränderung des Abflussregimes der Aare weitreichende ökologische Auswirkungen! So weit so gut: Auch wenn nicht nur die gewonnene Energie, sondern auch wesentliche Teile der Wertschöpfung nicht im Hasli blieben und bleiben, ist doch der wirtschaftliche Nutzen für dieses Tal von zentraler Bedeutung. Gute Arbeitsplätze (fast 50 der knapp 400 Einwohner von Guttannen arbeiten bei den Kraftwerken Oberhasli) sichern diesem Tal eine Existenz, die sich sonst kaum mehr aufrecht erhalten liesse. Auch aus der Sicht der Landschaftserhaltung haben sich die Anlagen integriert: Die Seenlandschaft, gebildet aus Gelmer- Grimsel- und Oberaarsee sind aus dem Bild dieser grossartigen Landschaft kaum mehr wegzudenken. Das Grimselgebiet ist Teil eines bundesrechtlich geschützten BLN-Objektes, und wesentliche Teile der Uferlandschaften wurden unter Naturschutz gestellt. Diese weitgehend friedliche Koexistenz zwischen Landschaftsschutz und Naturnutzung wurde aber durch weitere Ausbaupläne in den Achtzigerjahren nachhaltig erschüttert: Angetrieben durch die grosse Nachfrage nach Spitzenenergie, welche durch die Hochkonjunktur und die neuen, aber nur Bandenergie liefernden Atomkraftwerke im Unterland entstand, planten die Kraftwerke Oberhasli einen gigantischen Ausbau ihrer Anlagen. Kernstück dieses Projektes „Grimsel

Zimmermann- und Ingenieurkunst nebeneinander: Die Installationen in der Unterstation in Innertkirchen.

West" war der Bau einer neuen Staumauer im Bereich des Grimselsees. Der so entstehende Stausee hätte nicht nur die Speicherkapazität vervielfacht, sondern auch grosse Teile der geschützten Uferlandschaft mit dem einmaligen Arvenbestand und den unteren Teil des Unteraargletschers geflutet. Dies wurde aber von den Umweltverbänden und wesentlichen Teilen der Talbevölkerung nicht akzeptiert. Hauptkontrahent der Kraftwerke wurde der 1987 gegründete Grimselverein, der es verstand, diesen Ausbauplänen nachhaltigen Widerstand entgegenzusetzen. Während den nun folgenden Jahren zähen Ringens veränderte sich jedoch das wirtschaftliche Umfeld fundamental: Die lahmende Konjunktur und die Liberalisierung des europäischen Strommarktes führten dazu, dass sich die immensen Investitionen kaum mehr gerechnet hätten, und die hochgesteckten Ausbaupläne wurden schubladisiert. Sicher hat der Führungswechsel in der Chefetage des Stromerzeugers einiges zu diesem vernünftigen Rückzug beigetragen. Ganz sicher aber hat auch der Grimselverein einen grossen Verdienst an diesem Nullentscheid: Ohne seinen unerbittlichen Widerstand wäre Grimsel West heute Realität und die Investoren stünden höchstwahrscheinlich vor einem ernsthaften finanziellen Scherbenhaufen! – Eigentlich Grund genug, dem Grimselverein einen namhaften Check zukommen zu lassen… Ende gut – alles gut? Seitdem die neue Führung der Kraftwerke Oberhasli nicht mehr ausschliesslich in Megawattstunden denkt und auch den Bergtourismus nicht mehr behindert, sondern auch nachhaltige Tourismusprojekte unterstützt (wie etwa die Sanierung von Kletterrouten oder den Lehrpfad Parcours de Glacier), hat sich an der Grimsel in den letzten Jahren einiges geändert. Doch vollständig vom Tisch sind die Ausbaupläne für eine Erweiterung des Umwälzbetriebes an der Grimsel bei weitem nicht: Mit einem redimensionierten Projekt möchten die Betreiber der Kraftwerkanlagen die bestehenden Staumauern am Hospiz um 23 Meter erhöhen und anschliessend den Kraftwerkpark mit einem Spitzenleistungswerk zwischen Grimsel und Innertkirchen erweitern. Gefährdet wäre damit aber immer noch ein Teil des geschützten Arvenwaldes am hinteren Seeufer des Grimselsees, das gesamte junge und sehr dynamische Gletschervorfeld sowie der Abfluss der Aare bis zumindest in den Brienzersee, was den Grimselverein wiederum zu allerdings moderaterem Widerstand herausfordert.

Es liegt weder in der Absicht noch in der Kompetenz dieser Beitrages, diese neue Entwicklung zu gewichten. Konsequenter Naturschutz versus wirtschaftliche Entwicklung: Ein Konflikt, der auch in vielen anderen Regionen unserer Alpen immer wieder aufbricht und dessen Lösung nicht einfach ist.

Es bleibt zu hoffen, dass die Kontrahenten in dieser Sache nicht ausschliesslich in ihren fundamentalen Positionen erstarren: Vielleicht lassen sich ein paar Meter weniger Staumauerhöhe doch noch verhandeln und es entstünde ein vernünftiger helvetischer Kompromiss, der dieses Land, wie auch in vielen anderen Konflikten, schon vor manchen Irrwegen zu bewahren vermochte.

Die Seenlandschaft im Oberhasli mit (von links nach rechts) Oberaar-, Grimsel-, Räterichsboden- und Gelmersee.

Vom Berner Oberland ins Wallis

Grimselpass – Obergesteln

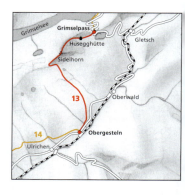

Der Grimselpass ist der östlichste Punkt der Berner Alpen und gleichzeitig der erste Übergang seit dem gut 50 Kilometer westlich davon gelegenen Lötschepass, der eine Überquerung des Hauptkamms der Berner Alpen ohne Steigeisen und Eispickel erlaubt. Historischer Zeuge dieser geographisch zentralen Lage ist der alte Saumpfad des Handelsweges, der den Norden über Grimselpass, Goms und Griespass mit Italien verband. Wie viele andere Alpenpässen auch, haben heute die modernen Verkehrswege andere Funktionen: Die heutige Strasse, als Teil des Dreiecks Grimsel-, Furka- und Sustenpass, führt in vielen Serpentinen gut ausgebaut über die steile Meiewang nach Gletsch und ist an schönen Tagen im Sommer für alle, die sich auf Rädern fortzubewegen pflegen, ein grosser Anziehungspunkt. Als Wanderer lässt man deshalb diesen Magneten des Tourismusverkehrs gerne rasch hinter sich. Es dauert denn auch nicht lange, bis im Aufstieg zum Sidelhorn der Lärm der Motorräder auf erträgliche Dezibelwerte gesunken ist. Immer besser werden dafür die Ausblicke auf die Eisströme der beiden Aaregletscher und die Gipfelwelt der östlichen Berner Alpen. Die Landschaft dieser Region war und ist zum Teil immer noch durch verschiedene Bauvorhaben in grosser Bedrängnis. Vor allem der geplante Vollausbau der Kraftwerkanlagen mit dem Projekt „Grimsel-West" hätte grosse Eingriffe nach sich gezogen. (Näheres dazu siehe Beitrag Natur und Technik ab Seite 152). Aber auch die Realisierung eines Bahnprojektes auf das Sidelhorn vom Goms her hätte erhebliche Konsequenzen für diese Gegend. Es bleibt zu hoffen, dass auch hier sowohl die ökonomische wie auch die ökologische Vernunft letztlich obsiegen wird.

T3	5 Std.	▲ 700 m	▼ 1520 m

Schwierigkeit T3
Die alpintechnischen Anforderungen konzentrieren sich auf den Schlussaufstieg zum Sidelhorn und den Abstieg bis zur Triebtenseelicke.

Vom Berner Oberland ins Wallis: Abstieg vom Sidelhorn

Zeit 5 Std.
Grimselpass – Sidelhorn 2 Std.
Sidelhorn – Triebtenseelicke ½ Std.
Triebtenseelicke – Rundsee 1 Std.
Rundsee – Obergesteln 1½ Std.

Höhenunterschiede Aufstieg 700 Hm, Abstieg 1520 Hm

Ausgangspunkt Grimselpass, 2164 m
Postautobetrieb von Juni – September [470.75].
Mehrere Gasthäuser, in der Regel mit der Passstrasse ab Mitte Juni bis Oktober geöffnet.
Hotel Alpenrösli: Tel. 027 973 12 91, Hotel Grimsel-Passhöhe: Tel. 033 973 11 37, Hotel Grimsel Blick: Tel. 027 973 11 77.

Talorte Meiringen, 595 m und Oberwald, 1368 m
Bahn- und Postautoverbindungen nach Interlaken [470, 470.75], Brig [610] oder über den Grimselpass [470.75]

Endpunkt Obergesteln, 1355 m
Ortschaft im Goms. Bahnstation der Furka–Oberalp-Bahn [610].
Unterkunft im Gasthaus Grimsel: Tel. 027 973 17 30 oder im Hotel Hubertus: Tel. 027 973 28 28.

Einfachster Abstieg ins Tal Nach Obergesteln, 1355 m
Vom Grimselpass direkt über den alten Saumweg.

Karten 1250 Ulrichen, 265T Nufenenpass

Die Route Vom Grimselpass (2164 m) ein kurzes Stück auf der Fahrstrasse Richtung Berghaus Oberaar bis zur Abzweigung des Bergweges (Wegweiser). Nun dem Weg Richtung Husegghütte folgen auf den Geländerücken bei der Hütte. (Diese ist geschlossen, nur auf spezielle Reservation für Lageranlässe zugänglich). Weiter über den Rücken an den Gipfelaufbau des Sidelhorns. Über den aus Blockwerk bestehenden Gratrücken steil hinauf zum Gipfel.
Im Abstieg zur Triebtenselicke folgt man dem breiten Rücken des Südwestgrate über Wegspuren und grosse Felsblöcke (Markierungen). Von der Triebtenseelicke zuerst nach Südosten, dann nach Süden zum kleinen Jostsee. Weiter nach Westen mit einem kleinen Gegenanstieg über Totbode in die Geländekammer südlich des Gr. Sidelhorns, in welche die beiden Seelein Lengsee und Rundsee eingebettet sind. Vom südlichen Ende des Rundsees nach Süden und über Bidmer hinunter zum Verbindungsweg, der direkt vom Grimselpass herkommt. Weiter diesem Weg entlang, zuerst durch die Lawinenverbauungen hindurch hinunter nach Obergesteln.

Variante Über den Nassbode, 2166 m

Vom Jostsee unterhalb der Triebtenseelicke nach Südosten hinunter zu den Alphütten von Nassbode. Von da dem markierten und ausgeschilderten Bergweg entlang hinunter nach Obergesteln oder Oberwald. Ca. 1 Std. kürzer als die Hauptroute.

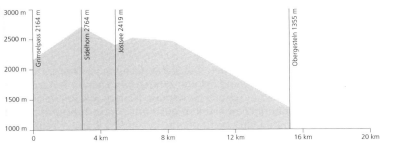

Vom Gommer Höhenweg zur Galmihornhütte

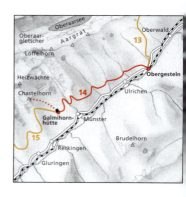

Obergesteln – Galmihornhütte

Nach der Vortagesetappe vom Grimselpass über das Sidelhorn befindet man sich nun für den restlichen Teil dieser grossen Rundtour um die Berner Alpen bis zum Sanetschpass auf Walliser Boden. Die Südabdachung des Aargrates, die das Goms im Norden begrenzt, ist von zahlreichen kleinen Seitentälern durchfurcht und durch ausgeprägte Kämme (Galen) mit teilweise sehr steilen und unzugänglichen Flanken getrennt. Diese Topographie ist deshalb auf den ersten Blick nicht gerade besonders wanderfreundlich. Wenn man jedoch die Landeskarte aufmerksam studiert, lassen sich durchaus einige lohnende Gipfelziele in diesem Gebirgszug zwischen dem Grossen Sidelhorn im Osten und dem Löffelhorn im Westen erkennen. Besonders zu erwähnen ist die Landschaft in der Nähe des Kammverlaufs: Eine „Wander Haute Route" durch diese Hochkarlandschaft mit den eingebetteten Seen wäre für versierte Alpinwanderer sicher ein besonderer Leckerbissen. Leider sind aber in dieser Gegend keine Unterkünfte und Stützpunkte vorhanden, so dass ein derartiges Unternehmen für eine Aufnahme in diesem Führer doch etwas zu ambitioniert erscheint. Für Entdeckungsreisen auf „eigene Faust" in dieser einmaligen Landschaft sei deshalb auf die Beschreibungen im Führer Berner Alpen Band 5, Kapitel Sidelhorngruppe, verwiesen. Doch nun zurück zur aktuellen Route: Diese folgt in wesentlichen Teilen dem bekannten Gommer Höhenweg, der über eine Länge von mehr als 23 Kilometern der rechten Talflanke entlang von Oberwald bis nach Bellwald führt.

T2	4 Std. 30 Min.	▲ 870 m	▼ 100 m

Schwierigkeit: T2

Im Aufstieg zum Chly Chastelhorn oberhalb der Galmihornhütte

Zeit 4¹/₂ Std.
Obergesteln – Geschinerbach 1¹/₂ Std.
Geschinerbach – Minstigerbach 1¹/₂ Std.
Minstigerbach – Galmihornhütte 1¹/₂ Std.

Höhenunterschiede Aufstieg 870 Hm, Abstieg ca. 100 Hm

Ausgangspunkt Obergesteln, 1355 m
Bahnverbindung nach Brig oder Andermatt [610].
Unterkunft im Gasthaus Grimsel: Tel. 027 973 17 30 oder im Hotel Hubertus,
Tel. 027 973 28 28.

Endpunkt Galmihornhütte, 2113m
Koord. 661 750 / 148 980.
Skiclub Münster. Bewartet von Juli bis Mitte September Übrige Zeit geschlossen. Tel. Hütte: 027 973 39 19. Auskunft Bacher Sport, 3985 Münster: Tel. 027 973 13 28.

Einfachster Abstieg ins Tal Ortschaften im Goms
Vom Gommer Höhenweg kann an verschiedenen Stellen zu den Talorten
Ulrichen, Geschinen oder Münster abgestiegen werden.

Karte 1250 Ulrichen, 265T Nufenenpass

Die Route Von Obergesteln ein kurzes Stück talauswärts der Strasse entlang
und dann dem ausgeschilderten Wanderweg folgen, der zum Oberbach und
zum Weiler Äbnete (1481 m) führt. Weiter nach Ober Gadme (1531 m), wo
man den Gommer Höhenweg, der von Oberwald her kommt, erreicht. Nun diesem gut markierten und ausgeschilderten Weg entlang talauswärts. Man durchquert dabei den untersten, tobelartigen Teil des Trützitales über die Brücke des
Geschinerbaches und geht weiter bis zum Minstigertal. Kurz nach der Brücke
über den Minstigerbach verlässt man den Höhenweg, der weiter talauswärts
führt, und folgt dem Bergweg, der durch die östliche Talflanke des Minstigertals
hinaufsteigt. Man gelangt so auf den Geländerücken bei P. 1913 zum Pfad,
der direkt von Münster her zur Galmihornhütte führt. Über diesen Weg zur
Hütte hinauf.

Gipfel Gross Chastelhorn, 2842 m oder Chly Chastelhorn, 2683 m
Für das Gross Chastelhorn geht man von der Galmihornhütte über den
Treichbode zum Sattel bei P. 2657. Von da über den Nordostgrat über Blöcke,
Geröll und Gras zum Gipfel. Dieser Gipfel kann auch von der Karmulde der
Öuchum her über den felsigen Nordwestgrat erreicht werden: Dazu steigt man
von P. 2657 etwas nach Norden ab (kleines Seelein bei P. 2693). Von da in süd-

vestlicher Richtung zum Nordwestgrat und über diesen zum höchsten Punkt. Schwierigkeit T4; zusätzlicher Zeitbedarf 4 – 5 Std.

Etwas einfacher und kürzer ist die Besteigung des Chly Chastelhorn: Dieser Gipfel kann vom kleinen Seelein bei P. 2528 oberhalb des Treichbode durch eine Geröllmulde von Osten her erreicht werden. T3; zusätzlicher Zeitbedarf: 2½ - 3½ Std.

Hinweis An sich lässt sich der Gommer Höhenweg auch in einem Tag bewältigen. Der Zeitbedarf von Oberwald bis nach Bellwald beträgt rund 9 Stunden, von Obergesteln aus ca. eine Stunde weniger. Es wäre jedoch schade, die schöne Landschaft des Obergoms nur raschen Schrittes hinter sich zu bringen. Unterteilt in zwei Etappen bleibt denn auch mehr Spielraum, diese Gegend etwas näher kennenzulernen.

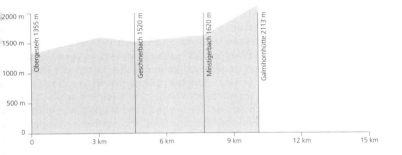

Über Galen und durch Täler nach Bellwald

Galmihornhütte – Bellwald

Bereits auf der Vortagesetappe hat man an den Kämmen zwischen den tief eingeschnittenen Tälern mehrmals Kunstbauten gesehen, die im Flachland vermutlich als futuristische Kunstwerke einzuordnen wären. Spätestens dann, wenn man nach der ersten Aufstiegsstunde auf dem Bächigalen in das tief eingeschnittene Bächital hinunterblickt, wird jedoch klar, dass es sich bei solchen Bauten um handfeste Wehrbauten handeln muss. Tatsächlich dienen diese Bauten dem Schutz der Täler vor der Lawinengefahr, gegen welche die Zivilisation im Goms schon seit Menschengedenken zu kämpfen hat. Gefährlich wird es vor allem dann, wenn nach längeren Staulagen grosse Neuschneemengen abgelagert werden. Wenn diese Schneemassen an den Hängen des hochgelegenen Aargrates losbrechen, können sich in den engen und steilen Seitentälern Lawinen entwickeln, die dann als grosse Talniedergänge bis in die besiedelten Gebiete vorstossen. So zerstörte im Winter 1969/70 eine solche Lawine am Talausgang des Bächitals bei Reckingen eine Militärunterkunft und forderte eine grosse Zahl von Todesopfern. Die seither entstandenen Bauten und Massnahmen erwiesen sich als durchaus wirkungsvoll: Im Februar 1999, als eine ähnliche Wetterlage diese Gegend mit noch weit grösseren Niederschlagsmengen heimsuchte und das Goms während Wochen von der Aussenwelt isolierte, entstanden zwar wiederum grosse Sachschäden. Die Bewohner jedoch blieben – bis auf ein Todesopfer – von den entfesselten Elementen verschont.

| T2 | 5 Std. | ▲ 450 m | ▼ 940 m |

Schwierigkeit T2

Beim Mittelsee am Weg zum Risihorn

Zeit 5 Std.
Galmihornhütte – Bächigalen 1 Std.
Bächigalen – Reckingerbach 1 Std.
Reckingerbach – Schwarze Brunne 2 Std.
Schwarze Brunne – Bellwald 1 Std.

Höhenunterschiede Aufstieg 450 Hm, Abstieg 940 Hm

Ausgangspunkt Galmihornhütte, 2113m
Koordinaten 661 750 / 148 980.
Skiclub Münster. Die Hütte ist bewartet von Juli bis Mitte September. Übrige
Zeit geschlossen. Tel. Hütte: 027 973 39 19. Auskunft Bacher Sport, 3985
Münster: Tel. 027 973 13 28.

Endpunkt Bellwald, 1559 m
Erreichbar mit der Luftseilbahn Fürgangen – Bellwald [2345]
Mehrere Gasthäuser und Hotels. Auskunft und Reservation: Verkehrsbüro
Bellwald Tel. 027 971 16 84.

Einfachster Abstieg ins Tal Ortschaften im Goms
Vom Gommer Höhenweg kann an verschiedenen Stellen zu den Talorten
Reckingen, Niederwald oder den dazwischen liegenden Ortschaften abgestie-
gen werden.

Karten 1250 Ulrichen, 1270 Binntal, 265T Nufenenpass

Die Route Von der Galmihornhütte in westlicher Richtung über den Treichbode
hinauf zur Kuppe des Bächigalen bei P. 2466. Südlich unterhalb dieser Kuppe
auf den Bergweg, die Werkstrasse mehrmals kreuzend und hinunter zur Brücke
über den Reckingerbach, wo man wieder den Gommer Höhenweg erreicht.
Man folgt diesem nun weiter, quert dabei das Bieligertal, den Hilperschbach
und den Wilerbach bis zur Brücke über den Bach des Schwarze Brunne. Nach
der Kapelle bei P. 1622 wird der Weg allmählich breiter und führt direkt auf den
breiten Geländerücken, der von Steibchriz hinunterzieht. Über diesen Rücken
auf dem Wanderweg hinunter nach Bellwald.

Variante Über das Steibechriz, 2454 m
Nach der Querung des Walibachs beim Talausgang des Bieligertals bei der Hütte
oberhalb P. 1688 den Gommer Höhenweg verlassen auf dem steilen Bergweg
durch den Selkingerwald hinauf zu den Hütten bei Hanspill (2049 m). Von da
weiter nach Norden über Bru und dann nach Westen hinauf zum kleinen Brusee
bei P. 2615. Nun in schöner Höhenwanderung zuerst nach Westen, dann nach
Südwesten zum Plateau der Bidmere, nördlich des Steibechriz (P. 2432.6). Von

da über den Wanderweg hinunter nach Bellwald. Zusätzlicher Zeitbedarf gegenüber der Hauptroute: 2½ – 3 Std. Für den Abstieg ab Steibechriz kann auch der Sessellift (2 Sektionen) nach Bellwald benützt werden.

Tourentipp Risihorn, 2875.5m
Gut erreichbarer Wandergipfel hoch über dem Fieschergletscher. Von Bellwald über den bezeichneten Bergweg zum Steibechrit, 2432.6 m (bis hierher auch mit dem Sessellift in 2 Sektionen ab Bellwald). Weiter über den breiten Rücken über Furggulti an den Gipfelaufschwung. Von da führt der Weg steil und exponiert zu einer kleinen Schulter im Ostgrat. Über diesen zum Gipfel (Kette). T3; 3½ – 4 Std. von Bellwald, 1½ Std. vom Steibechriz.
Bemerkung: Der Gipfelaufschwung kann auch direkt ab der Etappenvariante gewonnen werden: Auf ca. 2500 m, oberhalb des Mittelsees bei P. 2549, kann man über Wegspuren in westlicher Richtung direkt zur Gratschulter zwischen Furggulti und dem Gipfelaufschwung emporsteigen.

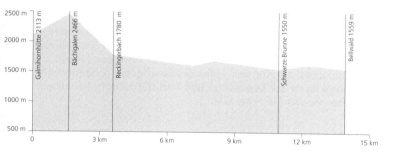

Vom Fieschergletscher zum Märjelesee

Bellwald – Märjele – Kühboden
(Fiescheralp)

Auf dieser Route begegnet man den beiden bedeutendsten Eisströmen, die aus dem Jungfraugebiet nach Süden fliessen. Der Fieschergletscher, auf dessen schuttbedeckte Zunge und seinen untersten Abbruch man von den Burgfelsen her gut Einblick nehmen kann, ist deutlich kürzer und schmaler, aber auch bedeutend wilder als sein westlicher Nachbar. Er ist in seinem unteren Teil nur im Frühling nach schneereichen Wintern mit den Skiern begehbar und erlaubt dann eine der eindrücklichsten Gletscherabfahrten in den Berner Alpen. Nach dem Aufstieg über die Märjelewang öffnet sich dann ein ganz anderer Blick auf den Aletschgletscher: Obwohl immer noch breit und mächtig, ist auch am Eisstrom des Grossen Aletschgletschers der Gletscherrückgang in den Alpen unübersehbar. Am auffälligsten ist dies am Märjelesee erkennbar, dessen westliches Ufer noch vor ein paar Jahren direkten Gletscherkontakt hatte und eines der häufigsten Kalenderbild-Sujets war. Heute ist dieser See zweigeteilt und der Hauptteil liegt um deutlich höher als das Gletscherufer.

T4	6 Std.	▲ 1050 m	▼ 400 m

Schwierigkeit T4
Benützt man den normalen Bergweg, der westlich der Felsen der Burg durch das Tälchen des Glingulwassers führt, kann diese Etappe mit T2 bewertet werden.

Zeit 6 Std.
Bellwald – Burghütte 2 Std.
Burghütte – Märjele 2 Std.
Märjele – Kühboden 2 Std.

Höhenunterschiede Aufstieg 1050 Hm, Abstieg 400 Hm

Der Eisstrom des Fieschergletschers, im Hintergrund das Oberaarhorn

Ausgangspunkt Bellwald, 1559 m
Erreichbar mit der Luftseilbahn Fürgangen – Bellwald [2345]
Mehrere Gasthäuser und Hotels. Auskunft und Reservation: Verkehrsbüro
Bellwald, Tel. 027 971 16 84.

Talort Fiesch, 1049 m
Tourismusort im Oberwallis. Station der Furka-Oberalp-Bahn [610].

Endpunkt Kühboden (Fiescheralp), 2212 m
Erreichbar mit der Luftseilbahn von Fiesch [2343]. Hotel Kühboden: Tel. 027
970 12 20, Hotel Eggishorn: Tel. 027 971 14 44.

Einfachster Abstieg ins Tal Nach Fieschertal, 1108 m
Von Unnerbärg (1313 m) dem Fahrsträsschen entlang und dem Talwanderweg
folgen nach Fieschertal und Fiesch.

Karten 1269 Aletschgletscher, 1270 Binntal, 264T Jungfrau, 265T Nufenenpass

Unterwegs einkehren Burghütte, ca. 1750 m, Gletscherstube Märjelen, ca.
2360 m
Burghütte: An den Felsen der Burg am südlichen Ufer des Fieschergletschers.
Bewartet von Juni – Oktober, Übernachtungsmöglichkeit. Auskunft Hubert
Volken, Fiesch, Tel. 027 971 11 82.
Gletscherstube Märjelen: Am westlichen Ende des kleinen Stausees auf Märjele.
Privathütte. Hüttenwart von Ende Juni bis Oktober. 34 Schlafplätze. Auskunft:
Herbert Volken, Fiesch, Tel. 027 971 14 88.

Die Route Von Bellwald dem Wanderweg entlang nach Egga. Nordwestlich der
Strassenkurve bei P. 1474 folgt man dem Weg über Biela zur Brücke über das
Wysswasser bei P. 1329. Von da direkt hinauf zum Weg, der von Fieschertal
her über Titter zur Burghütte führt. Man folgt diesem Pfad, an der Bergstation
der Werkluftseilbahn vorbei, bis zur Burghütte. Von hier aus führt eine nur wenig ausgeprägte Wegspur über den sehr schönen Geländerücken der Burg hinauf (blaue, vereinzelt auch weiss-blau-weisse Markierungen und Steinmänner)
und leitet etwas unterhalb von P. 1931 zum normalen Bergweg, der von
Fieschertal durch das Tälchen des Glingulwassers heraufkommt. (Auf der LK ist
auf diesem Streckenabschnitt ein Weg durch die Randfelsen der Burg oberhalb
des westlichen Gletscherufers des Fieschergletschers eingezeichnet. Dieser Weg
führt über eine einbetonierte Wasserleitung und ist sehr exponiert. Die vorhandenen Drahtseilsicherungen sind nicht zuverlässig, von einer Begehung
dieser Leitung ist abzuraten).
Von P. 1931 auf dem normalen Bergweg in allgemein südwestlicher Richtung
hinauf zu den Hütten auf Märjele. Weiter zum nördlichen Ufer des kleinen

Stausees, an dessen nordwestlichem Ende sich die Berghütte „Gletscherstube Märjelen" befindet. (Von hier aus lohnt sich ein kurzer Abstecher zur Platta, einem schönen Aussichtspunkt auf den Aletschgletscher). Von der Gletscherstube Märjelen führt der rascheste und bequemste Weg nach der Fiescheralp über einen Fahrweg und einen ca. 1100 m langen Stollen unter dem Tälligrat hindurch. Nach dem Stollen führt dieser Fahrweg an den Hütten von Obers Tälli und Salzgäb direkt zur Fiescheralp; ca. 1 Std. (Die Benützung der Bergwege über den Tälligrat bei P. 2610, oder in östlicher Richtung um den Tälligrat herum, dauern ca. 1 Std. länger, sind jedoch lohnender als der Weg durch den Tunnel).

Variante Über den Bettmergrat
Von der Gletscherstube Märjelen auf dem beschilderten und markierten Bergweg zum Märjelesee. Dieser Weg leitet weiter um den Nordwestgrat des Eggishorn herum und führt, hoch über dem Aletschgletscher gut 300 Hm ansteigend, zur Bergstation der Gondelbahn Bettmeralp – Bettmerhorn; ca. 1½ Std. von der Gletscherstube Märjelen. Von da über den Bergweg oder mit der Gondelbahn zur Bettmeralp.

Gipfel Eggishorn, 2926.7 m
Von P. 2612 im Tälligrat auf dem hier kreuzenden Weg nach Südwesten und bei P. 2625 steil empor zum Gipfel. Von da zur Fiescheralp mit der Luftseilbahn Fiescheralp – Eggishorn oder zu Fuss über den markierten Bergweg.

Hinweis Will man am nächsten Tag den Grossen Aletschgletscher traversieren (Etappe 17.1), ist der Ausgangspunkt Kühboden zu weit entfernt. Um gleichentags die Riederalp oder die Riederfurka zu erreichen, empfehlen sich folgende Möglichkeiten:
– Verbindungswanderweg Kühboden – Bettmeralp – Riederalp – Riederfurka; zusätzlicher Zeitbedarf: 2½ Std.
– Die in der Routenbeschreibung genannte Variante über den Bettmergrat und weiter zur Riederalp oder Riederfurka; zusätzlicher Zeitbedarf ca. 3 Std.

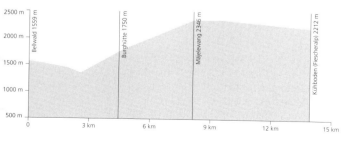

Bettmergrat – Riederfurka – Massa

Kühboden (Fiescheralp) – Belalp

Aletsch - UNESCO Weltnaturerbe! Diese Auszeichnung darf sich die Region am Rande des Aletschgletschers seit der Aufnahme im Jahre 2001 in die Welterbliste der Vereinigten Nationen mit berechtigtem Stolz auf die Fahnen schreiben. Tatsächlich kann dieses Gebiet mit aussergewöhnlichen Naturschönheiten aufwarten. Im Zentrum steht der Eisstrom des Grossen Aletschgletschers, der sich von den zentralen Berner·Alpen her als längster Gletscher der Alpen nach Süden erstreckt. So selbstverständlich war die erfolgreiche Kandidatur für die Aufnahme in diese prestigeträchtige Liste trotz aller Naturschönheit aber keineswegs. Massgebende Kreise haben die bevorstehende Auszeichnung als Hemmschuh für eine weitere extensive Entwicklung betrachtet. So etwa die Promotoren einer Seilbahn zwischen der Bettmeralp und der Belalp, ein Projekt, das gerade die im folgenden beschriebene Etappe wohl endgültig zum „Nonvaleur" hätte verkommen lassen. Solche Gedanken sind zurzeit glücklicherweise nicht mehr aktuell, und es bleibt die berechtigte Zuversicht, dass man auch hier vermehrt in die Werte eines nachhaltigen Tourismus investieren wird. Ein bisschen Anerkennung und Genugtuung wird auch dem bescheidenen Wanderer dieses Führers zuteil: Immerhin hat sie oder er es mit ein paar Tagesetappen geschafft, dieses einmalige Naturwunder der Alpen zu umwandern und nun von Süden her den Eisstrom des Aletschgletschers zu bewundern, der im Jungfraugebiet seinen Ursprung hat.

T2	7 Std.	▲ 960 m	▼ 1030 m

Schwierigkeit T2

Zeit 7 Std.
Kühboden – Bettmergrat 1 Std.
Bettmergrat – Riederfurka 3 Std.
Riederfurka – Massa (Staumauer Gibidumsee) 1 Std.
Massa – Hotel Belalp 2 Std.

Geschützte Landschaft im Aletschwald

Höhenunterschiede Aufstieg 960 Hm, Abstieg 1030 Hm

Ausgangspunkt Kühboden (Fiescheralp), 2212m
Erreichbar mit der Luftseilbahn von Fiesch [2343]. Hotel Kühboden: Tel. 027 970 12 20, Hotel Eggishorn: Tel. 027 971 14 44.

Talort Brig, 678 m
Zentrum des Oberwallis. Bahnverbindungen von Sion, Bern und Andermatt [100, 300, 610].

Endpunkt Belalp, 2094 m
Erreichbar auch von Brig und Blatten bei Naters [145.35, 2325]. Hotel Belalp (direkt am Aletschbord, ca. 30 Min. von der Seilbahnstation): Tel. 027 924 24 22, Hotel Aletschhorn (bei der Seilbahnstation): Tel. 027 923 29 80.

Einfachster Abstieg ins Tal Nach Blatten bei Naters, 1327 m
Von der Staumauer des Gibidumsees oberhalb der Massaschlucht dem Wanderweg entlang nach Blatten. Von hier aus Postautoverbindung nach Brig [145.35].

Karten 1269 Aletschgletscher, 264T Jungfrau

Unterwegs einkehren Riederfurka, 2065 m
Übernachtungsmöglichkeit in der Villa Cassel (Naturschutzzentrum): Tel. 027 928 62 20, oder im Hotel Riederfurka: Tel. 027 927 21 31.

Die Route Von Kühboden über Chiebodestafel dem Bergweg entlang auf den Bettmergrat. Von hier aus bietet das engmaschige Bergwegnetz verschiedene Möglichkeiten, die Riederfurka zu erreichen. Der rascheste Weg führt mehr oder weniger direkt über den breiten Geländerücken des Bettmergrates, der vom Eggishorn her über das Bettmerhorn bis zur Riederfurka verläuft. Es gibt hier auch weitere Möglichkeiten, diesen Gratrücken in seiner Nordwestflanke durch den Aletschwald bis zur Riederfurka zu verfolgen. Man beachte hierzu die lokale Beschilderung und Markierung. Von der Riederfurka folgt man dem Bergweg, der in südwestlicher Richtung zur Staumauer des Gibidumsees hinunterführt. Vor allem im obersten Teil von der Riederfurka bis zu P. 1912 bei Nessul ist ein gesunder Argwohn gegenüber verschiedenen älteren Wegmarkierungen und Wegschildern angebracht: Alle Hinweise „zum Gletscher" und „über den Gletscher zur Belalp" haben nur noch historische Bedeutung und führen früher oder später in eine Sackgasse! Wer wirklich den Aletschgletscher mit entsprechenden Vorkenntnissen und angemessener Ausrüstung traversieren will, orientiere sich an der unter Etappe 17.1 aufgeführten separaten Beschreibung! Nach einem Abstieg von 600 Hm erreicht man die

Staumauer des Gibidumsees. Will man nun per pedes das heutige Etappenziel ohne weitere Höhenmeterverluste erreichen, folgt man der hier beginnenden Werkstrasse bis zur Talstation der Materialtransportbahn der Massa Kraftwerke. Von da über das lokale Bergwanderwegnetz über Egga hinauf zur Belalp.

Variante Über Blatten bei Naters, 1327 m
Anstelle des Wiederanstiegs von gut 700 Hm zur Belalp kann man auch nach Blatten absteigen und dann die Luftseilbahn Blatten–Belalp benützen. Dies kann man auch über die zuvor beschriebene Werkstrasse tun. Der folgende Weg ist jedoch wesentlich interessanter: Statt die Staumauer des Gibidum Stausees zu überschreiten, steigt man weiter ab bis zu P. 1336 und stösst auch hier auf eine Strasse der Massa Kraftwerke. Man überquert auf dieser die Massa und folgt ihr weiter bis zur ersten Kurve. Von da führt ein neuer Bergweg (auf der LK Ausgabe 1993 noch nicht vorhanden) durch den schönen Bergwald der Blattnerschliecht direkt zur Talstation der Luftseilbahn Blatten – Belalp.

Gipfel Sparrhorn, 3020.9 m
Hervorragende Aussichtskanzel mit Blick auf Gipfelwelt und Gletscherströme des Aletschgebietes. Vom Hotel Belalp auf den bezeichneten Bergwegen zum Tyndall-Denkmal bei P. 2351. Weiter an den Fuss des breiten Rückens des Südgrates und über diesen zum Gipfel. T3, 2 – 2½ Std. vom Hotel Belalp.

Sehenswert Naturschutzzentrum Riederfurka
Das erste alpine Naturschutzzentrum der Schweiz. Geöffnet von Mitte Juni bis Mitte Oktober. Ausstellungen, Infothek und Zentrumsladen. www.pronatura.ch/aletsch.

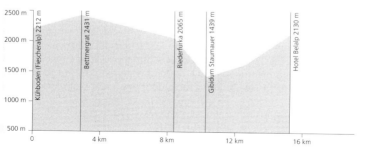

Traversierung Grosser Aletschgletscher

Aletschgletscher

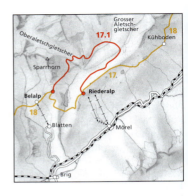

Das Streckenprofil dieser Traversierung scheint mit gut 600 Höhenmeter Auf- und Abstieg und einer Distanz von knapp 12 Kilometern auf eine Halbtageswanderung hinzudeuten. Doch dieser erste Eindruck trügt. Obwohl der Aletschgletscher als grösster Eisstrom der Alpen auf die aktuelle Erwärmung nur sehr träge reagiert, ist auch an ihm, wie wir es schon beim Märjelesee gesehen haben, der Gletscherrückgang augenfällig. Wie auch bei anderen Gletschern, wirkt sich dies vor allem an den Gletscherufern aus: Altbekannte Zugänge sind nicht mehr oder nur unter grossen Gefahren begehbar. Die Traversierung des Grossen Aletschgletscher ist jedoch auch heute noch ein sehr lohnendes Unterfangen in einer grossartigen Umgebung und eines der „Highlights" in diesem Führer. Wie die nachfolgende Routenbeschreibung zeigt, ist dazu aber ein gerütteltes Mass an hochalpiner Erfahrung erforderlich. Wer diese nicht hat, dem sei die Begleitung eines Bergführers empfohlen.

T5	6 – 6 Std. 30 Min.	▲ 690 m	▼ 620 m

Schwierigkeit T5
Die alpintechnischen Anforderungen konzentrieren sich auf die eigentliche Gletschertraversierung. Diese erfordert Gletschererfahrung und gutes Orientierungsvermögen. Auf dem Gletscher sollte angeseilt werden. Eispickel erforderlich. Steigeisen hingegen werden im Sommer bei aufgeweichter Eisoberfläche und defensiver Routenwahl in der Regel nicht benötigt.

Zeit 6 – 6$^1/_2$ Std.
Riederfurka – östliches Gletscherufer 1$^1/_2$ Std.
Gletschertraversierung 1 – 1$^1/_2$ Std.
Westliches Gletscherufer – Tällihitta 1 Std.
Tällihitta – südliche Moräne Oberaletschgletscher 1 Std.
Südliche Moräne Oberaletschgletscher – Hotel Belap 1$^1/_2$ Std.

Der Eisstrom des Aletschgletschers

Höhenunterschiede Aufstieg 690 Hm, Abstieg 620 Hm

Ausgangspunkt Riederfurka, 2065m
Erreichbar von der Riederalp [2330, 2331] in 30 Min. Von Kühboden
(Fiescheralp) in 2$\frac{1}{2}$ Std. Hotel Riederfurka: Tel. 027 927 21 31, Villa Cassel
(Naturschutzzentrum Riederfurka): 027 928 62 20.

Talort Brig, 678 m
Zentrum des Oberwallis. Bahnverbindungen von Sion, Bern und Andermatt
[100, 300, 610].

Endpunkt Belalp, 2094 m
Erreichbar auch von Blatten bei Naters [145.35, 2325]. Hotel Belalp (direkt am
Aletschbord): Tel. 027 924 24 22, Hotel Aletschhorn (bei der Seilbahnstation):
Tel. 027 923 29 80.

Karten 1269 Aletschgletscher, 264T Jungfrau

Die Route Von der Riederfurka folgt man dem weiss-rot-weiss markierten
Bergweg durch den Aletschwald bis zu P. 1944. Obwohl gut markiert und beschildert, erfordert bereits dieser erste Abschnitt bezüglich Orientierung Aufmerksamkeit: Im Aletschwald gibt es verschiedene Wege und alte Hinweis-
schilder mit der Aufschrift „zum Gletscher" oder „zur Belalp". Diese haben
jedoch nur noch historische Bedeutung und führen in eine Sackgasse, da das
westliche Gletscherufer im Bereich der untersten Gletscherzunge wegen der
steilen und gefährlichen Moränen nicht mehr begehbar ist! Bei P. 1944 verlässt
man den markierten Bergweg und folgt dem auf der LK eingezeichneten Pfad,
der über P. 2051 und P. 2029 auf die östliche Seitenmoräne des Gletschers führt
(Steinmänner). Von da auf Wegspuren hinunter auf den Gletscher, den man auf
ca. 1900 m bei Koord. 646 700 / 139 350 (Stand Sommer 2002) betritt. Man
überschreitet nun den Gletscher in einem grossen Bogen, nach Norden ausholend, zum westlichen Gletscherufer auf ca. 1880 m, ca. 300 Wegmeter südwestlich des grossen Baches, der von Ze Bächu her hinunterfliesst. Bei ge-
schickter Routenwahl lassen sich die Spaltenzonen in der Nähe der
Gletscherufer gut umgehen. Vorsicht erfordert zumeist die westlichere der beiden Mittelmoränen. Man tut gut daran, diese möglichst weit nach Norden zu
umgehen, bis sie sich verliert. Vom westlichen Gletscherufer auf Wegspuren
(Steinmänner) steil hinauf und in südwestlicher Richtung zu P. 1952, wo man
auf den in der LK eingezeichneten Pfad trifft, der zur Tällihitta führt. Diesem
Pfad entlang (alte, rote Markierungen) zur Tällihitta und weiter steil hinauf auf
die nördliche, alte Seitenmoräne des Oberaletschgletschers auf ca. 2200 m.
Dem guten Weg entlang hinunter zur Brücke über den Bach und auf der
Gegenseite zur südlichen Seitenmoräne. Weiter dem teilweise nur schwach aus-

geprägten Weg entlang (ältere rot-weiss-rote Markierungen bis zum Weg, der von der Belalp her zur Oberaletschhütte führt. Über diesen nach Süden zum Hotel Belalp.

Hinweise Diese Routenbeschreibung gilt sinngemäss auch für die Gletschertraversierung in der Gegenrichtung von der Belalp zur Riederalp. Recht verwirrlich sind jedoch auch hier Beschilderung und Markierung: Bei der Bergstation der Luftseilbahn Blatten–Belalp suggeriert der mit einer weiss-blau-weissen Markierung versehene Wegweiser „zur Riederfurka", dass die Gletschertraversierung als alpine Route markiert ist. Dies ist jedoch nicht der Fall (Stand Sommer 2002). Bei P. 1952 oberhalb des westlichen Gletscherufers führen schwach ausgeprägte Pfadspuren mit alten, roten Markierungen direkt Richtung Gletscher. Dieser Zugang ist jedoch wegen der steilen und gefährlichen Moränen nicht mehr begehbar. Der aktuelle Zugang zum Gletscher befindet sich ca. 200 m weiter nördlich (Pfadspuren, ohne Markierung).

Kontaktadressen für die Bergführervermittlung: Alpincenter Riederalp, Tel. 027 927 24 07, Alpincenter Belalp, Tel. 027 923 73 13.

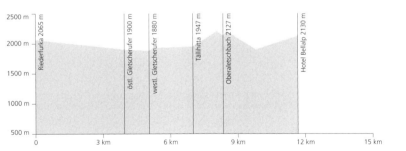

Weit- und Tiefblick vom Bälgrat

Belalp – Mund

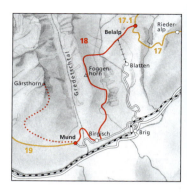

Das tief eingeschnittene Gredetschtal, das sich vom Fusse des Nesthorns mit mehr als tausend Metern hohen Flanken in gerader Linie über eine Länge von fast zehn Kilometern nach Süden erstreckt, ist eine ultimative Barriere, die jeden Gedanken an eine Traversierung bereits beim Kartenstudium im Keim ersticken lässt. Der einzig mögliche Weg, um von der Belalp aus weiter westwärts voranzukommen, führt über das Plateau der Alp Nessel hinunter zum Talausgang bei der Geländeterrasse zwischen den Dörfern Birgisch und Mund. Als lohnende Erweiterung bietet sich die Besteigung des Foggenhorn an. Schon wenige Minuten nach der Bergstation der Luftseilbahn Blatten – Belalp, ist man im Aufstieg zum Bälgrat weitab des viel begangenen Weges und kann die folgende Panoramawanderung über diesen Gratrücken bis zum Foggenhorn und zur Alp Nessel in aller Ruhe geniessen.

T2	5 – 5 Std. 30 Min.	▲ 650 m	▼ 1550 m

Schwierigkeit T2

Zeit 5 – 5½ Std.
Belalp – Foggenhorn 1½ – 2 Std.
Foggenhorn – Nessel 1 Std.
Nessel – Mund 2½ Std.

Höhenunterschiede Aufstieg 650 Hm, Abstieg 1550 Hm

Ausgangspunkt Belalp, 2094 m
Erreichbar mit der Luftseilbahn von Blatten bei Naters [145.35, 2325]. Hotel Belalp (direkt am Aletschbord): Tel. 027 924 24 22, Hotel Aletschhorn (bei der Bergstation der Seilbahn): Tel. 027 923 29 80.

Kappelle bei Nessel

Talort Brig, 678 m
Zentrum des Oberwallis. Bahnverbindungen von Sion, Bern und Andermatt
[100, 300, 610].

Endpunkte Mund, 1167 m oder Salwald, 1590 m
Mund: Postautoverbindung von Brig [145.25]. Gasthaus Jägerheim: Tel. 027
923 46 63, Restaurant Salwald (Touristenlager): Geöffnet von Ostern bis Ende
Oktober: Tel. 027 923 98 95 oder 027 923 08 12. Letzteres hat keine öV
Anbindung, ca. 1 Std. oberhalb Mund am Fahrsträsschen von Mund nach
Chastler gelegen. Personentransport ab Mund auf Anfrage beim Restaurant.

Bemerkung: Wählt man für die nächste Etappe den Weg zur Baltschiederklause
(19.1) oder den Klettersteig Wiwanni zur Wiwannihütte (19.2), so ist Mund als
Ausgangspunkt zeitlich etwas weit entfernt. Es empfiehlt sich deshalb, im
Restaurant Salwald zu logieren oder für den nächsten Morgen eine
Fahrgelegenheit nach Chastler zu organisieren.

Einfachster Abstieg ins Tal Nach Birgisch, 1093 m
Ohne Besteigung des Foggenhorns von der Belalp auf dem Bergweg nach
Nessel. Weiter wie auf der Hauptroute nach Oberbirgisch. Von da, statt nach
Mund in 10 Min. nach Birgisch, 3½ Std. von Belalp. Von Birgisch
Postautoverbindung nach Brig oder Mund [145.25].

Karten 1269 Aletschgletscher, 1289 Brig, 264T Jungfrau, 274T Visp

Die Route Vom Hotel Belalp folgt man dem Fahrweg in knapp 30 Min. bis zur
Bergstation der Luftseilbahn Blatten – Belalp. Von da weiter dem Fahrweg entlang, der zur Siedlung Bäll führt, bis zum Hotel Belgrat (zur Zeit im Sommer geschlossen, Stand Sommer 2002). Der Weiterweg zum Bälgrat ist nun, zumindest für einen offiziellen Bergwanderweg der eher einfachen Kategorie, nicht
gerade üppig markiert und beschildert, und man tut gut daran, die Karte zu
Beginn nicht zu tief im Rucksack zu versorgen: Vom Hotel Belgrat zur Talstation
des kleinen Skilifts und weiter in westlicher Richtung zur Brücke (2010 m) über
den Chelchbach. Nun dem Pfad entlang, der steil zum Galibode bei P. 2331 hinaufführt. Von da in südwestlicher Richtung hinauf zum Bälgrat, den man bei P.
2580 erreicht. Man folgt nun dem Gratrücken über die Einsenkung bei P. 2494
und weiter, gelegentlich etwas in die Ostflanke ausweichend, bis zum Gipfel
des Foggenhorn (2569 m). Vom Gipfel etwas nach Süden zum Beginn des
breiten Rückens des Innre Mattgrat bei P. 2427. (Etwas südlich davon ist ein
schönes Hochplateau mit einer kleinen Bergseelandschaft eingelagert). Nördlich
von P. 2427 wendet sich der Pfad nach Osten und führt dann in südöstlicher
Richtung der Ostflanke des Birgischgrates entlang zum Bachlauf der Nessjeri,
wo man den Bergweg erreicht, der direkt von der Belalp herüberführt. Über

diesen erreicht man in einigen Min. die Alpsiedlung Nessel (2010 m). Von hier aus lohnt sich ein kleiner Abstecher bis an den Rand des Hohgibirg, das hier mit einer mächtigen Steilwand nach Osten abbricht. Von Nessel führt der Bergweg über lichten Wald und Alpweiden zu den Alphütten von Chittumatte (1660 m). Weiter durch den Birgischwald hinunter zu den Häusern von Oberbirgisch. Von da auf dem breiten Weg nach Norden zum Taleingang des Gredetschtales, bei der Brücke über den Mundbach (Mundchi auf der LK) und weiter auf dem Weg, der vom Gredetschtal her kommt, nach Mund.

Variante Den Bissen entlang in das Gredetschtal
Unmittelbar beim Verlassen des Birgischwaldes bei ca. 1260 m dem Wasserlauf der Oberschta (ohne Namen auf der LK) taleinwärts folgen bis zur Brücke über den Mundbach bei P. 1344 (Üssers Senntum). Über die Brücke und auf der Westseite des Mundbaches weiter talein, bis man auf ca. 1540 m die Wyssa, die oberste Wasserleite (auf deutsch Suone, oder geläufiger, mit dem französischen Ausdruck Bisse) im Gredetschtal erreicht. Nun diesem Wasserlauf folgend wieder talauswärts. Vor dem Talausgang führt diese Leite teilweise sehr exponiert den Felsen entlang. Wer nicht ganz trittsicher ist, kann für dieses Stück auch den vor einigen Jahren erbauten Stollen benützen (beleuchtet). Nach dem Talausgang entweder nach Mund hinunter oder über Roosse nach Salwald. T3, ca. 1½ Std. länger als die Hauptroute.

Gipfel Gärsthorn Südgipfel, 2926.8 m
Hervorragender Aussichtspunkt. Von Chastler (1606 m, Endpunkt des Fahrsträsschens von Mund) auf dem Bergweg zur Alp Brischeru (2057 m). Weiter auf Pfadspuren über die Gras- und Geröllhänge der Rossmatte und Gärsthalte empor (spärliche Markierungen) an den Südgrat des Gipfelaufschwungs. Über diesen zum Gipfel. T4; 5½ Std. von Mund, von Chastler 4½ Std.

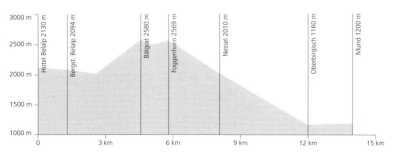

Die Wasserleiten im Wallis

Lukas Högl

Werke wie die Wasserleiten des Wallis finden sich in allen trockeneren Gebieten des Alpenbogens von Savoyen bis Tirol. Sie sind weltweit Bestandteil intensiver Landwirtschaft. Auf der Südabdachung der Berner Alpen im Kanton Wallis wird man als Wanderer derartigen Anlagen immer wieder begegnen, sie oft sogar über Täler hinweg als Linien üppigen Grüns erkennen. Diese zum Teil sehr alten Bauwerke, auf deutsch „Suonen" genannt, aber in der Schweiz geläufiger unter der französischen Bezeichnung „bisses", dienen auf einigen Abschnitten der in diesem Führer beschriebenen Routen zwischen Belalp (Etappe 18) und Cab. des Audannes (Etappe 23) als begehbares Wegtrassee. Die manchmal auf längeren Strecken ausgesprengten und durch zahlreiche Stollen geführten Wasserleitungen sind Teile des im Wallis sehr ausgedehnten und weitverzweigten Systems zur Bewässerung von Wiesen und Weiden, Äckern und Weinbergen, deren Ernteerträge dadurch gesteigert und gesichert werden.

Ihr Bau förderte die Umstellung von der Getreide- auf die einträglichere Graswirtschaft und war ein wichtiges Mittel der inneren Kolonisation im Wallis, deren geschichtliches Gegenstück die spätmittelalterliche Aussiedlung der Walser Kolonisten in heute italienische, süd- und ostschweizerische und österreichische Gebiete ist.

Die Anfänge des Bewässerungswesens in der Schweiz sind kaum erforscht. Es ist aber glaubhaft, dass bereits in vorrömischer und römischer Zeit bewässert wurde. Der Bau der ersten grossen Wasserleitungen im Wallis wird allgemein im 12. und 13. Jahrhundert angesetzt. Die älteste Oberwalliser Urkunde, die von Wasserrechten, das heisst indirekt von einer Wasserleitung spricht, ist ein Kaufvertrag von 1245 aus der Gegend von Mörel. Der Bisse du Roh (Icogne/Lens) und der Bisse de la Taillaz (Ayent/Arbaz) gehen auf die Jahre um 1300 zurück. Vier der Wasserleiten aus dem Baltschiedertal sind in Urkunden des 14. Jahrhunderts erwähnt: 1312 geht es um den Bau der „Laldneri", 1377 wird von der „Wingartneri" gesprochen. Im selben Jahr wird die „Undra" als neu bezeichnet, und 1381 erteilen im ältesten Dokument des Baltschieder Gemeindearchivs die Geteilen der Alp im Baltschiedertal die Erlaubnis zum Bau des „Niwärch". Im Lauf der Zeit kamen hier wie andernorts auch immer weitere Anlagen hinzu, bis ab den 1920er Jahren der 14. Kanal das Wasser des Baltschiederbachs für etwa zwei Jahrzehnte in das Kraftwerk der Gemeinden Baltschieder, Ausserberg, Eggerberg und Lalden leitete.

In weiten Teilen des Wallis ist die Dichte des Kanalnetzes ebenso bemerkenswert wie die Länge der Wasserfuhren und die Kühnheit mancher Strecken. 1908 wurden im ganzen Kanton

206 in Betrieb stehende Anlagen gezählt mit der enormen Gesamtlänge der Kanäle von 1750 km und einer bewässerten Fläche von rund 200 km^2.

Im heutigen Zeitalter der Technik und der Automatisierung kann kaum ermessen werden, welcher Aufwand nötig war, um mit den einfachen gegebenen Hilfsmitteln diese Werke zu erbauen, und noch weniger die unendlich sich wiederholende Arbeit, die es brauchte für deren Betrieb, Unterhalt und Reparatur. Träger waren in der Regel Geteilschaften (Genossenschaften), deren Mitglieder sich in Aufwand und Nutzen teilten und alle Beschlüsse gemeinsam fassten. Die genau festgelegten Anteile hingen am bewässerten Boden und berechtigten zur Nutzung des Wassers nach bestimmter Kehrordnung während einer der Anteilgrösse entsprechenden Zeitdauer. Der Anteil an Rechten und Pflichten jedes Geteilen war auf Kerbhölzer, den sogenannten Tesseln, eingeschnitten.

Die Walliser Wasserleiten sind also das Werk genossenschaftlich organisierter Privatinitiative. Damit war notwendig der Sinn für demokratische Zusammenarbeit im Innern der Geteilschaft, aber auch eine gewisse Eigenbrötelei gegen aussen verbunden. Letztere ist wohl, neben tech-

Die Wasserleite der „Gorperi" vom Baltschiedertal nach Eggerberg. Dank aufwändiger Restaurationsarbeiten ist diese und einige weitere dieser Bauwerke heute weitgehend erwanderbar.

nischen Gründen, für die häufige Erscheinung verantwortlich, dass in geringem Abstand übereinander mehrere Kanäle auch durch schwierigstes Felsgelände gebaut sind.

Jede wichtigere Wasserleitung beginnt mit der Fassung an einem Gewässer, das auch bei som-
merlicher Trockenheit und Hitze genügend Wasser führt, also meistens an einem Gletscher-
bach. Es folgen zur Regulierung der Wassermenge ein oder mehrere Ueberläufe und nötigenfalls ein Sandkasten, wo sich Geschiebe setzt, das den Kanal verstopfen könnte. Die
feineren Schlammanteile hingegen sind höchst willkommen und müssen mitgeführt werden.
Sie dichten einerseits selbständig das Bett des Kanals und kleinere Undichtigkeiten ab und
düngen andererseits den bewässerten Boden. Sodann sind seitliche Schieber am Anfang und
oft auch unterwegs in Abständen eingebaut, um den Wasserfluss rasch und einfach unter-
brechen zu können. Sie sind äusserst wichtig, weil das bei den häufigen Schäden am Kanal
ausbrechende Wasser an tiefer liegenden Leitungen oder am Kulturland verheerende Schäden
anrichten kann, für welche die Geteilen aufkommen müssen. Nach der eigentlichen
Kanalstrecke, die sich bis zu 15 km hinzieht, erreicht das Wasser sein Ziel. Dort wird es entweder durch Seitenkanäle oder direkt aus dem Hauptkanal mittels Stauung und Überlauf-
gräblein vom Geteilen, der nach der Kehrordnung an der Reihe ist, auf sein Grundstück geleitet.

Während Unterhalt und Reparaturen der Leitung von den Geteilen selber ausgeführt werden
konnten, mussten wohl mindestens die technisch anspruchsvollen Teile des Neubaus an erfahrene Baumeister vergeben werden. Vom Bau des „Torrent Neuf" aus dem Tal der Morge
nach Savièse kennen wir tatsächlich einen Werkvertrag aus dem Jahr 1430.

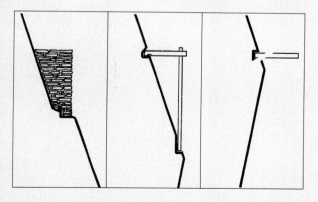

**Drei Schwierigkeitsstufen für das Bauen im Felsgelände mit Mauerwerk,
mit der hölzernen Stützenkonstruktion und mit dem Kragbalken (sche-
matische Schnitte).**

Relikte des alten Bisse d'Ayent. Das Wasser fliesst heute durch einen Tunnel.

Beim damaligen Stand der Technik stellten sich enorme Probleme, wenn man einen neuen Kanal durch die Felswände bauen wollte, welche wie im Gebiet dieses Führers viele der Walliser Seitentäler von den Sonnenhängen des Haupttals trennen. Wir wissen recht wenig darüber, wie sie gelöst wurden, weil schriftliche Mitteilungen fehlen und die Bauten bisher nie eingehend daraufhin untersucht worden sind. Man war, anders als beim Suchen einer Kletterroute, durch die Vorgabe eines genügenden, aber doch ruhigen Wasserflusses im Gefälle an einen sehr engen Rahmen gebunden. Auf welche Weise der kilometerlange Gesamtverlauf eines Kanals in unzugänglichem Gelände ohne Vermessung im heutigen Sinn optimiert wurde, wissen wir nicht. Jedenfalls ist hier eine der grossen Leistungen früherer Bautechnik zu sehen.

Für die Überwindung von Felshindernissen stand die Sprengtechnik erst ab Mitte/Ende des 17. Jahrhunderts zur Verfügung, und grössere eiserne Bauteile waren lange Zeit unerschwinglich. Mit dem Werkstoff Holz wurde im Wallis allerdings Erstaunliches geleistet: Mauerwerk benötigt durchgehende Auflageflächen, und eine herkömmliche hölzerne Stützenkonstruktion braucht wenigstens zwei Auflagepunkte für jedes Joch. Beides setzt demnach eine von unten nach oben genügend zurückweichende Felsoberfläche voraus. Wo man gezwungen war, Passagen durch senkrechte oder gar überhängende Wände zu finden, brauchte es eine andere Lösung. Die mittelalterlichen Walliser fanden sie im Kragbalken. Sie setzten in ausgemeisselte Löcher waagrechte Balken ein, welche den Kännel trugen oder an

welchen hängende Kännelträger befestigt wurden. Der Kanal konnte damit an beliebiger Stelle jeder Felswand durchgeführt werden.

Besonders bei der ausgereiften Form des Kragbalkens mit kurzem, eingekeiltem Kopf werden die Möglichkeiten des Materials Holz bis zum Äussersten ausgenützt: Man stelle sich die Kräfte vor, die in dem eingespannten Balkenkopf wirken, wenn sich am Kragarm die Gewichte des Kännels, des darin fliessenden Wassers und der den Kanal begehenden Personen addieren. Diese Konstruktion wurde im Wallis tausendfach angewendet, hielt sich über Jahrhuderte und wurde, in beschränktem

Die ursprüngliche Holzbautechnik am Mundstein im Gredetschtal.

Mass, auch in andere Gegenden gebracht. Sie ist zweifellos einer der Höhepunkte traditioneller Holzbautechnik. Zerfallende Reste solcher Konstruktionen finden sich unter anderem am aufgegebenen Torrent Neuf de Savièse, am Bisse d'Ayent, an der „Wyssa" im Gredetschtal, und am Mundstein hängt noch eine Suon in alten Trägern.

Die einmal fertiggestellten Wasserleiten erforderten einen dauernden Unterhalt. Die meisten waren im Winter stillgelegt und wurden im Frühling gereinigt und ausgebessert. In den hängenden Strecken wurden alle Teile kontrolliert und nötigenfalls ausgewechselt, gelockerte Verkeilungen fixiert, die Fugen der Kännel abgedichtet. Daneben gab es ständig kleinere und grössere Instandstellungsarbeiten während des Betriebs. Besonders in Rutschhängen, Runsen, Steinschlagzonen und morschen Felspartien wurden die Leitungen immer wieder beschädigt und unterbrochen und mussten unter oft sehr gefährlichen Umständen repariert werden. Diese Arbeiten, insbesondere der Ersatz zerstörter Kännel, der „Chänilzug" sind legendär. Wenn auch die geschichtliche Wirklichkeit durch die Überlieferung in manchen Punkten dramatisch überzeichnet ist, so steht doch fest, dass tödliche Unfälle immer wieder vorkamen. So wird 1311 von 12 Männern berichtet, die am „Chänilwasser" den Tod fanden. Von einem der verwegensten Bisses, dem Torrent Neuf de Savièse heisst es andererseits, dass sich auf ihm während der vier Jahrhunderte seines Bestehens ein einziger tödlicher Unfall ereignet habe.

Heute sind die exponierten Abschnitte vieler grosser Wasserleiten durch lange Stollen ersetzt, die etwa ab dem ersten Weltkrieg mit Zuschüssen von Kanton und Bund erstellt wurden. Diese grundlegende Verbesserung der Anlagen ist der bisher letzte von vielen Schritten, welche fast überall im Laufe der Jahrhunderte unternommen wurden, um den Unterhalt zu vereinfachen und die Sicherheit der Wasserversorgung zu erhöhen. Man findet deshalb entlang der heutigen Kanaltrassees häufig Spuren oder ganze Strecken von Vorgängerbauten in Form von Mauerresten, von ausgesprengten oder ausgehauenen Rinnen, von Verankerungslöchern oder gar von hölzernen Teilen. In neuester Zeit wurden, als eindrückliche Erinnerungsstücke an eine vergangene und bewunderungswürdige Bautradition, mehrere hölzerne Kanalabschnitte rekonstruiert.

Literaturauswahl:
Ignace Mari,tan: Heilige Wasser (Schweizer Heimatbücher 21/22). Bern 1948.
Maurus Schmid: Wasser. Kostbares Nass. Die Wasserleitungen an den „Sonnigen Halden" Joli, Bietsch, Baltschieder- und Gredetschtal. Visp 1994.
Les Bisses. Actes du colloque international sur les bisses, Sion, 15–18 septembre 1994 (Annales Valaisannes 1995).

Honegga – Erl – Baltschiedertal

Mund – Ausserberg

Die erste Teilstrecke dieser Etappe führt zunächst durch eine idyllische Terrassenlandschaft, die auch heute noch stark von der Berglandwirtschaft geprägt wird. Viele Betriebe werden allerdings nur noch im Nebenerwerb unterhalten und geführt. Diese Entwicklung hat gerade im Wallis, an den sonnigen Halden über dem Rhonetal, früher eingesetzt als anderswo. Einerseits waren und sind die landwirtschaftlichen Erträge trotz der künstlichen Bewässerung in dieser trockenen Gegend wesentlich geringer als an der niederschlagsreicheren Nordabdachung der Berner Alpen. Andererseits war es hier, durch die Nähe von Arbeitsplätzen in den grösseren Industriebetrieben im Talboden des Rhonetals, auch eher möglich, einem Zusatzerwerb nachzugehen. Heute werden viele Landwirtschaftsbetriebe vor allem durch die Schafzucht am Leben erhalten, und es dürfte kaum einen Teilzeitbauern in dieser Gegend geben, der nicht einige Schwarznasenschafe sein Eigen nennt. Nach der Alpsiedlung Chastler und dem Aufstieg durch den Bergwald nach Honegga befindet man sich unmittelbar in einer ganz anderen Landschaft: Ein eindrücklicher Tiefblick auf den gut tausend Meter tiefer liegenden Talausgang des Baltschiedertals und ein phantastischer Blick auf das Bietschhorn prägen nun die Szenerie. Nach einer schönen Höhenwanderung bis zur Alpsiedlung Erl und einem steilen Abstieg bis in das Baltschiedertal folgt man am Schluss den Wasserleiten, die nach Ausserberg führen.

T3	5 – 5 Std. 30 Min.	▲ 800 m	▼ 1000 m

Schwierigkeit T3

Zeit 5 – 5½ Std.
Mund – Chastler 1 – 1½ Std.
Chastler – Honegga 1 Std.
Honegga – Ze Steinu 1½ Std.
Ze Steinu – Ausserberg 1½ Std.

Die Alpsiedlung Erl hoch über dem Baltschiedertal

Höhenunterschiede Aufstieg 800 Hm, Abstieg 1000 Hm

Ausgangspunkt Mund, 1167 m
Postautoverbindung von Brig [145.25]. Gasthaus Jägerheim in Mund: Tel. 027
923 46 63, Touristenlager bei Otto Schnydrig: Tel. 027 923 98 55. Restaurant
Salwald ca. 1590 m, ca. 1 Std. oberhalb Mund bei der Siedlung Salwald
(Touristenlager), geöffnet von Ostern bis Ende Oktober. Tel. 027 923 98 95 oder
027 923 08 12. Keine öV-Anbindung. Personentransport von Mund auf
Anfrage beim Restaurant Salwald.

Talort Brig, 678 m
Zentrum des Oberwallis. Bahnverbindungen von Sion, Bern und Andermatt
[100, 300, 610].

Endpunkt Ausserberg, 1008m
Ortschaft an der Bahnlinie der Lötschbergbahn [300], Postauto von Visp
[140.15]. Unterkunft im Hotel Bahnhof: Tel. 027 946 22 59 oder im Hotel
Sonnenhalde: Tel. 027 946 25 83.

Einfachster Abstieg ins Tal Von Chastler über die Siedlung Finnu nach
Eggerberg zur Bahnstation der Lötschbergbahn [300].

Karten 1288 Raron, 1289 Brig

Die Route Von Mund folgt man dem Wanderweg über Salwald nach Chastler
(von Mund her auch auf einem Fahrsträsschen erreichbar). Weiter auf dem breiten Weg nach Honegga (1930 m, Kapelle, hervorragende Aussicht auf das
Bietschhorn). Nun auf dem schmaleren Bergweg, mehrere Bachläufe querend,
zu den Alphütten von Honalpa (1992 m). Von hier steigt man auf den Pfad,
der nach Erl führt, ca. 80 Hm westwärts ab (die Markierung und Beschilderung
ist hier zu Beginn eher rudimentär, und der Pfad ist bei hohem Vegetationsstand
nicht optimal erkennbar) und folgt diesen durch ein Waldstück und über den
Furggbach bis nach Erl (1789 m). Nun steil hinunter in das Baltschiedertal, dessen Talgrund man bei den Alphütten bei Ze Steinu (1287 m) erreicht. Nach der
Brücke über den Baltschiederbach folgt man auf der Westseite des Tales dem
Weg, der dem Wasserlauf des Niwärchs entlang führt. Bei P. 1291 gibt es für
den Weiterweg zwei Möglichkeiten: Man folgt entweder dem Weg durch den
ca. 1500 m langen Wasserstollen (Taschenlampe notwendig, Stolleneingang etwas unterhalb des Wasserlaufes), oder man folgt dem Wasserlauf des Niwärchs
weiter bis zum Talausgang des Baltschiedertales, bis zur Spitzkehre des
Fahrsträsschens, das von Ausserberg heraufführt (P. 1264). Die zweite
Möglichkeit ist wesentlich interessanter. Vor allem im letzten Abschnitt führt
dieser Weg sehr eindrücklich und teilweise exponiert der Wasserleitung des

Niwärchs entlang. Von P. 1264 weiter dem Wasserlauf entlang über Niwärch (1189 m) nach Ausserberg.

Variante Von Ze Steinu im Baltschiedertal auf dem unteren Weg auf der Westseite des Baltschiedertals entlang. Dieser mündet etwas westlich oberhalb der Brücke bei P. 916 in den Höhenweg der Südrampe Hohtenn – Eggerberg.

Hinweis Sowohl die ursprüngliche Anlage des Niwärch als auch der heutige Stollen sind dem Fussgänger zugänglich. Trittsicheren Berggängern sei vor allem der Weg aussen herum, dem Niwärch entlang, empfohlen: Was damals vor mehr als sechshundert Jahren, praktisch ohne technische Hilfsmittel erbaut wurde, dem gebührt auch heute noch grösster Respekt. (Näheres zu diesem Thema siehe im Beitrag ab Seite 186).

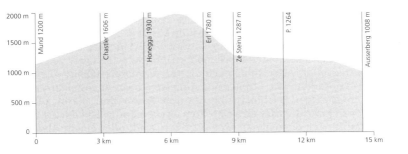

Langer Weg im Baltschiedertal

Baltschiederklause

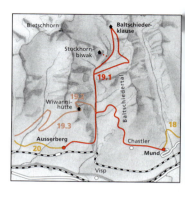

Der Hüttenweg zur Baltschiederklause ist einer der längsten, aber
auch schönsten Hüttenwege in den
Alpen. Ausgangspunkt ist üblicher-
weise Ausserberg. Im Rahmen der
in diesem Führer beschriebenen
Umrundung der Berner Alpen ist es
jedoch naheliegend, als Ausgangspunkt Mund zu wählen und dann
nach Ausserberg abzusteigen. Schon ein erster Blick auf das Streckenprofil macht aber deutlich, dass dieses Unterfangen am besten auf zwei
Tage verteilt wird. Dies nicht allein, um die respektablen Höhen-
meterzahlen auf vernünftige Werte zu reduzieren: Es wäre ja wirklich
schade, diese grossartige Landschaft im Eilschritt zu durchmessen. Eine
Übernachtung mit dem üblichen Hüttenkomfort in diesem einsamen Tal
ist nur in der Balschiederklause möglich. Für den Liebhaber von Biwak-
romantik sei als Alternative auch die Martischipfa erwähnt: Die altbekannte Unterkunft für Schäfer und Alpinisten besteht aus einem von einem mächtigen Felsblock überdachten Raum und bietet ca. drei
Personen Platz. Mit der neu erstellten alpinen Route von der Baltschiederklause zum ehemaligen Molybdänbergwerk oder einem Abstecher
zum Stockhornbiwak ergeben sich für erfahrene Bergwanderer zwei
ausgefüllte Tage im Baltschiedertal.

T3	12¹/₂ – 13 Std.	▲ 2300 m	▼ 2500 m

Schwierigkeit T3

Gut markierter, klassischer Bergweg. Im Hochsommer kann um die Tagesmitte
grosse Hitze herrschen. Die Stege bei Martischipfa (1940 m) und auf 2250 m
werden von Ende Oktober bis Mitte Juni eingezogen. Bei starker Wasserführung
kann in diesem Falle die Überquerung des Baltschiederbaches sehr schwierig
sein.

Weitergehen oder nicht? Unterwegs zur Baltschiederklause

Zeit 12¹⁄₂ – 13 Std.
Chastler – Ze Steinu 2¹⁄₂ – 3 Std.
Ze Steinu – Hohbitzu 3 Std.
Hohbitzu – Baltschiederklause 2 Std.
Baltschiederklause – Ausserberg 5 Std.

Höhenunterschiede Aufstieg 2300 Hm, Abstieg 2500 Hm

Ausgangspunkt Chastler, 1606 m oberhalb Mund
Endpunkt des Fahrsträsschens von Mund. Zu Fuss von Mund in 1 – 1¹⁄₂ Std.,
vom Restaurant Salwald in 15 Min. (Übernachtungsmöglichkeiten und Hinweise
siehe Etappe 19).

Talort Brig, 678 m
Zentrum des Oberwallis. Bahnverbindungen von Sion, Bern und Andermatt
[100, 300, 610].

Endpunkt Ausserberg, 1008 m
Ortschaft an der Bahnlinie der Lötschbergbahn [300]. Mehrere Hotels und
Gasthäuser.

Karten 1268 Lötschental, 1288 Raron, 264T Jungfrau, 274T Visp

Unterwegs einkehren Baltschiederklause SAC, 2783 m
Koord. 634 700 / 138 290.
SAC Sektion Blümlisalp, 3600 Thun. Die Hütte ist immer offen. Bewartet von
Juli – September. Tel. Hütte 027 952 23 65.

Die Route Von Mund oder Chastler auf dem in Etappe 19 beschriebenen Weg
über Honalpa und Erl bis nach Ze Steinu (1287 m) im Baltschiedertal. Nun dem
Weg talein folgen. Bei den Hütten des Senntum (1476 m) wird der
Baltschiederbach über eine Brücke zu seinem östlichen Ufer überschritten. Der
Weg führt weiter in den oft bis weit in die Sommersaison hinein mit
Lawinenresten gefüllten Kessel von Chiemattu. In vielen Kehren leitet der als
ehemaliger Saumpfad (Molybdänabbau in der Galkichumma) ausgebaute Weg
weiter über die Hänge von Martini aufwärts und quert dann nach Norden zum
Steg (1940 m), der wieder auf das westliche Ufer des Baltschiederbaches führt.
(Hier zweigen die Wegspuren zum in der Einleitung erwähnten Biwak
Martischipfa ab. Dieses befindet sich ca. 60 m südwestlich der Brücke). Der Weg
führt nun in weiten Kehren hinauf, passiert die Hohbitzukapelle (2199 m), die
zum Dank errichtet wurde, dass sich beim Bau der Baltschiederklause kein
Unfall ereignet hat. (20 Hm oberhalb der Kapelle zweigt der Weg zum
Stockhornbiwak ab). Auf alten Moränen und Gletscherschliffen steigt der Weg

bis westlich von P. 2276 an und fällt dann zu einer weiten Schwemmebene, Jägisand genannt, ab. Eine Brücke (auf ca. 2250 m) führt erneut auf das östliche Ufer des Baches. Nach der Ebene leitet der Weg über alte Moränenhänge und quert dann die verschiedenen, dem Innre Baltschiedergletscher entspringenden Bäche auf Bretterstegen. In vielen Kehren geht es über Moränenzüge und Blockmulden jenseits aufwärts. Zuletzt von Osten zur Hütte

Varianten

– Zum Molybdänbergwerk auf der Galkichumma, 2602 m:
  Im Abstieg von der Baltschiederklause dem Hüttenweg entlang bis auf ca. 2430 m. Nun links der weiss-blau-weiss markierten Route entlang zu einer Steilstufe in der östlichen Talflanke. Diese wird über ein Grasband überwunden. Weiter dem Pfad folgend talauswärts, bis man auf 2300 m den Weg erreicht, der von Martini heraufkommt. Auf diesem zu den alten, zerfallenden Bergwerksanlagen. (Während des 2. Weltkriegs wurden insgesamt 560 kg des für die Rüstungsindustrie unentbehrlichen Molybdäns gewonnen, siehe auch Geologiebeitrag ab Seite 234).
  Im Abstieg folgt man dem üblichen Weg, über den man unterhalb der Martischipfa den normalen Hüttenweg der Baltschiederklause wieder erreicht. T4; zusätzlicher Zeitbedarf (im Abstieg) 2 – 2¹/₂ Std.

– Zum Stockhornbiwak, 2598 m: Diese 1974 erstellte Unterkunft befindet sich auf einer Geröllterrasse am Fuss des Südgrates des Baltschieder–Stockhorns. Sie bietet 18 Schlafplätze. Wolldecken vorhanden, Kocher muss selbst mitgenommen werden.
  Ca. 20 Hm oberhalb der Hohbitzukapelle bei P. 2199 nach rechts hinauf an den Felsgürtel, der den Zugang zur Geröllterrasse zwischen Ost- und Südgrat des Stockhorns sperrt (separate Markierung beachten). An den Felsen steil links hinauf durch eine Schlucht (Kettensicherungen) zu der Geröllterrasse hinauf. Nach links (Westen) leicht ansteigend auf Wegspuren zum Biwak. T5; zusätzlicher Zeitbedarf 2¹/₂ – 3 Std. ab Hohbitzu.

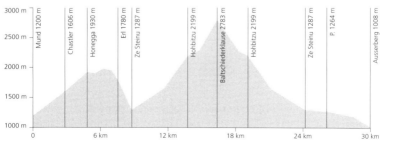

Klettersteig Wiwanni

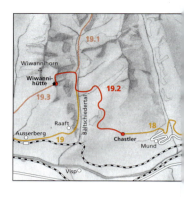

Mund – Wiwannihütte

Das Wiwanni- und das Öugstchum-
muhorn sind die beiden letzten
Gipfel im Kamm, der vom Bietsch-
horn aus nach Süden strebt und das
Baltschieder- vom Bietschtal trennt.
Am Südfuss dieser Gipfel liegt die
Leiggeralp, die im Osten durch ei-
nen breiten Geländerücken be-
grenzt wird. An dessen nördlichem Ende steht in einer Einsenkung die
Wiwannihütte nordwestlich von P. 2471 (Roti Chue auf der LK). Nach
Osten fällt dieser Rücken steil gegen das Baltschiedertal ab. Mit dem
Bau der Wiwannihütte und der Erschliessung von zahlreichen Kletter-
routen auf die genannten Gipfel ist durch das grosse Engagement von
Egon Feller, der schon als Bub auf dieser Alp Schafe gehütet hat, ein
kleines, aber feines Kletterzentrum entstanden. Diese Gegend ist jedoch
keineswegs nur den Kletterern vorbehalten. Die Wiwannihütte liegt auf
einem einmalig schönen Standort mit Blick auf die Walliseralpen im
Süden und den zentralen Teil des Baltschiedertals im Norden und ist von
Ausserberg her problemlos erreichbar. Mit dem in den Neunzigerjahren
erstellten Klettersteig, der aus dem Baltschiedertal über die steile
Ostflanke des genannten Geländerückens fast direkt zur Wiwannihütte
emporführt, ist für erfahrene und entsprechend ausgerüstete Berggänger eine zusätzliche Möglichkeit geschaffen worden, die Wiwannihütte zu erreichen. Zusammen mit der Fortsetzung dieses Weges über
die Nasulecher bis zum Bietschtal (siehe Route 19.3), ergeben sich zwei
der eindrücklichsten, aber auch anspruchsvollsten Tagesetappen dieses
Führers.

T5	7 Std. 30 Min.	▲ 1600 m	▼ 700 m

Schwierigkeit T5
Die alpintechnischen Anforderungen konzentrieren sich auf den eigentlichen
Klettersteig. Entsprechende Erfahrung und Ausrüstung notwendig (siehe auch
Hinweise zum sicheren Berg- und Alpinwandern ab Seite 22).

Nach dem Turm im obersten Teil des Wiwanni-Klettersteigs

Zeit 7$\frac{1}{2}$ Std.
Chastler – Ze Steinu 2$\frac{1}{2}$ Std.
Ze Steinu – Einstieg Klettersteig 1$\frac{1}{2}$ Std.
Klettersteig 3 Std.
Ausstieg Klettersteig – Wiwannihütte $\frac{1}{2}$ Std.

Höhenunterschiede Aufstieg 1600 Hm, Abstieg 700 Hm

Ausgangspunkt Chastler, 1606 m oberhalb Mund
Endpunkt des Fahrsträsschens von Mund. Zu Fuss von Mund in 1 – 1$\frac{1}{2}$ Std.,
vom Restaurant Salwald in 15 Min. (Übernachtungsmöglichkeiten und Hinweise
siehe Etappe 19).

Talort Brig, 678 m
Zentrum des Oberwallis. Bahnverbindungen von Sion, Bern und Andermatt
[100, 300, 610].

Endpunkt Wiwannihütte, 2463 m
Koord. 632 580 / 132 680.
Privatbesitz. Die Hütte ist bewartet von Juni bis Mitte Oktober. Tel. Hütte: 027
946 74 78. Auskunft Egon und Regula Feller–Oester, Termerweg 15, 3900
Brig, Tel. 027 923 09 03.

Einfachste Abstiege ins Tal Nach Ausserberg, 1008 m
– Von Ze Steinu im Baltschiedertal nach Ausserberg (siehe Etappe 19).
– Von der Wiwannihütte auf dem üblichen Hüttenweg über Telwald (befahr-
  bare Strasse von Ausserberg bis P. 1851).

Karten 1288 Raron, 274T Visp

Die Route Von Chastler auf dem in Route 19 beschriebenen Weg über Honalpa
und Erl bis nach Ze Steinu (1287 m) im Baltschiedertal. Von hier weiter auf
dem Weg taleinwärts, bis links (westlich) ein mächtiger Graben sichtbar wird,
der direkt vom Geländerücken, auf dem die Wiwannihütte steht, herabzieht.
Sparsam gesetzte, weiss-blau-weisse Markierungen leiten zuerst über steinige
Wiesen, dann über steileres Schrofengelände zum Einstieg bei ca. 1790 m (rote Markierung). Nach einer steilen Stelle gleich zu Beginn folgt man nun dem
durchgehend mit Drahtseilen gesicherten Steig bis zu einem Gratturm.
Dahinter, schräg abwärts (sehr ausgesetzt) in eine Scharte. Weiter über gestufte Felsen und Grashänge zum Ausstieg bei ca. 2440 m. Den Wegspuren entlang nach Südwesten zur Hütte.

Variante Von Ausserberg, 1008m
Der kürzeste Zugang zu diesem Klettersteig erfolgt von P. 1264 bei der Kurve des Fahrsträsschens, das von Ausserberg zur Alpsiedlung Raaft hinaufführt (zu Fuss ca. 1 Std. von Ausserberg). Von da der Wasserleite des Niwärchs entlang in ca. ½ Std. bis Ze Steinu (1287 m), wo man den beschriebenen Zugang von Mund her erreicht. Dieser Zugang ist identisch mit dem Schlussstück von Etappe 19.

Gipfel Wiwannihorn, 3001 m und Öugstchummuhorn, 2880.7m
An den Wänden und Kanten dieser Gipfel gibt es eine ganze Reihe von Kletterrouten ab dem vierten Schwierigkeitsgrad. Die Normalwege auf diese Gipfel sind bedeutend einfacher und an den exponierten Stellen mit Bohrhaken abgesichert. Für Berggänger, die den Anforderungen im Felsgelände bis zum zweiten Schwierigkeitsgrad gewachsen sind und über die notwendige Ausrüstung verfügen, wie sie am Klettersteig notwendig ist (zusätzlich 20 m Seil), bieten diese Touren eine lohnende Erweiterung der Tourenmöglichkeiten in diesem Gebiet. Detaillierte Angaben siehe Auswahlführer Berner Alpen (SAC-Verlag) oder Informationen in der Wiwannihütte.

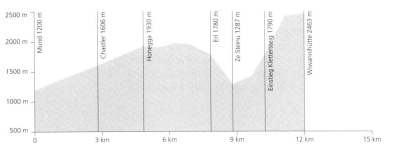

Abenteuerlicher Gang ins Bietschtal

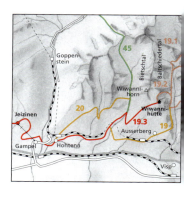

Wiwannihütte – Bietschtal – Jeizinen

Der untere Teil des Bietschtales wird im Osten durch eine mehr als 1000 m breite und gut 500 m hohe, felsige Steilflanke begrenzt. Dieses Gelände scheint, vor allem vom Bietschtal aus betrachtet, völlig ungangbar zu sein. Tatsächlich kann man aber diese Flanke vom Trosibode her auf einer Höhe von ca. 1600 über ein Bändersystem bis zu ihrer nördlichen Begrenzung bei den Nasulechern durchqueren. Dieser Zugang ist von Egon Feller, dem Besitzer der Wiwannihütte, mit einigen Kettensicherungen und Bohrhaken versehen worden. Die Wegführung entspricht teilweise derjenigen einer Bisse, die nach einem schweren Unfall im Jahre 1311 aufgegeben wurde. Am nördlichen Rand dieser Flanke befinden sich zwei nebeneinanderliegende, kleine Felshöhlen, durch welche, in der Regel nur durch die linke, ein Bergbach austritt. Diese Höhlen werden Nasulecher genannt und sind auch in der LK , zusammen mit einigen dazuführenden Wegspuren, bezeichnet. Dieses kleine Höhlensystem ist begehbar, und man trifft im Inneren sogar auf einen kleinen See. Von diesen Nasulechern steigt man weiter ab und traversiert nach Norden, um schliesslich den Bergweg durch das Bietschtal bei der Brücke von P. 1339 zu erreichen.

T6	9½ – 10 Std.	▲ 950 m	▼ 1850 m

Schwierigkeit T6

Es handelt sich hier um die anspruchsvollste Tour der in diesem Führer beschriebenen Routen. Obwohl keine eigentliche Klettertour, erfordert diese Unternehmung eine solide Alpinerfahrung. Ausrüstung mit Seil, Klettergürtel und entsprechende Kenntnisse der Sicherungstechnik. Im Zweifelsfall wird die Begleitung eines Bergführers dringend empfohlen.

Die Nasulecher in der Talflanke des Bietschtals

Zeit $9^1/_2$ – 10 Std. (bis Gampel $7^1/_2$ – 8 Std.)
Wiwannihütte – Trosibode $1^1/_2$ Std.
Trosiboe – Nasulecher 1 – $1^1/_2$ Std.
Begehung der Nasulecher 1 Std.
Nasulecher – Bietschtal 1 Std.
Bietschtal – Hohtenn – Gampel 3 Std.
Gampel – Jeizinen 2 Std.

Höhenunterschiede Aufstieg 950 Hm (bis Gampel 60 Hm), Abstieg 1850 Hm

Ausgangspunkt Wiwannihütte, 2463 m
Koord. 632 580 / 132 680.
Privatbesitz. Die Hütte ist bewartet von Juni bis Mitte Oktober. Tel. Hütte: 027 946 74 78. Auskunft Egon und Regula Feller–Oester, Termerweg 15 3900 Brig, Tel. 027 923 09 03.

Talort Gampel, 634 m
Bahn nach Brig oder Sion [100], Postautoverbindung nach dem Lötschental [300.45], Luftseilbahn nach Jeizinen.

Endpunkt Jeizinen, 1526 m
Kleines Bergdorf auf einer Terrasse hoch über dem Rhonetal. Mit öV erreichbar mit einer Luftseilbahn von Gampel [2247]. Übernachtung: Hotel – Restaurant Bielti, Tel. 027 932 20 42.

Einfachster Abstieg ins Tal Nach Ausserberg, 1008 m
Von der Wiwannihütte auf dem normalen Hüttenweg hinunter bis zu P. 1851 im Lerchwald. (Bis hierher Fahrsträsschen von Ausserberg). Weiter dem Wanderweg entlang nach Ausserberg.

Karten 1288 Raron, 274T Visp

Die Route Von der Wiwannihütte in südwestlicher Richtung hinunter zu den Färricha, (2322 m). Weiter auf dem Pfad, der zum Kamm zwischen der Leiggeralpa und dem Bietschtal führt und über diesen hinunter zum Trosibode. Ca. 200 m südwestlich von P. 1764.6, in der Ecke zwischen Waldsaum und Weide auf ca. 1730 m, beginnt der Zustiegspfad (Stein mit einer weiss-rot-weissen Markierung). Diesem ca. 100 m in nördlicher Richtung entlang bis zu einer kleinen Waldlichtung (bis hierher einige spärliche Markierungen). Nun weiter ohne Markierungen, zunächst im Wald nur wenig absteigend, dann ca. 100 m steil hinunter und zuletzt wieder in nördlicher Richtung zu einer 40 m langen Kette. Am Fuss dieser Kette beginnt die Querung der steilen Felsflanke, die zu den Nasulechern führt. Dieser Abschnitt ist ca. 400 m lang und weist einzelne

Kletterstellen im zweiten Schwierigkeitsgrad auf (Sicherungspunkte mittels Bohrhaken), dazwischen wieder Gehgelände auf Wegspuren. Nach dieser Querung gelangt man zu einem Waldstück. In diesem auf den gut sichtbaren Pfadspuren steil hinunter bis auf die Höhe der Nasulecher bei ca. 1520 m. Diese sind vom Pfad aus nicht sichtbar. Der Einstieg befindet sich bei einer Pfadkehre hart am Rand der Felsen, eine gute Orientierung ergibt auch das Geräusch des Wassers. Man betritt das kleine Höhlensystem beim linken Nasenloch, steigt durch die teilweise recht enge Höhle hinauf (Kette, Taschenlampe notwendig!) und gelangt zu einem kleinen See. Von hier aus ein paar Schritte zurück, mit einem Spreizschritt über den Bach, der vom See ausläuft, in den darüberliegenden Ausgang aus der Höhle. Man befindet sich nun ca. 50 Hm höher als beim Eingang. Über die bereits genannten Pfadspuren im Waldstück wieder zurück zum Höhleneinstieg. (Die Durchquerung der Nasulecher ist somit bei der Begehung dieser Etappe nicht zwingend). Für den Weiterabstieg in das Bietschtal folgt man den steilen Wegspuren durch den felsdurchsetzten Bergwald abwärts (einige kurze Kletterstellen mit Ketten). Ab ca. 1400 m verläuft der Pfad wieder mehr oder weniger horizontal in nördlicher Richtung und führt direkt zu P. 1339 bei der Brücke über den Bietschbach. Auf dem Bergweg talauswärts zum Höhenweg der Lötschberg–Südrampe, den man westlich oberhalb der Naturbrücke bei P. 1019 erreicht. Diesem entlang über die Rarnerchumma zur Bahnstation Hohtenn, wo man den Weg der unter Etappe 20 beschriebenen Route erreicht.

Variante Von Ausserberg, 1008 m
Begeht man diese Route als Tagestour mit Ausgangspunkt Ausserberg, folgt man am besten dem Wanderweg nach Leiggern (1578 m). Von da nach Westen bis zum Ende des Fahrsträsschens und dem Bergweg entlang hinauf zum Trosibode; ca. 2 Std. von Ausserberg. Gesamter Zeitbedarf von Ausserberg bis zur Bahnstation Hohtenn 6½ – 7 Std.

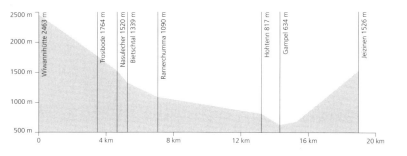

Auf Um- und Abwegen über die Südrampe

Ausserberg – Jeizinen

Bereits die zahlreichen Wegweiser beim Hotel Bahnhof in Ausserberg weisen darauf hin, dass man sich hier im Schnittpunkt eines weitver- zweigten und beliebten Wander- gebietes befindet. Weit über die regionalen Grenzen hinaus bekannt ist vor allem der Höhenweg über dem Rhonetal, der von Hohtenn aus über Ausserberg bis nach Lalden mehr oder weniger der Bahnlinie der Lötschbergbahn entlang führt. Der Name „Lötschberg – Südrampe" ist denn auch ein Begriff, der fast jedem Wanderer in der Schweiz bekannt sein dürfte, obwohl er keineswegs der geografischen Realität ent- spricht: Der „echte" Lötschberg mit dem Lötschenpass befindet sich et- liche Kilometer weiter im Nordwesten und bildet den Kammverlauf zwi- schen den Kantonen Bern und Wallis (siehe Etappe 43 und 43.1). Selbstverständlich ist der Autor dieses Führers nicht der Versuchung er- legen, diesen bestbekannten Weg hier nun in epischer Breite über vier Seiten auszubreiten. Doch die im Folgenden beschriebene, alternative Route ist bezüglich ihrer Länge alles andere als ein Pappenstiel: Folgt man dieser Etappe wirklich mit ganzer Konsequenz in einem Tag zu Fuss bis nach Jeizinen, hat man es hier immerhin mit einer Wegstrecke von 24 Kilometern und 2370 Höhenmetern im Aufstieg zu tun! Glücklicher- weise aber lassen die verschiedenen Ortschaften und öV-Verbindungen an diesen interessanten Abschnitt durch die wilden Hochtäler in der Südabdachung der Bietschhorngruppe einige Alternativen offen, das Ganze auf verschiedene Weise zu unterteilen. (Siehe Abkürzungen und Etappierungen).

| T3 | 11 – 11½ Std. | ▲ 2370 m | ▼ 1850 m |

Schwierigkeit T3

Der Bietschtalviadukt an der Lötschberg–Südrampe

Zeit 11 – 11½ Std. (bis Gampel 8 – 9 Std.)
Ausserberg – Bietschtal (P. 1019) 1 Std. 45 Min.
Bietschtal – Seileggu (2272 m) 3½ – 4 Std.
Seileggu – Joli 45 Min.
Joli – Gampel 3 Std.
Gampel – Jeizinen 2 Std.

Höhenunterschiede Aufstieg 2370 Hm (bis Gampel 1480 Hm),
Abstieg 1850 Hm

Ausgangspunkt Ausserberg, 1008 m
Ortschaft an der Bahnlinie der Lötschbergbahn [300]. Hotel Bahnhof (Zimmer
und Touristenlager): Tel 027 946 22 59. Hotel Sonnhalde: Tel. 027 946 25 83.

Talort Gampel, 634 m
Bahn nach Brig oder Sion [100], Postautoverbindung nach dem Lötschental
[300.45], Luftseilbahn nach Jeizinen.

Endpunkt Jeizinen, 1526 m
Kleines Bergdorf auf einer Terrasse hoch über dem Rhonetal. ÖV-Verbindung
durch eine Luftseilbahn von Gampel [2247]. Übernachtung im Hotel –
Restaurant Bielti, Tel. 027 932 20 42.

Einfachster Abstieg ins Tal Nach Raron oder Hohtenn
Vom Bietschtal (P. 1019 m) über die Rarnerchumma nach Raron, vom Jolital
über die Alp Tatz zur Bahnstation Hohtenn an der Lötschberglinie [300].

Karten 1288 Raron, 274T Visp

Unterwegs einkehren Kleines Bergrestaurant auf der Alp Ladu (keine Über-
nachtungsmöglichkeit, nur zeitweise offen). Gasthaus Bergheim in Hohtenn
(Touristenlager), Mittwoch geschlossen, Tel. 027 932 22 72, mehrere
Restaurants in Gampel.

Die Route Von Ausserberg folgt man dem klassischen Höhenweg der
Südrampe westwärts bis über die Naturbrücke im Bietschtal bei P. 1019. Etwas
westlich oberhalb der Brücke verlässt man diesen Weg und steigt auf dem
Bergweg, der in das Bietschtal führt, talaufwärts. Bei P. 1600 (Chalte Brunne,
ohne Namen auf der LK) verlässt man den Talweg und steigt steil über den hier
beginnenden Pfad in westlicher Richtung durch die Üechtwang empor. Auf ca.
2000 m wendet sich dieser Pfad wieder talauswärts. Man folgt ihm weiter bis
zu den Schafweiden von Galu und steigt auf schwach ausgeprägten
Wegspuren empor, um den oberen Pfad zu erreichen, der von Seileggu (P. 2272)

dem Hang entlangführt. Nun diesem Pfad entlang über die Krete der Seileggu hinunter. Eine plattige Felsstufe bei ca. 2040 m wird etwas westlich über schiefrige Felsen überwunden. Danach auf wieder gut sichtbaren Wegspuren bis auf ca. 1940 m (Prag auf der LK). Hier verlässt man die Krete in nördlicher Richtung und folgt dem Weg, der, etwas absteigend, durch die steile und bewaldetete, linke Talflanke des Jolitales leitet. Bei der Alphütte auf Joli folgt man dem Weg, der in südwestlicher Richtung durch den Wald ansteigt. (Der breitere Weg talabwärts führt direkt zum Fahrsträsschen der Alp Tatz). Weiter dem erstgenannten Weg entlang zu der Alpsiedlung von Ladu. Von da steil hinunter, an der Bahnstation Hohtenn der Lötschbergbahn vorbei, dann weiter hinab nach Hohtenn und Gampel–Steg. Von da lässt sich der Endpunkt Jeizinen dieser langen Etappe bequem mit der Seilbahn erreichen, die vom westlichen Dorfteil von Gampel direkt nach Jeizinen führt.

Für den Fussaufstieg geht man nach der Strassenbrücke über die Lonza im Ortsteil Gampel einem Strässchen entlang nach Norden und folgt dem breiten Weg, der zuerst nach Westen und dann in steilen Kehren direkt nach Jeizinen hinaufführt.

Abkürzungen oder Etappierungen

– Benützung der Seilbahn Gampel – Jeizinen oder klassischer Höhenweg der Südrampe von Ausserberg nach Hohtenn und Gampel (Zeitbedarf Ausserberg – Gampel ca. 3^1/$_2$ Std.).
– Übernachten in Hohtenn. Fortsetzung am nächsten Tag über den beschriebenen Weg oder Wiederaufstieg zur Bahnstation Hohtenn. Von da mit dem Zug nach Goppenstein und über den Verbindungsweg, welcher der rechten Talflanke des Lötschentals entlangführt, nach Jeizinen. (Zeitbedarf Goppenstein – Jeizinen ca. 2^1/$_2$ Std.).

Gipfel Schwarzhorn, 2658.6 m
Von P. 2272 auf Seileggu über zunächst deutliche Wegspuren, später über Gras und gebrochene Felsen zum Gipfel. 1^1/$_2$ Std. von P. 2272.

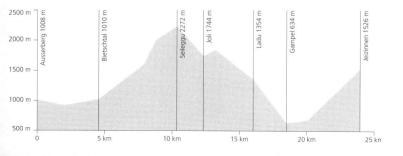

Flora und Fauna an der Lötschberg-Südrampe

Ralph Imstepf

Vom Mittelmeer bis in die Tundra

Die Südabdachung der Berner Alpen über dem Rhonetal zwischen Brig und Gampel ist durch die Linienführung der Löschbergbahn allgemein als „Lötschberg–Südrampe" bekannt. Ein erster Blick auf die Flora und Fauna dieser sonnigen Halden erinnert ans Mittelmeer. Wirft man sein Augenmerk auf die höheren Lagen, erkennt man hingegen einen rauen, alpinen Charakter. Es ist sicher dieser Kontrast, welcher der Lötschberg–Südrampe den eigenartigen Charme verleiht. Während der bekannte Schweizer Botaniker Albert von Haller vom „schweizerischen Spanien" sprach, mutet das Bietschhorn schon eher eisig an. Der Verlauf der Vegetation zwischen der Talsohle und den Gipfeln von fast 4000 Metern gleicht einer Reise von der milden Mittelmeerküste bis in die unwirtliche Tundra des hohen Nordens.

Stengelloser Tragant

Die Felsensteppe

Nach dem Rückzug der Gletscher der letzten Eiszeit wurde die stark sonnenexponierte rechte Talflanke langsam durch Pflanzen verschiedener Herkunft zurückerobert. Während die Talebene durch den ungezähmten Rotten (Rhone) immer wieder überschwemmt wurde, konnte sich an den Hängen eine reichhaltige Vegetation behaupten. In den unteren Regionen siedelte sich eine eigenartige, an die extrem trockenen und heissen Klimaverhältnisse angepasste Flora und Fauna an. Das Federgras (Stipa pennata), der Sefistrauch (Juniperus sabina) oder die Walliser Flockenblume (Centaurea valesiaca) zählen zu den typischen Vertretern der Pflanzenwelt der Felsensteppe. Insekten mit südlich anmutenden Namen gehören ebenso in diesen Lebensraum: die Italienische Schönschrecke (Calliptamus italicus) oder der Spanische Bläuling (Plebejus pylaon trappi). An der Lötschberg–Südrampe findet man verschiedene Typen von Felsensteppen. So zum Beispiel Federgras-Steppenrasen oder die Wermut–Meerträubchen–Steppe. Als typischer Brutvogel dieser trockenen Gebiete sei hier die Zippammer genannt.

Frühlings-Küchenschelle

Die Rebberge

Wo es die Bodenbeschaffenheit erlaubt hat, wurden die unteren Bereiche der Felsensteppen in Rebberge umgewandelt. Im Gegensatz zu den Einöden des Rebbaus in anderen Regionen sind hier die Anbauflächen meist recht klein und oft mit Hilfe von Trockensteinmauern terrassiert und mit Hecken und Baumgruppen strukturiert. Dieses Mosaik ist ein wertvoller Lebensraum für viele Insekten, Reptilien und andere Kleintiere. Die Gottesanbeterin und die Smaragdeidechse finden hier ihr bevorzugtes Habitat.

Die Föhrenwälder

Zuweilen geht die Felsensteppe in einen sehr trockenen, wärmeliebenden Föhrenwald über. Man spricht dabei auch von einem kontinentalen Steppen–Föhrenwald. Es handelt sich um Reliktwälder der Steppenheiden nach der Eiszeit, welche sich fast ausschliesslich im Wallis bis in unsere Zeit halten konnten. Als typische Pflanzen wachsen hier der Französische Tragant (Astragalus monspessulanus) und der Stengellose Tragant (Astragalus excapus) sowie mehrere Orchideenarten wie zum Beispiel das Rote Waldvögelein (Cephalanthera rubra) und das Langblättrige Waldvögelein (Cephalanthera longifolia) oder der Dingel (Limodorum abortivum) dem eine abtreibende Wirkung nachgesagt wird. In diesen offenen Föhrenwäldern brütet auch der in der Schweiz seltene, nachtaktive Ziegenmelker.

Die traditionelle Kulturlandschaft

Mit zunehmender Höhe verliert der Föhrenwald allmählich an Bedeutung; die Fichte und die Lärche werden zusehends häufiger, bis die Föhre schliesslich nur noch eine untergeordnete Rolle spielt. Ursprünglich war auf einer Höhe zwischen 1300 und 1800 m ü. M. ein geschlossener Wald. Im Gegensatz zu der Felsensteppe sind diese Flächen durch den Menschen massgeblich genutzt und dadurch verändert worden. In der Maiensässzone wurden Wälder gerodet, um Weiden und Wiesen zu schaffen, ausgeklügelte Bewässerungssysteme wurden gebaut, um den trockenen Hängen doch noch einige „Burdinen" (im Nacken getragene Ladung Heu) abzugewinnen. Die landwirtschaftliche Nutzung hat ihrerseits dazu geführt, dass eine reichstrukturierte Kulturlandschaft aus Mähwiesen, Wasserleiten (Suonen), Weiden, Waldweiden und Alpweiden entstehen konnte. Die Artenvielfalt der extensiv genutzten Mähwiesen übertrifft fast das Mögliche an Reichhaltigkeit und Farbe. Die Kulturlandschaft beherbergt zahlreiche seltene Brutvogelarten wie den Wiedehopf, das Braunkehlchen oder die Heidelerche.

Mit der zunehmenden Aufgabe kleinerer Betriebe ist eine extensive Nutzung dieser reichhaltigen Kulturlandschaft nicht mehr gesichert: viele Flächen verganden und verbuschen. Gleichzeitig werden bis anhin traditionell bewässerte Flächen durch grosse Berieselungsanlagen erschlossen, was oft zu einer Verarmung von Flora und Fauna führt.

Spanischer Bläuling

Die Lärchenwälder

In den höheren Lagen findet man grösstenteils ausgedehnte Lärchenwälder, welche früher zu einem grossen Teil beweidet wurden. Im Frühling blüht das Holunder-Knabenkraut (Dactylorhiza sambucina) mit seiner gelben und roten Farbvariante in grosser Zahl. Der grösste heimische Specht, der Schwarzspecht ist in den Lärchenwäldern weit verbreitet. Der Lärchenwald bildet zudem meist die obere Waldgrenze, bevor die Zwergstrauchheide zur dominanten Vegetationsgesellschaft wird. Diese Heide wird durch Pflanzen wie die Heidelbeere (Vaccinium myrtillus), den Zwerg-Wacholder (Juniperus nana) oder die Alpenrose (Rhododendron ferrugineum) charakterisiert. Die Waldgrenze bildet zudem der typische Lebensraum für das Birkhuhn. Zeitig im Frühjahr versammeln sich die Hähne auf traditionellen Balzplätzen, wo sie um die Gunst der Birkhennen tanzen und kollern.

Grössere Fauna

Zu den grösseren Vertretern der Fauna der Lötschberg–Südrampe gehören Steinbock, Gämse, Reh und Rothirsch. Die letzteren beiden sind eher selten zu beobachten, da sie sich tagsüber versteckt aufhalten. Die Gämse bleibt das ganze Jahr hindurch deutlich oberhalb der BLS-Bahnlinie, obwohl sie bei grösseren Schneefällen gelegentlich in tiefere Lagen herunterkommt. Der Steinbock findet seine Sömmerungsgebiete oberhalb der Waldgrenze auf den alpinen Rasen zwischen Jolital und Gredetschtal. Ab Mitte Herbst steigen die Steinbockrudel in tiefere Lagen ab. Im Winter sind diese imposanten Tiere vom Wanderweg aus oft zu beobachten. Ab November mischen sich die sonst getrennt lebenden Rudel Männchen und Weibchen. Während der Brunftzeit von Ende November bis Dezember können die imposanten Böcke mit etwas Glück bei ihren Zweikämpfen beobachtet werden. Oft hört man aber nur das hölzerne Krachen ihrer Hörner, wenn sie aneinander ihre Kraft messen. Nach der fast vollständigen Ausrottung des Steinbocks in den Alpen wurde er anfangs des 20. Jahrhunderts in den Schweizer Alpen wieder angesiedelt. Heute hat sich die Population soweit erholt, dass der Steinbock unter gewissen Einschränkungen wieder gejagt werden kann. Zudem kommen im Gebiet Raubtiere wie Fuchs, Dachs und Luchs vor. Die Luchspopulation umfasst einen relativ kleinen Bestand von etwa 2–3 Individuen. Da seine natürlichen Beutetiere eine grosse Dichte aufweisen, sind Schäden an Nutztieren nur sehr vereinzelt festgestellt worden. Eine Luchsbeobachtung erfordert enormes Glück. Am ehesten findet der aufmerksame Wanderer die gut faustgrossen Katzenspuren im frischen Schnee oder im Schlamm.

Von der Waldgrenze zum ewigen Schnee

Oberhalb der Zwergstrauchheide geht die Vegetation in alpine Rasen und Schneetälchen über. Je mehr wir uns den Gletschern und dem ewigen Schnee nähern, desto spärlicher wird die Vegetation. Der kurze Sommer dieser Höhen lässt nur angepasste Pflanzen gedeihen. Viele

Pflanzen schützen sich vor Kälte und Austrocknen durch behaarte Blätter. Andere bilden mit ihren Blättern ein halbkugeliges Polster, um dem Wind zu trotzen: der Gegenblättrige Steinbrech (Saxifraga oppositifolia) und der Alpen-Mannsschild (Androsace alpina) sind typische Beispiele dafür.

Rückblick und Zukunftsaussichten

Die vier Täler oberhalb der Lötschberg–Südrampe konnten ihren wildromantischen Charakter bis heute bewahren. Die geologische Vielfalt wirkt sich stark auf den botanischen Reichtum aus. Sanfte Alpwiesen, schroffe Felspartien, natürliche Lärchenwälder und fast unerreichbare, blumenreiche alpine Rasen beherbergen eine Vielzahl von Pflanzen- und Tierarten.

Die Gemeinden der Sonnigen Halden haben sich dazu entschieden, auf eine Nutzung der Wasserkraft durch den Bau von Speicherkraftwerken zu verzichten. Dies hat dazu beigetragen, dass diese Gegend weitgehend von Erschliessungsstrassen oder anderen Bauwerken verschont blieb.

Dieser kurze Überblick von der Rhoneebene bis zum Gipfel des Bietschhorns verdeutlicht einerseits die Vielfalt dieser Landschaft, sollte aber andererseits auch auf deren Empfindlichkeit auf Störungen jeder Art hinweisen. Der Mensch hat hier seit etwa 6000 Jahren die Flora und Fauna durch seine Aktivitäten stetig verändert und damit zu einer Vergrösserung der Vielfalt beigetragen. Seit etwa 50 Jahren ist leider ein Negativtrend zu vermerken. Besonders die Aufgabe oder aber die Intensivierung der Landwirtschaft können verheerende Folgen auf Flora und Fauna mit sich ziehen.

Smaragdeidechse

Vom Bergdorf zum Kurort

Jeizinen – Leukerbad

Auf diesem Weg ist man an den Süd- und Westhängen des kleinen Gebirgszuges unterwegs, der sich vom Balmhorn her als Seitenkamm nach Süden erstreckt und das Lötschental vom Dalatal trennt. Die Gipfel in dieser Kette liegen im Bereich von 3000m und werden eher selten besucht. Einige davon wie etwa der Niwen, die Loicherspitza, das Mauerhorn und das Ferdenrothorn sind auch dem versierten Alpinwanderer zugänglich, liegen aber im Rahmen dieser Etappe zu abgelegen, als dass sie sich mit vertretbarem Aufwand gleichentags besteigen liessen. Liebhaber solcher Unternehmungen seien deshalb auf die weiterführende Literatur zu diesen Bergen verwiesen (siehe Hinweis). Doch nun zurück zur aktuellen Route: Jeizinen ist nicht die einzige Siedlung an den sonnigen Südhängen dieser Gegend. Auch die weiter westlich und nordwestlich davon liegenden Dörfer Erschmatt, Feschel, Guttet und Albinen haben viel von ihrem ursprünglichen Charakter erhalten. Diese Dörfer lassen sich über das bestehende Wanderwegnetz auf verschiedenen Varianten besuchen und können so auch zu einer Tagesetappe bis nach Leukerbad verbunden werden. Die zahlreichen Forststrässchen im bewaldeten Gebiet zwischen den Dörfern dürften jedoch nicht jedem Bergwanderer behagen. Der hier vorgeschlagene Weg führt deshalb wieder deutlich über die Waldgrenze hinaus und lohnt den dazu notwendigen Aufstieg einmal mehr mit prachtvollen Ausblicken auf die Walliseralpen.

T2	6 – 6½ Std.	▲ 950 m	▼ 1150 m

Schwierigkeit T2

Kompakter Siedlungsbau im Wallis

Zeit 6 – 6¹/₂ Std.
Jeizinen – Undri Fäsilalpu 1 Std.
Undri Fäsilalpu – Bachalp 1 Std.
Bachalp – Wysse See 1¹/₂ Std.
Wysse See – Rinderhütte 1 – 1¹/₂ Std.
Rinderhütte Leukerbad 1¹/₂ Std.

Höhenunterschiede Aufstieg 950 Hm, Abstieg 1150 Hm

Ausgangspunkt Jeizinen, 1526 m
Kleines Bergdorf auf einer Terrasse hoch über dem Rhonetal. ÖV-Verbindung
durch eine Luftseilbahn von Gampel [2247]. Übernachtungsmöglichkeit im
Hotel – Restaurant Bielti, Tel. 027 932 20 42.

Talort Leuk, 731 m
Ca. 2 km unterhalb der Ortschaft befindet sich die Bahnstation mit Anschlüssen
nach Brig und Sion [100]. Bus nach Leukerbad [100.84].

Endpunkt Leukerbad, 1384 m
Busverbindung nach Leuk [100.84] Zahlreiche Hotels. Vermittlung und Reservation Leukerbad Tourismus, Tel. 027 472 71 71. Eine einfachere Unterkunft
bietet das Touristenheim Bergfreunde im oberen Dorfteil, Tel. 027 470 17 61.

Einfachster Abstieg ins Tal Nach Feschel, 1280 m oder Guttet, 1345 m
Von der Bachalp auf dem Weg über Oberu zu den Dörfern. Von hier Postautoverbindung nach Leuk und Leuk-Bahnhof [100.84].

Karten 1267 Gemmi, 1287 Sierre, 1288 Raron, 263T Wildstrubel, 273T
Montana, 2274T Visp

Die Route Von Jeizinen dem Wanderweg entlang zur Undri Fäsilalpu (bis hierher auch Fahrstrasse). Weiter dem Bergweg entlang, der zuerst nach Westen
über Chalberfärich und dann nach Nordwesten in das Hochtal der Bachalp
führt. Von der Alpsiedlung Bachalp weiter in nördlicher Richtung bis zum
Talabschluss. Weiter nach Norden über etwas spärlichere Wegspuren hinauf, bis
man auf den Bergweg der „Tour du Wildstrubel" trifft, der vom Restipass herkommt. Diesem Weg entlang nach Südwesten zum Wysse See bei P. 2337 und
weiter bis an den Südfuss des Schafberg-Südrückens bei P. 2397. Von da führt
der Weg weiter nach Westen, später nach Norden bis zur Bergstation der
Luftseilbahn Leukerbad – Rinderhütte. Weiter zu Fuss auf dem Wanderweg
oder mit der Luftseilbahn nach Leukerbad hinunter.

Variante Über Oberu, 2033 m
Von der Alpsiedlung Bachalp nach Süden, der westlichen Talflanke entlang, zu den Alphütten von Oberu . Von da dem Wanderweg entlang, zuerst nach Westen, dann nach Norden zur Torrentalp (1919 m). Weiter auf dem Wanderweg nach Leukerbad oder mit der Luftseilbahn Torrentalp – Albinenleitern zur Talstation hinunter. Von da Busverbindung nach Leukerbad. Ca. 1 – 1¹/₂ Std. kürzer als die Hauptroute.

Gipfel Schafberg, 2806.5 m
Von P. 2397 am Südfuss des Schafberges über Pfadspuren, Gras und Schutt nach Norden auf den Gipfel (lohnender Aussichtspunkt). Für den Abstieg kann direkt über Schutt und Gras nach Südwesten abgestiegen werden. Man erreicht so den Bergweg der Hauptroute ungefähr bei P. 2328, von wo aus dieser nach Norden abbiegt. T3, zusätzlicher Zeitaufwand 1¹/₂ – 2 Std..

Hinweis Beschreibungen zu weiteren „wanderbaren" Gipfeln in diesem Gebirgszug zwischen Lötschen- und Dalatal finden sich im SAC Clubführer Berner Alpen Band 2 (Jürg Müller), Gemmi bis Petersgrat, Kapitel 2 „Torrenthorn – Ferdenrothorngruppe".

Erlebenswert Thermalbad Leukerbad
Mit der ergiebigsten Thermalquelle in Europa ist Leukerbad noch ein Kurort im wahrsten Sinne des Wortes. Für müde Wandererbeine ist das öffentliche Burgerbad (am unteren Dorfrand, offen bis 20 Uhr) deshalb schon fast ein ‚Must'.

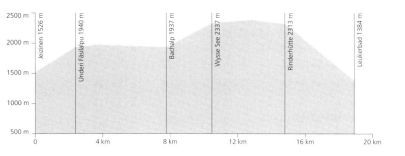

Langer und sonniger Weg über die Varneralp

Leukerbad – Montana

Alpintechnisch betrachtet bietet dieser Weg keine besonderen Probleme und auch die zu überwindenden Höhendifferenzen sind weit entfernt von rekordverdächtigen Werten. Trotzdem sollte diese Etappe, die sich immerhin über eine Distanz von 21 Kilometern erstreckt, vor allem an heissen Tagen im Hochsommer nicht unterschätzt werden: Man ist hier praktisch von Beginn an der Sonnenstrahlung ausgesetzt und tut deshalb gut daran, frühzeitig aufzubrechen. Wie auf fast allen Etappen entlang der Südabdachung der Berner Alpen, beeindruckt auch hier das grossartige Panorama auf die Walliser Alpen und das tief unten liegende Rhonetal. Fast unbemerkt überschreitet man hier auch die Sprachgrenze zwischen dem deutsch- und französischsprachigen Wallis. Hier oben ist diese offenbar nicht so klar gezogen wie im Tal unten beim bekannten Pfynwald. So bilden nicht nur auf der Karte die deutsch und französisch benannten Ortsnamen ein buntes Mosaik. Bevor man nämlich den Bachlauf der La Tièche überschritten hat, wird einem der herbe Gruss der Älpler mit 'Guet Tag' auf Walliserdeutsch immer wieder begegnen. Um so abrupter wechselt aber die Szene vor den Toren von Montana. Nach der idyllischen Wanderung über die Varneralp hat man sich urplötzlich in urbanen Dimensionen zurechtzufinden, und ein Ortsplan kann hier nützlicher sein als die noch kurz zuvor benutzte Landeskarte.

| T2 | 6¹/₂ – 7 Std. | ▲ 850 m | ▼ 750 m |

Schwierigkeit T2

Zeit 6¹/₂ – 7 Std.
Leukerbad – Chäller 2 Std.
Chäller – Varneralp 1¹/₂ Std.
Varneralp – Cave du Sex 1¹/₂
Cave du Sex – Montana 1¹/₂ – 2 Std.

Weitblick auf der Varneralp

Höhenunterschiede Aufstieg 850 Hm, Abstieg 750 Hm

Ausgangspunkt Leukerbad, 1384 m
Busverbindung von Leuk [100.84]. Zahlreiche Hotels. Vermittlung und Reservation: Leukerbad Tourismus, Tel. 027 472 71 71. Eine einfachere Unterkunft bietet das Touristenheim Bergfreunde im oberen Dorfteil, Tel. 027 470 17 61.

Endpunkt Montana, 1477 m
Weitverzweigte Tourismusdestination der gehobenen Klasse mit mehreren Orts-teilen.
Standseilbahn nach Sierre [2225].
Hotelreservation: Crans Montana Tourismus, Tel. 027 485 04 04. Eine einfache Übernachtungsmöglichkeit (Touristenlager) gibt es beim Restaurant des Campingplatzes La Moubra, Tel. 027 481 28 51.

Karten 1267 Gemmi, 1287 Sierre, 263T Wildstrubel, 273T Montana

Die Route Vom westlichen Ortsteil in Leukerbad, bei den Sportanlagen nach der Brücke über die Dala, folgt man dem markierten Bergweg über Fiess zur Alpsiedlung Larschi (1583 m). Von da weiter über den breiten Weg, der zunächst nur wenig ansteigt. Ab ca. 1700 m führt dieser Weg steiler und et-was exponiert, aber mit Drahtseilen gut gesichert, durch die Felsbarriere der Chällerflüe. Weiter dem nun schmaleren Bergweg entlang nach Süden und nach dem Wald in nordwestlicher Richtung hinauf zu den Alphütten von Chäller (1875 m, Kapelle). Der Weiterweg führt nun recht steil zum östlichen Plateau der Varneralp empor. Für die Überquerung dieser fast 2 km breiten Hochfläche geht man entweder ihrem Südrand entlang oder folgt dem rech-ten Weg, etwas ausholend, über die Alphütte von Planigrächti zum westlichen Plateaurand bei P. 2181. Von da wendet sich der Weg durch eine Felsstufe hin-durch kurz nach Norden und führt dann, zunächst über Alpweiden, weiter un-ten durch einen schönen Lärchenwald, zum Bachlauf der La Tièche. Nach der Brücke auf der Westseite etwas ansteigend und einer Wasserleite entlang kommt, man zur Alphütte der Cave du Sex (1878 m, bis hierher Fahrsträsschen von Montana über die Tourismussiedlung Aminona). Die Benennung Sex mag – zumindest aus dem deutschen Sprachverständnis heraus – für einen Ortsnamen etwas irritierend wirken. Sie hat jedoch nichts mit Erotik zu tun, son-dern ist eine altfranzösische Bezeichnung für rocher = Fels.
Der Weiterweg zu Fuss nach Montana führt zunächst dem Bisse de Tsittoret entlang und weiter über das lokale Wanderwegnetz nach Vermala, dem ober-sten Ortsteil des weitflächigen Siedlungsgebietes des Plateaus von Montana. Von da zu Fuss oder mit dem Ortsbus weiter zum Zentrum bei der Bergstation der Standseilbahn Sierre – Montana Vermala oder der gewählten Unterkunft.

Variante Nach Aminona, 1514 m
Vom Cave du Sex dem Weg entlang nach Aminona und weiter mit dem Postauto nach Montana [100.70], nur spärliche und unregelmässige Verbindungen. Ca. 1 Std. kürzer als die Hauptroute.

Gipfel Trubelstock, 2997.8 m
Bereits von der Varneralp aus fällt dieser Gipfel mit seinem steilen Felsaufbau auf. Dieser hervorragende Aussichtspunkt ist von Westen her auf einem Bergweg gut erreichbar. Will man ihn im Rahmen dieser Etappe gleichentags besteigen, zweigt man nach der Varneralp, vor dem Bachlauf der La Tièche östlich von P. 1927 nach Westen ab und gelangt so auf den Bergweg, der von der Cave du Sex heraufkommt. Diesem entlang zur Alp der Montage du Plan und weiter zum Gipfel. T3; zusätzlicher Zeitaufwand 4^1/$_2$ Std.
Als Tagestour von Montana aus kann für diesen Gipfel auch die Seilbahn von Aminona zum Petit Mont Bovin benützt werden. Von deren Bergstation aus kann man die Alp der Montagne du Plan, auf einem Bergweg absteigend, erreichen. Zeitbedarf Petit Mont Bovin – Trubelstock – Montana ca. 6 – 7 Std.

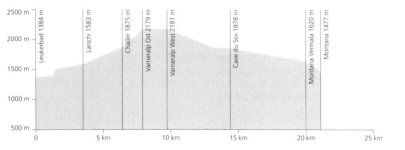

Ancien Bisse du Ro – Col des Eaux Froides

Montana – Cab. des Audannes

Zu Beginn dieser Etappe geht es – zum letzten Mal bei dieser Umrundung der Berner Alpen – noch einmal einer Wasserleite entlang. Der 'Ancien Bisse du Ro' ist ein besonders eindrückliches Beispiel dieser kühnen Bauwerke. Die bereits im 15. Jahrundert erbaute Leitung ist zwar heute nicht mehr in Betrieb. Der sorgfältig unterhaltene Weg mit zahlreichen Hinweistafeln zur Geschichte dieser Leite vermittelt jedoch einen hoch interessanten Zugang zum Lac de Tseuzier und zum Col des Eaux Froides. Er führt über eine Distanz von fast 5 Kilometern der östlichen Steilflanke des Liène-Tales entlang und liegt – besonders an heissen Tagen im Hochsommer sehr angenehm – am Vormittag lange im Schatten. Auch die bald einmal sichtbare Staumauer des Lac de Tseuzier ist geschichtlich bedeutungsvoll: Vor dreissig Jahren war im schweizerischen Autobahnnetz eine Verbindung zwischen dem Berner Oberland im Norden und dem Wallis durch einen Tunnel unter dem Rawilpass hindurch geplant. Als beim Vortrieb eines Sondierungsstollens die Stabilität der Staumauer ernsthaft in Mitleidenschaft gezogen wurde, bedeutete dies schliesslich das endgültige Ende dieses stark umstrittenen Projektes. (Siehe auch Geologiebeitrag ab Seite 234).

T4	6 Std.	▲ 1310 m	▼ 290 m

Schwierigkeit T4

Zeit 6 Std.
Montana – Lac de Tseuzier 3 Std.
Lac de Tseuzier – Cab. des Audannes 3 Std.

Höhenunterschiede Aufstieg 1310 Hm, Abstieg 290 Hm

Lac de Tseuzier, im Hintergrund die Steilstufe von Armeillon am Rawil

Ausgangspunkt Montana, 1477 m
Weitverzweigte Tourismusdestination der gehobenen Klasse mit mehreren Ortsteilen.
Standseilbahn nach Sierre [2225].
Hotelreservation: Crans Montana Tourismus, Tel. 027 485 04 04. Eine einfache Übernachtungsmöglichkeit (Touristenlager) gibt es beim Restaurant des Campingplatzes La Moubra, Tel. 027 481 28 51.

Talort Sion, 508 m.
Bahnverbindung nach Brig und Martigny [100]. Postauto zum Lac de Tseuzier [135.37].

Endpunkt Cabane des Audannes, 2508 m
Koordinaten 595 800 / 132 450.
Gemeinschaftsbesitz der Ass. de la Cab. des Audannes, 1972 Anzère. SOS Telephon. Die Hütte ist bewartet von Juli bis September. Auskunft und Reservation: Armand Dussex, 1966 Ayent. Tel. 027 398 31 86.

Einfachster Abstieg ins Tal Nach Ayent, 978 m
Von der Staumauer des Lac de Tseuzier zu Fuss dem Wanderweg entlang nach Ayent. Im Sommer Postautoverbindung bis zur Staumauer [135.37].

Karten 1266 Lenk, 1286 St. Léonard, 263T Wildstrubel, 273T Montana

Unterwegs einkehren Restaurant du Lac bei der Staumauer des Lac de Tseuzier Übernachtungsmöglichkeit, Tel. 027 398 26 97.

Die Route Vom Ortszentrum Montana (Endstation Standseilbahn Sierre – Montana) dem lokalen Wanderwegnetz entlang zum nordwestlichen Ortsteil Plans Mayens. Bei der Bushaltestelle Plan des Devins (bis hierher auch Ortsbusverbindung) überquert man die Strasse nach Westen und folgt dem breiten Weg, der zum Beginn des Bergweges entlang des Bisse du Ro führt. Nun diesem abenteuerlichen und interessanten Weg entlang (zum Teil sehr exponiert, aber gut gesichert) bis zu den Alpweiden von Er de Chermignon. Nach der Brücke bei P. 1733 über den Bach L'Ertentse, darauf erreicht man etwas aufsteigend ein Alperschliessungssträsschen, das von der Staumauer des Lac de Tseuzier herkommt. Man folgt dem Strässchen, zuerst nach Westen, dann nach Norden und zuletzt wieder nach Westen bis zum Lac de Tseuzier. Über die Staumauer und kurz der Strasse entlang zum westlichen Seeufer. Nun dem westlichen Seeufer entlang zur Hütte bei Lourantse und dem Rawilpassweg entlang bis auf ca. 1900 m. Hier zweigt man nach links ab und folgt dem auf der LK eingezeichneten und markierten Weg in Richtung Lac de Ténéhet. Kurz vor diesem See auf ca. 2400 m trifft man auf den Bergweg, der vom Rawilpass über

Plan des Roses zum Col des Eaux Froides und weiter zur Cab. des Audannes führt. Über diesen Weg führt auch ein Teilstück der „Tour du Wildhorn". Man folgt ihm durch das stark zerklüftete Karrengebiet von Ténéhet und gelangt zum Tälchen, das vom Col des Eaux Froides nach Nordosten abfällt. Durch dieses hinauf in den Col und auf dessen Südwestseite gegen den Lac des Audannes hinab. Kurz ansteigend hinauf zur Cab. des Audannes.

Gipfel Wildhorn, 3247.6 m

Weit herum bekannt ist dieser höchste Gipfel zwischen Sanetsch- und Gemmipass vor allem als Skitourenziel. Doch auch im Sommer ist seine Besteigung, gerade über die Südseite, sehr lohnend. Allerdings ist dies keine einfache Wanderung, sondern eine leichte Gletscher- und Firntour. Mit entsprechender Ausrüstung (Anseilgürtel, Seil und Pickel) kommt eine Besteigung auch für erfahrene Alpinwanderer in Frage. Die einfachste Route beginnt am Col des Eaux Froides: Vom Col auf der Nordseite einige Meter absteigen und über zunächst steile Felsen zu sanfter geneigten Platten. Über diese, nördlich von P. 2845 an einer Einsattelung vorbei, auf den Glacier des Audannes und über diesen in westlicher Richtung zum Gipfel. T5; 2 Std. vom Col des Eaux Froides.

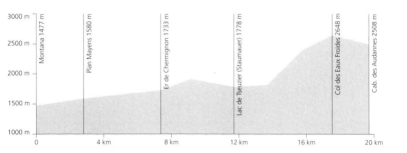

Herbe Landschaft an der Wildhorn-Südseite

Cab. des Audannes – Gsteig

Bergwandern an der Wildhorn–Südseite war lange Zeit eine ausgesprochene Liebhabersache. Die alte und kleine Hütte am Lac des Audannes mit nur 4 Schlafplätzen und der Übergang zur Hochebene der Grand'Gouilles durch die Steilrinne von Châble du Ley waren nicht jedermanns Sache. Mit dem Bau der neuen Hütte am Lac des Audannes und der Wegführung über den Col des Audannes hat sich einiges geändert. So ist die hier beschriebene Route – gleichzeitig die letzte Etappe der grossen Berner Alpen Umrundung – auch Bestandteil der vor allem im französischen Sprachraum bekannten, 3 – 4 tägigen „Tour du Wildhorn".

Aus einer puritanischen Sicht der Dinge werden solche Entwicklungen und Veränderungen sicher hier und dort bedauert. Ein veritabler Massentourismus ist hier allerdings nicht zu befürchten. Diese grossartige und herbe Landschaft an der Südflanke des Wildhorns verträgt in ihrer Weite ein paar Wanderer alleweil.

T4	7 Std. 30 Min.	▲ 580 m	▼ 2100 m

Schwierigkeit T4

Zeit 7½ Std.
Cab. des Audannes – Col des Audannes 1½ Std.
Col des Audannes – Arête de l'Arpille 2 Std.
Arête de l'Arpille – Col du Sanetsch ½ Std.
Col du Sanetsch – Staumauer Sanetsch 1 Std.
Staumauer Sanetsch – Gsteig 2½ Std.

Höhenunterschiede Aufstieg 580 Hm, Abstieg 2100 Hm

Spiegelbilder in der Grand Gouilles

Ausgangspunkt Cabane des Audannes, 2508 m
Koordinaten 595 800 / 132 450.
Gemeinschaftsbesitz der Ass. de la Cab. des Audannes, 1972 Anzère. SOS
Telephon. Die Hütte ist bewartet Juli bis September. Auskunft und Reservation:
Armand Dussex, 1966 Ayent. Tel. 027 398 31 86.

Talort Ayent, 978 m
Ortschaft nordöstlich oberhalb Sion. Postautoverbindung von Sion [135.33].

Endpunkt Gsteig, 1184 m
Bergdorf an der Passstrasse Saanen – Col du Pillon. Postautoverbindung von
Gstaad [120.16].
Hotels: Bären, Tel. 033 755 19 37, Sanetsch Tel. 033 755 11 77, Viktoria Tel.
033 755 16 91.

Einfachster Abstieg ins Tal Nach Ayent, 978 m
Von der Cab. des Audannes dem normalen Hüttenweg entlang nach Les
Rousses (Postautohaltestelle der Linie Sion – Ayent – Barrage de Tseuzier
[135.37]). T3; 2 Std. von der Hütte.

Karten 1266 Lenk, 1288 St. Léonard, 263T Wildstrubel, 273T Montana

Unterwegs einkehren Refuge du Barrage du Sanetsch, ca. 2040 m
Zwischen der Staumauer des Sanetsch Stausees und der Bergstation der
Werkseilbahn Gsteig – Sanetschsee. Geöffnet von Mai bis Oktober, Übernach-
tungsmöglichkeit. Tel. 033 755 12 32.

Die Route Von der Cab. des Audannes dem Bergweg entlang nach Westen
und hinauf zur Einsattelung La Selle (2709) m im Grat zwischen Mont Pucel
und Sex Rouge. Nun über den steilen Zickzack-Pfad zum Col des Audannes hinauf (Dieser Übergang ist in älteren Karten nicht benannt). Vom Col führt der
aus dem Fels gehauene, mit einem langen Geländerseil und Drahtseilen gesicherte Weg zuerst nach Nordwesten, dann über Geröll nach Westen hinunter
zur Hochebene der Grand'Gouilles. Man durchquert nun diese fast drei
Kilometer lange Fels- und Gerölllandschaft nach Westen, geht oberhalb des
Tälches der Tsanfleuronne hindurch und erreicht die Arête de l'Arpilles auf ca.
2670 m. Man folgt diesem langen, z.T. etwas exponierten Grat über drei
Erhebungen bis zum Col du Sanetsch. (Dieser Abschnitt kann bei Nässe heikel
sein und ist während eines Gewitters blitzschlaggefährdet). Vom Col führt der
Weiterweg nach Norden und dem Sanetschstausee (Lac de Sénin) entlang.
Dazu gibt es zwei Möglichkeiten: Entweder über den Weg, der mehr oder weniger der Passstrasse am westlichen Seeufer entlangführt, oder dem Pfad am
östlichen Seeufer entlang. Von der Staumauer am nördlichen Ende des Sees

steigt man in wenigen Minuten zur Refuge du Barrage du Sanetsch ab, die sich am Ende der Bergpoststrasse von Sion her befindet. Etwas nördlich davon befindet sich die Bergstation der Werkseilbahn Innergsteig – Lac de Sénin. Wer nun seinen Knien den folgenden, immer noch gut 900 Höhenmeter messenden Fussabstieg nach Gsteig nicht mehr zumuten will, wird sich vermutlich der Versuchung, diese Transporthilfe zu benützen, nicht entgehen lassen. Für den Weiterweg zu Fuss ist die Route gegeben: Man folgt dem markierten und beschilderten Bergweg bis zur Brücke über die Saane bei P. 1478. Von hier führt der nun breite Weg direkt zum Talboden und zur Talstation der Seilbahn hinunter. Etwas interessanter, aber ca. 20 Min. länger ist der Umweg über die Alphütten der Burg. Man folgt dazu von P. 1478 aus dem Weg nach Norden bis zu P. 1511. Von da an den Alphütten der Burg vorbei und steil den Bergweg hinunter, der entlang der Burgfälle ebenso zur Talstation der Seilbahn führt. Weiter dem Fahrsträsschen entlang nach Gsteig.

Gipfel Arpelistock, 3035.5 m
Dieser Gipfel ist über die Arête de l'Arpille, über deren unteren Teil die Etappe führt, auch für Wanderer erreichbar. Von dort, wo der Weg von Grand'Gouilles her die Arête de l'Arpille erreicht, folgt man dem Grat nach Nordosten weiter aufwärts bis zu den Felsstufen bei P. 2823. Diese umgeht man rechts (östlich) und gewinnt den Grat über Wegspuren und Geröll wieder auf ca. 2930 m. Nun weiter über den Grat bis zum Gipfel. T4; zusätzlicher Zeitbedarf ca. 1½ Std. vom Weg der Hauptroute.

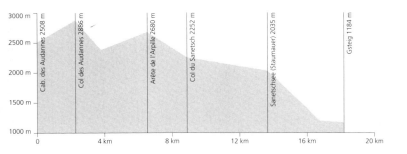

Die Geologie der Berner Alpen

Toni Labhart.

Einleitung

Diese kurze Einführung ist für diejenigen Wanderer bestimmt, die etwas über die Geologie erfahren möchten, mit der sie am Wegrand buchstäblich Schritt auf Tritt konfrontiert werden. Sie enthält Informationen über die wichtigsten Gesteine, über den Gebirgsbau und die Erdgeschichte der Region, kann aber weder eine Einführung in die Grundlagen noch detaillierte Routenbeschreibung sein. Es wäre schön, wenn sie zu eigenen Beobachtungen und Überlegungen anregen würde.

Wer mehr wissen möchte, der wird um das Studium zusätzlicher Literatur nicht herumkommen. Einige Hinweise dazu finden sich am Schluss dieses Beitrages.

Die grossen Züge

Die Etappen dieses Führers berühren zwei geologische Grosseinheiten, nämlich das Aarmassiv und das Helvetikum [1] (vgl. geologische Kartenskizze Seite 242/243).

Die beiden Komplexe sind dank ihren charakteristischen Gesteinen gut abgrenzbar:

Das Aarmassiv besteht aus kristallinen Gesteinen, überwiegend Granit und Gneis. Es baut die Berner Hochalpen zwischen dem Westende des Lötschentals und der Grimsel auf. Das Aarmassiv ist ein Teil des uralten europäischen Grundgebirges; seine Gesteine sind 300 und mehr Millionen Jahre (MJ) alt.

Nordwärts überkippte Grossfalten in der Doldenhorn-Decke des vorderen Gasteretals.

Etappen und Geologie

Die Hauptetappen dieses Führers umrunden generell das Aarmassiv im Uhrzeigersinn. Die Etappen 1–10 verlaufen in den helvetischen Decken. Das Aarmassiv wird vorerst nur randlich berührt (Etappe 8 bzw. 8.2.), dann aber auf den Etappen 11 und vor allem 12, dem klassischen Grimselprofil, von Norden nach Süden gequert. Mit den Etappen 13–21 verbleibt man zwischen Grimsel und Lötschental in den südlichen Teilen des Aarmassivs. Teilquerschnitte durch den westlichen Teil des Massivs vermitteln die Etappen 19.1 (Baltschiedertal), 45 (Bietschhornhütte-Hohtenn) und 43/43.1 (Lötschepass). Die restlichen Etappen – 21 bis 24, sowie 40, 41, 42 und 44 – bewegen sich in den helvetischen Decken westlich des Aarmassivs.

Die Erdgeschichte der Berner Alpen

Zeitalter	Alter in Mio J.	Ereignisse und Gesteinsbildung
Gegenwart		Abtragung, gleichzeitig fortgesetzte Heraushebung des Gebirges.
Quartär	1.75	**Eiszeiten.** Gestaltung des Reliefs durch Eis und Wasser.
Tertiär	65	**Alpine Gebirgsbildung.** Überschiebung der helvetischen Decken über das Aarmassiv. Im Massiv Stauchung, bewirkt Zersplitterung und Verschieferung, im W und SW zonenweise Einfaltung des Autochthons. Anschliessend Aufwölbung des Aarmassivs und Heraushebung zum Hochgebirge.
Kreide	135	**Mesozoische Meeresüberflutung.**
Malm	154	des alten europäischen Grundgebirges.
Dogger	175	Am Nordrand dieses mächtigen Ozeanbeckens
Lias	203	(Tethys) über dem Aarmassiv im helvetischen Bereich
Trias	250	Ablagerung vorwiegend kalkiger Sedimente.
Perm	295	Wüstenklima; Wüstenverwitterung des eingeebneten variszischen Gebirges.
Karbon	355	**Variszische Gebirgsbildung.** Magmatismus: Eindringen des Aaregranits und des Gasterngranits. An der Erdoberfläche Festlandsedimente, z.T. Kohlensümpfe (Kohle von Ferden).
Devon	408	Abtragung und Einebnung des kaledonischen Gebirges.
Silur/ Ordoviz	500	**Kaledonische Gebirgsbildung.** Entstehung der metamorphen Gesteine des Altkristallins (Gneise, Schiefer und Amphibolite) sowie des Lauterbrunner-Kristallins.
Kambrium und Älteres		Entstehung der Ursprungsgesteine des Altkristallins (Sedimente, ozeanische Basalte etc.).

Die Spalte zwischen Kreide und Trias ist mit "Mesozoikum" beschriftet.

Das Helvetikum baut den Westteil des Gebiets (Wildstrubel- Wildhornmassiv) und die Berner Voralpen im Nordwesten auf. Es besteht durchwegs aus gut geschichteten, oft auch verfalteten Sedimentgesteinen. Darunter dominieren Kalksteine aller Art; dazu kommen Mergel (Kalk-Ton-Mischgesteine), Tonschiefer, Sandsteine und Dolomite. All' dies sind Ablagerungen eines subtropischen Meeres, das 200 Millionen Jahre lang, zwischen der Trias- und der beginnenden Tertiärzeit, das kristalline Grundgebirge überdeckt hat.

Zu Beginn des Tertiärs lag der helvetische Sedimentstapel praktisch horizontal über dem aarmassivischen Kristallin. Diese einfache Geometrie ist durch die nachfolgende alpine Gebirgsbildung völlig verändert worden. Viele Sedimente sind offensichtlich schief gestellt, verfaltet und disloziert worden, und das Aarmassiv – das ursprünglich Unterste und Älteste! – bildet heute die höchsten Gipfel.

Verstehen lassen sich die heutigen geologischen Verhältnisse nur durch die Kenntnis der Entstehungsgeschichte; sie soll im nächsten Abschnitt geschildert werden. Das Kernstück ist dabei eine zusammenfassende Tabelle, der auch die wichtigsten Zeitmarken und Schichtnamen entnommen werden können (Abb. Seite 235).

Die Zeit vor dem Perm: Die Entstehung des Grundgebirges. Die kristallinen Gesteine des Aarmassivs verdanken ihre Entstehung im Wesentlichen zwei alten, auch gesamteuropäisch bedeutsamen Gebirgsbildungen. Die Gneise, Schiefer und Amphibolite des Altkristallins [2], wie auch das Innertkirchner-Lauterbrunner–Kristallin sind Produkte der **ka-**

Blick vom Schilthorn nach Osten: Kontrast zwischen dunkelbraunen, flach liegenden Doggerschichten der Wildhorn-Decke und schroffem Aarmassiv-Nordrand am Eiger und Wetterhorn.

ledonischen Gebirgsbildung vor etwa 450 MJ. Das Ausgangsmaterial muss natürlich älter sein. Bei den Amphiboliten z.B. denken die Fachleute an 800 bis 1000 MJ alte Meeresboden- Basalte, Zeugen einer frühen ozeanischen Vorgeschichte Europas. Die **variszische Gebirgsbildung** ist (wie im übrigen Mitteleuropa) charakterisiert durch das Eindringen gewaltiger Mengen granitischer Magmen um 300 MJ. Sie bilden das Ausgangsmaterial des Aaregranits und des Gasterngranits.

Zur Permzeit war das variszische Gebirge zu einem flachen Hügelland abgetragen. In trockenem, heissem Klima verwitterten die Gesteine wüstenartig. Solche Bildungen sind heute auf dem Lötschepass freigelegt (Etappen 43 und 43.1).

Die mesozoische Meeresüberflutung. In der Triaszeit begann sich der alte europäische Kontinent abzusenken und auseinander zu brechen. Für rund 200 MJ, während des gesamten Erdmittelalters („Mesozoikum") wurde er vom Meer überflutet und von dessen Ablagerungen überdeckt. Dabei öffnete sich zwischen zwei sich voneinander entfernenden Blöcken („Platten") ein Ozeanbecken von der Grösse des heutigen Mittelmeeres, die Tethys der Geologen. Unser Gebiet lag ganz am Nordrand, am europäischen Kontinentalrand, im sog. helvetischen Ablagerungsraum [1].

Die alpine Gebirgsbildung. Zur Tertiärzeit wurden die flach gelagerten Ozeansedimente mitsamt ihrem kristallinen Untergrund als Folge einer Kontinentalplatten–Kollision von Süden nach Norden zum alpinen Gebirge zusammengestaucht. In unserem Bereich sind dabei süd-

Wunder der Natur: Rauchquarzgruppe vom Zinggenstock, gefunden und fotografiert von Ernst Rufibach, Guttannen.

liche Teile der helvetischen Sedimente abgeschürft und als Decken (Falten und Schichtspäne) bis zu 40 km weit nach Nordwesten auf und über nördlichere Teile geschoben worden. Nur geringmächtige, dem Kristallin direkt aufliegende Anteile blieben an Ort und Stelle („autochthon"). Westlich des Gemmipasses liegen die helvetischen Decken flach gestapelt über dem Grundgebirge und dem Autochthon. Je höher eine Decke hier liegt, desto weiter südlich im Meer lag ihr ursprünglicher Ablagerungsraum. Im Ostteil hingegen, im Bereich des Aarmassivs, ist eine dieser Decken – die Wildhorn-Decke – weit nach Norden geschoben worden und baut grosse Teile der Berner Voralpen auf. An ihrer Überschiebungsbahn sind am Nordrand des Massivs die höchsten Kristallinanteile mitverschleppt worden. Das Grundgebirge des Aarmassivs selber ist bei der alpinen Faltung zusammengestaucht, in Späne zerlegt und verschiefert worden. Dabei wurden im Westen und Südwesten entlang gewissen Zonen autochthone Sedimente ins Kristallin eingemuldet.

Das kristalline Grundgebirge lag während der Deckenüberschiebung tief unter dem Deckenstapel begraben. Erst später wurde es durch Vertikalbewegungen zum Aarmassiv herausgehoben und gleichzeitig durch starke Abtragung freigelegt. So finden sich beispielsweise an der Grimsel Kristallhöhlen an der Erdoberfläche, die sich vor rund 20 MJ in etwa 10 km Tiefe gebildet haben. Die junge Heraushebung ist also verantwortlich dafür, dass in unserem Gebiet die ältesten Gesteine die höchsten Gipfel aufbauen.

Eiszeiten und Reliefbildung Eine globale Abkühlung führte in der Quartärzeit zu einer ausgedehnten Vergletscherung der Alpen. Vor einigen zehntausend Jahren, zum Zeitpunkt der grössten Vereisung, war unser Gebiet bis unter die höchsten Gipfel von Eis bedeckt. Ihre grösste Höhe erreichte die Eiskuppe mit 2800 m ü. M. über dem Obergoms. Im Aaregranit der Grimsel ist der Höchststand des Eises als Schliffgrenze gut erkennbar (Etappen 12, 12.1 und 13 im Raum Grimselsee /Grimselpass). Auf unserer Rundwanderung berühren wir zwischen Innertkirchen und dem Lötschental – auf den Etappen 12 bis 20 – nur dann die Eisoberfläche, wenn wir das Sidelhorn besteigen (Etappe 13), welches damals ganz knapp als isolierter Nunatak aus der Eiswüste herausschaute! An der Grimsel erkennt man besonders gut, in welchem Ausmass die eiszeitlichen Gletscher das alpine Relief geprägt haben. Die gewaltige Tiefenerosionskraft des Eises zeigt sich etwa im Gasteretal, dessen glazial übertiefte, mit Schutt gefüllte Rinne 1908 zur Einbruchskatastrophe beim Bau des Lötschbergtunnels führte. Eindrückliche Beispiele für glaziale Schluchten sind der Trümmelbach (Etappe 8), die Rosenlauischlucht Etappe 10), die Aareschlucht (Etappe 12) und diejenige des Oberaletschgletschers (Etappe 17.1). Weite Gebiete der Region sind von eiszeitlichem Moränenschutt bedeckt. Die heutigen Gletscher das Aarmassivs, die immerhin zu den grössten der Alpen gehören, sind vergleichsweise kümmerliche Reste des eiszeitlichen Eisschildes. Seit der Mitte des 19. Jh. sind sie in raschem Abschmelzen begriffen, in jüngster Zeit dramatisch beschleunigt durch menschliche Aktivitäten. Besonders eindrücklich ist dieser Schwund an den hoch liegenden Seitenmoränen des 19. Jh. am Aletschgletscher (Etappe 17.1), am Rhonegletscher (Etappe 13) und am Unteraargletscher (Etappe 12.1) zu sehen. Die Lauteraarhütte ist um 1880 direkt am Gletscherrand erbaut worden!

Der Rückzug der Gletscher vor etwa 10'000 Jahren ins Innere der Alpen hatte vielerorts Bergstürze zur Folge: Die Hänge verloren nicht nur ihre Stütze, sondern – durch das Schmelzen des Permafrosts – auch ihren inneren Zusammenhalt. Von Bergstürzen geprägt ist der Kessel von Kandersteg, durch Stürze vom Fisistock (dessen Ausbruchsnische und Gleitbahn unübersehbar sind; 800 mio m³), von der Birre (ca. 400 mio m³) und vom Doldenhorn (Aufstau des Oeschinensees; Etappen 5.1, 6 und 6.1).

Schneereste markieren nördlich des Grimselsees den Höchststand der eiszeitlichen Gletscher

Gegenwart, Vergangenheit und Zukunft. Die Berner Alpen haben in einer halben Milliarde Jahre Erdgeschichte alles erlebt, was an geologischen und geographischen Szenarien denkbar ist: Tropisches Meer, Wüstenklima und arktische Vergletscherung; Platten-verschiebungen und –kollisionen mit dreimaliger Auffaltung und Abtragung von Gebirgen in Intervallen von jeweils etwa 150–200 MJ, begleitet von Magmatismus und Metamorphose im tiefen Untergrund.

Und die Entwicklung ist keineswegs abgeschlossen.

Zwar fallen uns heute vor allem die Erscheinungen der Abtragung auf: Verwitterung, Steinschlag, Felsstürze, Hochwasser und Rüfen. Messungen zeigen aber, dass das Gebirge nach wie vor mit Beträgen zwischen 0.5 bis 1.4 mm pro Jahr herausgehoben wird. Diese Werte sind grösser als die Abtragungsrate, was bedeutet, dass das Gebirge sogar etwas höher wird. Auch die Erdbebenaktivität des Rawilgebiets und der Region Siders–Visp–Brig – die intensivste der Schweiz – deutet darauf hin, dass gebirgsbildende Vorgänge nicht völlig abgeklungen sind.

Bemerkungen zu den einzelnen geologischen Einheiten
(vgl. Kartenskizze Seite 242/243)
Das Aarmassiv

Aus den vielfältigen, durchwegs metamorphen Gesteinen des **Altkristallins** greifen wir die verbreitetsten heraus: Gneise, Schiefer und Amphibolite. Dazu kommt als Sonderfall das Innertkirchner–Lauterbrunner–Kristallin.

Gneise sind gebänderte Gesteine, in denen helle Lagen von Feldspat und Quarz mit Glimmerschichten abwechseln. Durch das Zurücktreten von Quarz und Feldspat und das Überhandnehmen des Glimmers gehen Gneise oft ohne scharfe Grenze in die feinlagigen **Schiefer** über. Die Art des Glimmers bestimmt die Farbe der Gneise und Schiefer: dunkler Biotit, heller grobblättriger Muskovit oder feinschuppiger, hell-seidig glänzender Serizit; in Schiefern kommt oft der verwandte grünliche Chlorit dazu. Die Schieferflächen fallen meist steil gegen Südosten ein. Die Etappen 14 bis 20 verlaufen fast durchwegs in der südlichen Schiefer- und Gneiszone des Aarmassivs; besonders häufig sind hier Gneise mit linsenförmigen Feldspäten, die sog. Augengneise. In eine Gneis/Schiefer-Zone eingetieft ist ferner das Lötschental (Etappen 43 und 45).

Gneise und Schiefer bauen die Viertausender Schreckhorn, Lauteraarhorn und Gross Fiescherhorn auf. Von den beiden erstgenannten stammen die gewaltigen Schuttmassen auf dem Unteraargletscher (Etappe 12.1).

Amphibolite enthalten vorwiegend grüne Hornblende (Amphibol) und weissen Feldspat. Sie fallen auf durch ihre grüne Farbe, ihre hohe Dichte und ihre von gebändert zu schollig-chaotisch wechselnde Struktur. Amphibolite treffen wir im Lötschental, z. B. im Anstieg zur Bietschhornhütte und zum Schafberg (Etappe 45) und im Raum Kummenalp/Lauchernalp (Etappe 44). Der höchste Gipfel der Berner Alpen, das Finsteraarhorn, besteht aus Amphibolit.

Das **Innertkirchner–Lauterbrunner–Kristallin** ist granitartig, enthält aber eine Vielzahl von Einschlüssen („Schollen") von Gneis, Marmor, Amphibolit u. Ä. Es handelt sich um einen sog. Migmatit, ein Gestein, in dem der granitische Anteil an Ort und Stelle durch teilweise Aufschmelzung von Gneisen des Altkristallins entstanden ist. Aus diesem interessanten Material bestehen u. a. der hinterste Teil des Lauterbrunnentals (Etappen 7 und 8), der Unterbau und die überschobene Gipfelkappe der Jungfrau (Rottal, Etappe 8.2) sowie das Gebiet Dossenhütte/ Dossenhorn/unteres Urbachtal/Innertkirchen (Etappen 11 und 12).

Der **Zentrale Aaregranit** bildet gewissermassen das Rückgrat des Aarmassivs. Den grössten Raum nimmt dieses schöne, helle, grobkörnige, raue Klettergestein im Grimselgebiet ein, wo sich auch die eindrücklichsten Granitlandschaften der Berner Alpen finden (Etappen 12, 12.1. und 13). Gegen Westen löst sich der Aaregranit in mehrere Teilzüge auf (s. Karte). Einer davon zieht im Süden vom Sidelhorn (Etappe 13) zum Märjelesee (Etappe 16). Auf der Südseite des Lötschentals baut ein weiterer Granitzug eine prachtvolle Gipfelkette auf, die im Bietschhorn kulminiert. Berührt wird er von der Etappe 45 im Raum Schafberg–Reemi und der Etappe 19.1 im oberen Baltschiedertal. Die Molybdänvererzungen dieses Tals sind an die Randzone eines weiteren Granitzugs gebunden. Die für Granite an sich untypische Zerscherung – gut erkennbar im Grimselgebiet – ist eine Folge der alpinen Stauchung des Aarmassivs, ebenso die Entstehung der Kristallklüfte im Granit, weltweit die grössten ihrer Art (Etappe 12; Kristallmuseum Guttannen, Mineralkluft Gerstenegg KWO). Praktisch gleich alt wie der Aaregranit – rund 300 MJ – ist der feinkörnige, kompakte Gasterngranit im Gebiet oberes Gasteretal–Lötschepass–Petersgrat (Etappen 43 / 43.1), der vom alten wie vom neuen Lötschbergtunnel durchfahren wird.

Helvetische Sedimente

Das Autochthon

Autochthone Sedimente finden sich fast überall am Rand des Aarmassivs. Ihre unterschiedliche Lagerung – schiefgestellt, eingefaltet oder gar von Kristallin überdeckt – ist bedingt durch die Ereignisse der alpinen Gebirgsbildung.

Die Auflagerung des Autochthons auf das Kristallin – das ist der Meeresboden der Triaszeit! – kann man gut bei Stechelberg und im Gasteretal studieren. Von hier steigt diese Kontakt-

Geologische Kartenskizze der Berner Alpen

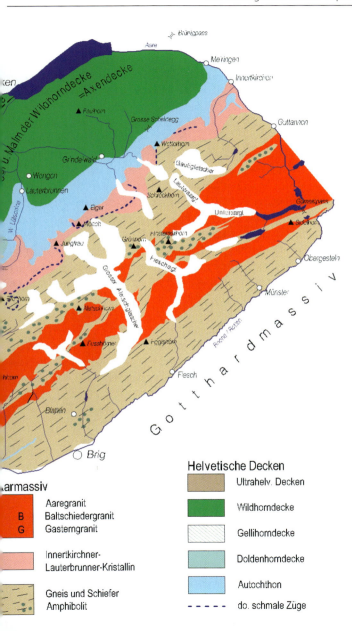

...ken

Geu. u. Malm der Wildhorndecke =Axendecke

Brünigpass

Aare

Meiringen

Innertkirchen

▲ Faulhorn

Grosse Scheidegg

Guttannen

▲ Wetterhorn

Gauligletscher

Grindelwald ○

Lauteraargl

Schreckhorn

Untergargl

Gamsepass

○ Wengen

○ Lauterbrunnen

W. Lütschine

▲ Eiger

▲ Mönch

Grünhorn

Finsteraarhorn

▲ Sidelhorn

▲ Jungfrau

Fleschgl.

Obergesteln

Grosser Aletschgletscher

Münster

Rhone Rotten

▲ Aletschhorn

▲ Fusshörner

▲ Fogishorn

Fiesch

▲ ...orn

G o t t h a r d m a s s i v

Blatten ○

○ Brig

...armassiv

	Aaregranit
B **G**	Baltschiedergranit
	Gasterngranit

Innertkirchner-Lauterbrunner-Kristallin

Gneis und Schiefer Amphibolit

Helvetische Decken

Ultrahelv. Decken

Wildhorndecke

Gellihorndecke

Doldenhorndecke

Autochthon

- - - - do. schmale Züge

fläche infolge der Aufwölbung des Massivs südwärts an, zu verfolgen etwa auf der Rundtour Rottalhütte (Etappe 8.2) oder von Selden zum Lötschenpass (Etappen 43 / 43.1). Auffallendste Gesteine sind der weisse Sandstein und das gelbe Dolomitband der Trias, darüber die braunen, oft fossilreichen Kalke des Doggers und dann die mächtigen Kalksteine des Malms, der sogenannte Hochgebirgskalk. Am Lötschenpass und unter dem Hockenhorn liegt die Trias flach über dem permisch verwitterten Gasterngranit.

Entlang alpiner Quetschzonen ins Aarmassiv eingefaltetes Autochthon trifft man am Westende des Lötschentals (Etappen 21 und 44) oder im Südwesten (Baltschieder–Brischeren, Bietschtal; Etappen 19, 19.1–3). Im Raum Raron–Hohtenn–Gampel liegt das Autochthon dem Südrand des Massivs in Form steiler Platten auf (Etappen 19.3 und 20).

Am Nordrand des Massivs finden sich über den autochthonen Sedimenten die bereits erwähnte, bei der Überschiebung der helvetischen Decken mitgeschleppten Kristallinpakete: Die Gipfel Hockenhorn, Mutthorn, Tschingelhorn, Breithorn bis Gletscherhorn sowie die Gipfelkappen von Jungfrau, Mönch, Mettenberg und Gstellihorn (Etappe 11). Am Eiger, am Wetterhorn sowie in den Wellhörnern und Engelhörnern sind vor dieser Kristallinfront die Sedimente – insbesondere der Hochgebirgskalk – steilgestellt worden. Dies ergibt die eindrücklichen Steilabstürze, die das Tal von Grindelwald und das Reichenbachtal im Süden begrenzen (Etappen 9 und 10).

Die helvetischen Decken im Westen

Drei in Form, Bau und Grösse ganz unterschiedliche Deckeneinheiten liegen im W des Aarmassivs übereinander, von unten nach oben Doldenhorn-, Gellihorn- und Wildhorn-Decke. Die **Doldenhorn-Decke** ist alpin nur wenig nach Nordwesten verschoben worden und ist

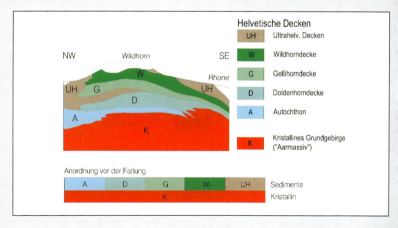

Zeugen wechselvoller Erdgeschichte am Lötschepass. Im Vordergrund Trias-Sandstein über permisch verwittertem Gasterngranit. Im Hintergrund fantastische Falten in helvetischen Sedimenten am Ferdenrothorn.

noch mit dem Untergrund – Autochthon und Aarmassiv – verbunden; solche Elemente bezeichnet man als parautochthon. Bei der alpinen Aufwölbung des Massivs ist die Doldenhorn–Decke mitgehoben worden, und zwar zum höchsten Kalkmassiv der Alpen. Der geologische Bau – nordwestfallende, überkippte Grossfalten – wirkt sich hier in seltener Klarheit direkt auf die Form der Berge aus: im NW abfallende Platten (Blümlisalp, Doldenhorn, Altels/Balmhorn, Rinderhorn, Daubenhorn; Etappen 5, 6, 6.1, 21.1, 41 und 43.1), im SE gestufte Steilflanken (Absturz der Doldenhorn–Blümlisalp–Gspaltenhorn–Kette zum Kanderfirn – Etappe 43.1 – oder die Gemmi-Wand gegen Leukerbad (Etappen 22, 41 u. 44). Falten erkennt man nur in den Quertälern, am schönsten im vorderen Gasteretal und am Oeschinesee (Etappe 6 und 6.1). Wichtigstes Gipfel bildendes Schichtglied ist der Hochgebirgskalk des Malms.

Die **Gellihorn-Decke** ist ein nur wenige hundert Meter mächtiger Schubfetzen (vgl. Karte). Im Gelände tritt sie einzig am Ueschenengrat mit dem namengebenden Gällihorn markant hervor (Etappe 5). Sie liegt hier flach westfallend über der Doldenhorn-Decke. Im Osten keilt sie im Gebiet der Sefinenfurgge (Etappe 7) aus. Als oberstes Element ist die **Wildhorn-Decke** im Gelände die dominierende Einheit. Im N-S-Schnitt der Abb. S. 244 erkennt man eine deutliche Asymmetrie ihres Aufbaus, die sich auch im Gelände äussert: Während die Schichten im Süden gegen das Rhonetal zu einfallen, liegen sie im Bereich des Hauptkamms flach. Hier zeigt sich ein charakteristisches Geländebild, ein Wechsel von felsigen, langgezogenen Steilstufen und flachen, schutt-, schnee- und eisbedeckten Terrassen (deren spektakulärste die Plaine Morte ist). Ursache ist der für die Kalk-Mergel-Schichten der Kreide typische Wechsel härterer und weicherer Bänke. Am Nordabfall der Kette finden sich dann mächtige, nach Norden überliegende Falten oder Faltenkaskaden, in denen oft auch steilgestellte Schichten auftreten können. Besonders eindrückliche Falten sind zu sehen am Niesenhorn (Etappe 2 und 3) und in der Westflanke des Spitzhorns (Etappe 24). Einen kompletten Schnitt durch die Wildhorn-Decke bieten die Etappen 23, 24 und 40.

Der Wildhorn-Decke sitzen zahlreiche Erosionsrelikte einer höheren, aus einem südlicheren Ablagerungsraum stammenden **ultrahelvetischen Decke** auf. Das sind die schiefrigen Gesteine der Gipfel Schneehorn, Gletscherhorn, Pte. de la Plaine Morte, Rohrbachstein (Etappe 40) und Laufbodenhorn (Etappe 3). Vor den Frontalfalten der Wildhorn-Decke bilden

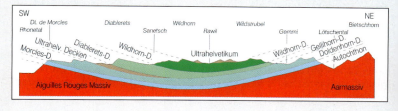

die weichen Gesteine des Ultrahelvetikums Täler, Mulden und Pässe, so etwa die Achse Col du Pillon–Gsteig–Walliser Wispille, hier mit Trias-Gips und -Rauhwacken (Etappe 1).

In einem W-E-Schnitt erkennt man, dass die helvetischen Decken infolge der Aufwölbung der Massive grossräumig muldenartig verbogen sind; Fachleute sprechen von der Rawilmulde oder –depression. Wegen des Aufbiegens am W-Rand des Aarmassivs sind die Decken dort stufenartig freigelegt. So ist es möglich, innerhalb weniger Stunden die drei Decken zu queren, im Abstieg auf den Etappen 5 und 41, im Aufstieg auf der Etappe 42.

Das Helvetikum nordwestlich des Aarmassivs

Hier dominiert die Wildhorn-Decke, die weit über das AM nach Nordwesten geschoben worden ist. Dabei ist ihr Schichtpaket in zwei Teile zerglitten: Dogger und Malm sind zurückgeblieben, die Kreide bis an den Alpenrand im Thuner- und Brienzerseegebiet geschoben [3]. Unser Weg verläuft zwischen Mürren und dem Rosenlaui fast durchwegs im Dogger (Etappen 7, 7.1, 9. 8 und 10) mit seinen verwitterungsanfälligen braunen Kalksteinen und dunklen Schiefern. Der Dogger ist in mächtige, gegen NW aufsteigende Falten gelegt; im Gelände erkennt man vor allem flach gegen SE einfallende Schichten. Diese ergeben ein für den Skisport geeignetes Gelände (Mürren/Schilthorn, Kleine Scheidegg, Männlichen, Grindelwald–First). Bedeutendere Gipfel finden sich in der Kette Faulhorn–Schwarzhorn–Wildgärst.

Literatur und Karten

Über diese Region gibt es hunderte von wissenschaftlichen Arbeiten, leider aber kaum allgemein verständliche Literatur. Hilfreich sind die Blätter des Geologischen Atlas der Schweiz 1:25000 (mit der gleichen Gebietseinteilung wie die Landeskarte 1:25000), jeweils mit einem Erläuterungsheft und Profilschnitten. Im Buchhandel erhältlich sind die Blätter Lenk (1962), St-Léonard (1959), Adelboden (1993), Grindelwald (1938, Nachdruck 1985), Lauterbrunnen (1934), Gemmi (1956, Neudruck 1989) und Lötschental (1985). Besonders empfehlenswert sind die beiden zuletzt erwähnten, an einander grenzenden Blätter.

Der Verfasser stellt Interessenten gerne eine Liste mit ausgewählter Fachliteratur über das Gebiet zu (T. Labhart, Austrasse 26, 3084 Wabern. E-Mail: toni.labhart@bluewin.ch).

Fussnoten:

[1] Als helvetisch bezeichnet man sowohl einen Ablagerungsraum als auch die darin entstandenen Sedimente und die später bei der Alpenfaltung daraus entstandenen Decken.

[2] Darunter versteht man in den Massiven alle Gesteine, die älter sind als die variszischen Granite.

[3] In der neueren Literatur wird analog den Verhältnissen in der Zentralschweiz der Dogger–Malm–Anteil als Axen-Decke, der Kreide-Anteil als Drusberg-Decke bezeichnet.

Über die Rohrbachlücke ins Wallis

Iffigenalp – Montana

Die einfachste Möglichkeit, zu Fuss von der Iffigenalp ins Wallis zu gelangen, führt sicher über den Rawilpass, eine früher wichtige Handelsroute. Fast wäre diese Verbindung in den Siebzigerjahren des letzten Jahrhunderts durch einen Autobahntunnel zwischen dem Obersimmental und dem Unterwallis zivilisiert und modernisiert worden. Ausschlaggebend für die Sistierung des Projekts waren sowohl der Widerstand des Obersimmentals, als auch geologische Schwierigkeiten: Der Bau eines Sondierstollens hatte bedrohliche Verformungen der Staumauer von Tseuzier zur Folge. (Näheres siehe Geologiebeitag ab Seite 234).

Die hier vorgestellte Route beschränkt sich jedoch nicht auf die Überschreitung des Rawil, sondern führt weiter über die Rohrbachlücke, einem in der Landeskarte ungenannten Übergang östlich des Rohrbachsteins. Diese zusätzlichen Aufstiegshöhenmeter belohnen durch den abwechslungsreichen Abstieg zur Hochfläche der Plaine Morte du Luton und den abschliessenden, abenteuerlichen Gang entlang des Ancien Bisse du Ro.

T4	8½ – 9 Std.	▲ 1280 m	▼ 1400 m

Schwierigkeit T4
Zum grössten Teil gute Bergwege. Der oberste Teil des Abstieges von der Rohrbachlücke und der Weg entlang des Ancien Bisse du Ro sind exponiert.

Zeit 8½ – 9 Std.
Iffigenalp – Wildstrubelhütten 3½ – 4 Std.
Wildstrubelhütten – Rohrbachlücke ½ Std.
Rohrbachlücke – P. 2397 1½ Std.
P. 2397 – Montana 3 Std.

Unterwegs auf dem Ancien Bisse du Ro

Höhenunterschiede Aufstieg 1280 Hm, Abstieg 1400 Hm

Ausgangspunkt Iffigenalp, 1584 m
Busverbindung von Lenk [320.26]. Fahrplanmässiger Betrieb von Juni bis Mitte Oktober, übrige Zeit auf Bestellung, Tel. 033 733 14 12.
Übernachtung: Berghotel Iffigenalp. Zimmer und Touristenlager. Geöffnet Juni bis Oktober, Tel. 033 733 13 33.

Talort Lenk im Simmental, 1064 m
Zahlreiche Übernachtungsmöglichkeiten in Gasthäusern und Hotels. Tourismusinformation Tel. 033 733 31 31. Zugverbindung von Spiez – Zweisimmen [320, 120.2].

Endpunkt Montana, 1477 m
Weitverzweigte Tourismusdestination der gehobenen Klasse mit mehreren Ortsteilen.
Standseilbahn nach Sierre [2225].
Hotelreservation: Crans Montana Tourismus, Tel. 027 485 04 04. Eine einfache Übernachtungsmöglichkeit (Touristenlager) gibt es beim Restaurant des Campingplatzes La Moubra, Tel. 027 481 28 51.

Einfachster Abstieg ins Tal Mit der Luftseilbahn Glacier de la Plaine Morte
Von den Wildstrubelhütten zur Weisshornlücke und nach Südosten hinunter gegen den Rand des Glacier de la Plaine Morte. Weiter auf dem Weg, der an der Westseite der Pointe de Vatseret entlang und dann weiter zur Pointe de la Plaine Morte (2927 m) hinaufführt. Die Bergstation der Seilbahn [2230, 2231] befindet sich am Ostgrat, kurz unterhalb des Gipfels. T3; 1 Std. von den Wildstrubelhütten.

Karten 1266 Lenk, 1267 Gemmi, 1286 St. Léonard, 1287 Sierre, 263T Wildstrubel, 273T Montana.

Unterwegs einkehren Wildstrubelhütten, 2791 m
Koord. 602 270 / 136 800.
SAC Sektion Wildhorn, 3770 Zweisimmen. 76 Plätze. Im Sommer bewartet von Juli – Mitte Oktober. Tel. Hütte 033 744 33 39.

Die Route Von der Iffigenalp wie auf Etappe 3 über den Saumweg Richtung Rawilpass und weiter zu den Rawilseeleni bei P. 2489. Nun weiter über den Hüttenweg zu den Wildstrubelhütten. Von da in südöstlicher Richtung in die Weisshornlücke (2852 m) hinauf. (Der letzte Abschnitt in den Pass führt häufig über Firn und kann bei Hartschnee oder Vereisung heikel sein). Nun nach rechts und auf der Nordseite von P. 2885 vorbei in die Rohrbachlücke (ca. 2830 m, ohne Namen auf der LK). Von der Lücke steil nach Süden über eine Schuttrinne und eine kurze, gelbliche Felsstufe hinunter. Weiter über Geröllhänge bis zu einer Weggabelung oberhalb des Lac du Luton (2575 m, ohne Namen auf der LK). Man folgt dem Weg nach rechts, der nun steil in südöstlicher Richtung zum südlichen Rand der Hochebene der Plaine Morte de Luton hinunterführt. Weiter dem Rand dieser Hochebene entlang. Bei der Weggabelung bei P. 2449 auf dem linken Weg, welcher der Steilflanke entlang in ein kleines Hochtal bei P. 2397 leitet. (Von da möglicher Aufstieg in den Col de Pochet und zur Bella Lui möglich (Seilbahn). Um zum Beginn des Ancien Bisse du Ro zu gelangen, folgt man dem Pfad, der zuerst in südlicher, dann steil in südwestlicher Richtung zu den Weiden von Le Tsan hinunterleitet. Weiter talauswärts bis nach Er de Chermignon, wo eine Brücke bei P. 1733 über den Bach L'Ertentse führt. Hier beginnt der Weg dem Ancien Bisse du Ro entlang, der ziemlich genau auf der Höhenkurve 1600 m zum Pas de l'Ours oberhalb von Montana führt. (Dieser letzte Abschnitt ist identisch mit dem ersten Teil der Etappe 23 von Montana zur Cab. des Audannes). Der Weg dieser Wasserleite entlang endet im Ortsteil Plan Mayens von Montana. Von da zu Fuss dem lokalen Wanderwegnetz entlang oder mit dem Ortsbus nach Montana.

Variante Über den Rawilpass, 2429 m
Von P. 2278 (Stbiereläger) im Aufstieg von der Iffigenalp folgt man dem normalen Bergwanderweg über den Rawilpass bis zum Lac de Tseuzier. T2; 4 Std. von der Iffigenalp. Vom See Weiterweg nach Ayent – Sion mit dem Postauto möglich. Details siehe Etappe 23.

Gipfel Rohrbachstein, 2950.2 m
Dieser markante Felsklotz ist von weither sichtbar und bietet eine sehr schöne Aussicht. Von der Rohrbachlücke ca. 2830 m auf deutlichen Wegspuren nördlich um den Gipfelaufbau herum und über die Südwestflanke über Felsstufen zum Gipfel. T4; 1 Std. von den Wildstrubelhütten.

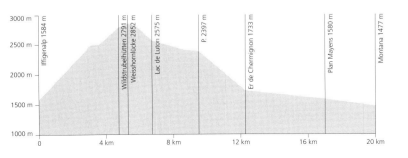

Über die Lämmerenhütte zum Gemmipass

Engstligenalp – Leukerbad

Zwischen dem Wildstrubelmassiv und dem Gemmipass öffnet sich eine grosse Geländekammer, deren Grenze durch mehrere Gipfel knapp über der Dreitausendergrenze gebildet wird. Vor allem von der Lämmerenhütte aus ergeben sich dadurch eine ganze Reihe von einfacheren und lohnenden Hochtouren, die sowohl im Winter wie auch im Sommer sehr beliebt sind. Dieses Gebiet ist jedoch nicht allein den Hochtouristen und Skitourenfahrern vorbehalten: Die Traversierung von der Engstligenalp über die Rote Totz-Lücke zum Gemmipass und weiter bis nach Leukerbad ist eine sehr interessante Alternative zur „Wanderautobahn" über die übliche Gemmiroute von Kandersteg nach Leukerbad.

T4	6 Std. 30 Min.	▲ 960 m	▼ 1500 m

Schwierigkeit T4
Zwischen Tälli und Rote Totz-Lücke wegloses Gelände über Schnee oder Firn. Hier sind nach warmen Sommertagen Wasserlöcher zu beachten.

Zeit 6½ Std.
Engstligenalp – Rote Totz-Lücke 3 Std.
Rote Totz-Lücke – Lämmerenhütte 1 Std.
Lämmerenhütte – Gemmipass 1 Std.
Gemmipass – Leukerbad: 1½ Std.

Höhenunterschiede Aufstieg 960 Hm, Abstieg 1500 Hm

Stummer Wächter auf dem Lämmerenboden

254 Etappe 41: Engstligenalp – Leukerbad

Ausgangspunkt Engstligenalp, 1952 m
Berghotel Engstligenalp, Tel. 033 673 22 91 und Berghaus Bärtschi, Tel. 033 673 13 73. Beide Unterkünfte mit Zimmer und Matratzenlager, ganzjährig geöffnet.

Talort Adelboden, 1348 m
Busverbindung von Frutigen [300.20].

Endpunkt Leukerbad, 1384 m
Busverbindung nach Leuk [100.84]. Zahlreiche Hotels. Vermittlung und Reservation: Leukerbad Tourismus, Tel. 027 472 71 71. Eine einfachere Unterkunft bietet das Touristenheim Bergfreunde im oberen Dorfteil, Tel. 027 470 17 61.

Einfachster Abstieg ins Tal Nach Adelboden, 1348 m
Von der Engstligenalp zu Fuss über den Bergweg oder mit der Luftseilbahn nach Unter dem Birg. Ab Talstation Busverbindung nach Adelboden [300.25].

Karten 1267 Gemmi, 263T Wildstrubel

Unterwegs einkehren Lämmerenhütte SAC, 2501 m
Koord. 610 450 / 138 780.
SAC Sektion Angenstein, 4000 Basel. Die Hütte ist immer offen. Im Sommer bewartet von Juli – Oktober. Tel. Hütte 027 470 25 15

Die Route Von der Engstligenalp folgt man dem in Etappe 5 beschriebenen Weg über den Chindbettipass bis in das Hochtal des Tälli. Vor dem Erreichen des tiefsten Punktes verlässt man hier den weiss-rot-weiss markierten Bergweg und folgt der alpinen Route (weiss-blau-weisse Markierung) nach rechts zum Tälligletscher. Über diesen steigt man in allgemein südlicher Richtung zur Rote Totz-Lücke (ca. 2820 m) hinauf. Dieser Übergang befindet sich ca. 500 m südwestlich der felsigen Erhebung des Rote Totz, (2848 m). Von der Lücke führt der Pfad mehr oder weniger der linken (südlichen) Talflanke des Lämmerentales entlang. Nach der Überschreitung des Baches gelangt man zu einer kleinen Ebene, auf der die Lämmerenhütte steht. Von der Hütte folgt man dem üblichen Sommerweg, der zunächst dem Bachlauf entlang und dann, etwas westlich davon, steil zum Lämmerenboden hinunterleitet. Über diesen in allgemein östlicher Richtung zum Gemmipass, (2322 m). Man erreicht die bekannte Passroute, die von Kandersteg her über den Stock und den Gemmipass nach Leukerbad führt, bereits etwas südlich des Passüberganges. (Die Bergstation der Luftseilbahn Leukerbad – Gemmi befindet sich ca. 300 m östlich oberhalb der Wegeinmündung). Für den Fussabstieg nach Leukerbad folgt man nun dem breiten und kühn angelegten Weg, der sich durch die Felsabstürze der sog.

„Gemmiwand" hinunterschlängelt. Danach erreicht man den Kurort Leukerbad über das lokale Wanderwegnetz.

Variante Entlang dem Daubensee zum Gemmipass
Vom Tälli auf Etappe 5 über die Roti Chumme bis zum nordwestlichen Ende des Daubensees. Von da dem östlichen oder westlichen Ufer des Sees entlang und weiter hinauf zum Gemmipass. Diese Variante ist ca. 1½ Std. kürzer und reduziert die alpintechnischen Anforderungen dieser Verbindungsetappe auf T3.

Gipfel Steghorn, 3146.4 m
Vom Engstligental aus gesehen fällt dieser Berg als östlicher Nachbar des Wildstrubel mit seinem tafelförmigen Gipfelaufbau auf. Von der Lämmerenhütte aus ist er auch für den erfahrenen Bergwanderer zugänglich. Der verbesserte Zugang über das Leiterli ermöglicht eine interessante Überschreitung. Von der Lämmerenhütte auf dem Pfad in Richtung Rote Totz-Lücke. Vor der Bachquerung verlässt man diesen Weg und folgt den Wegspuren linkshaltend über Geröll schräg aufwärts zur Felsbarriere, die das Lämmerental im Norden begrenzt. Unterhalb P. 2733 zieht sich eine gut gangbare Felsrampe hinauf. Man durchsteigt diese mit Hilfe von kurzen Ketten und Seilsicherungen und quert darüber zu einem Moränenkamm. Über diesen und weiter dem östlichen Rand des Steghorngletschers entlang zum Gipfel (Steinmänner).
Im Abstieg folgt man der Aufstiegsroute bis auf ca. 2800 m. Nun nach Südwesten, am Fuss des Lämmerenhorn entlang über Firnfelder oder Geröll hinunter bis in das Tälchen am Rand der Gletscherzunge des Wildstrubelgletschers. Durch dieses den Pfadspuren entlang nach Süden hinunter und dann, nach Osten aufsteigend, zur Lämmerenhütte zurück. T5; gesamter Zeitbedarf ab Lämmerenhütte und zurück 3 – 4 Std.

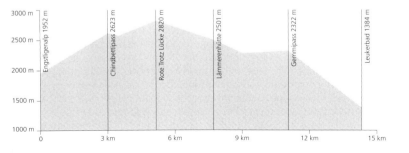

Luft unter den Sohlen

Klettersteig Daubenhorn

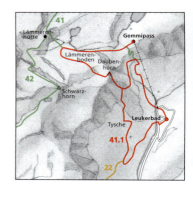

Das Daubenhorn fällt nach Osten mit einer gewaltigen, durch zahlreiche Bänder und Schluchten gegliederte Felsflanke ab. Von Leukerbad aus betrachtet, erinnert diese mehr als tausend Meter hohe Wandflucht stark an die Felsaufbauten in den Dolomiten. Leider ist aber die Felsqualität am Daubenhorn zum Klettern nicht geeignet, und so wurde diese Flanke in der langen Geschichte des Alpinismus nie vollständig durchstiegen. Mit dem aufkommenden „Klettersteigboom" auch in der Schweiz wurde jedoch in den Jahren 1997/98 ein Steig durch diese Wand gebaut. Mit mehr als 2 Kilometern Drahtseilen und gut 200 Metern Leitern ist diese Route die zurzeit längste und wohl auch anspruchsvollste Anlage dieser Art in der Schweiz.

T6	8 – 9 Std.	▲ 1580 m	▼ 659 m

Schwierigkeit T6

Der sog. „Grosse" Klettersteig bis zum Gipfel des Daubenhorns ist sehr lang und durch die häufig senkrechten Leiternpassagen sehr anstrengend und exponiert. Er sollte nur angegangen werden, wenn bereits eine ausgereifte Erfahrung vorhanden ist. Eine vollständige Klettersteigausrüstung ist Voraussetzung (siehe auch Hinweise zum sicheren Berg- und Alpinwandern ab Seite 22). Für den Abstieg vom Daubenhorn ist ein Pickel nützlich. Auch der „Kleine" Klettersteig sollte nicht unterschätzt werden und erfordert ebenfalls Vorkenntnisse für die Begehung von Klettersteiganlagen. Beide Routen sollten bei Gewitterlagen nicht begangen werden. In den Felsen des Daubenhorn kann es im Hochsommer sehr warm werden. Ein frühzeitiger Aufbruch ist daher sehr zu empfehlen.

Nur für Schwindelfreie: Im obersten Teil des Klettersteigs am Daubenhorn

Zeit 8 – 9 Std. (Grosser Steig); 6^1/$_2$ – 7 Std. (Kleiner Steig)
Leukerbad – Untere Schmitte 2 Std.
Untere Schmitte – Obere Freiheit 1^1/$_2$ – 2 Std.
Obere Freiheit – Daubenhorn 2^1/$_2$ – 3 Std.
Daubenhorn – Gemmipass 2 Std.

Höhenunterschiede Grosser Steig: Aufstieg 1580 Hm, Abstieg 659 Hm
Kleiner Steig: Aufstieg und Abstieg: 970 Hm.
Bemerkung: Die Zeit- und Höhenmeterangaben gelten für beide Steige mit einem Fussaufstieg von Leukerbad aus. Benützt man die Luftseilbahn bis zum Gemmipass, reduzieren sich die Zeiten um ca. 1^1/$_2$ Std. und die Aufstiegshöhenmeter um ca. 680 m.

Ausgangspunkt Leukerbad, 1384 m
Busverbindung nach Leuk [100.84]. Zahlreiche Hotels. Vermittlung und Reservation: Leukerbad Tourismus, Tel. 027 472 71 71. Eine einfachere Unterkunft bietet das Touristenheim Bergfreunde im oberen Dorfteil, Tel. 027 470 17 61.

Endpunkt Bergstation Luftseilbahn Leukerbad – Gemmi, 2346 m oder Leukerbad, 1384 m

Karten 1267 Gemmi, 263T Wildstrubel

Die Route Ausgangspunkt für den grossen und kleinen Klettersteig ist die „Untere Schmitte" (ca. 2070 m, ohne Namen und Höhenangabe auf der LK, Hinweisstafel). Diese befindet sich auf einer grossen Grasschulter am Gemmiweg unterhalb der Schmitte (P. 2187). Man folgt nun dem hier beginnenden Pfad über Gras- und Geröllbänder bis zu einem grossen Felskessel. Weiter über die Horizontalbänder zu einem ersten Aufschwung. Über diesen hinauf (sog. „Freyturm") und dahinter über eine kleine Seilbrücke. Weiter in den nächsten Felskessel, aus dem drei lange und senkrechte Leitern auf die Schulter der Oberen Freiheit führen (P. 2345, ohne Namen auf der LK). Für den Weiteraufstieg über den grossen Steig bis zum Daubenhorn folgt man nun im gestuften Gelände schräg nach rechts hinauf den Eisenstiften zu einer längeren Leiter. Über diese sehr steil hinauf in eine Höhle. Diese mündet in einen ca. 100 m hohen und 5 – 20 m breiten Felsschacht, den man bis zum abschliessenden Loch (2 Leitern) durchsteigt. Der folgende, sehr steile Aufschwung wird über mehrere Leitern überwunden. Nach einem Geröllabsatz mittels einer Leiter über den letzten, wiederum sehr steilen Aufschwung auf den Gipfelgrat und über diesen in wenigen Schritten zum Gipfel.
Im Abstieg nach Nordwesten auf Schnee- oder Firn über den Daubengletscher hinunter und weiter den weiss-blau-weissen Markierungen entlang auf den

Lämmerenboden, wo man den Hüttenweg zur Lämmerenhütte erreicht. Diesem entlang nach Osten zum Gemmipass und zur Bergstation der Luftseilbahn Leukerbad – Gemmi.

Variante Kleiner Klettersteig
Diese Route ist bis zur Oberen Freiheit identisch mit dem Steig zum Daubenhorn, führt dann aber den Bändern entlang nach Süden und schliesslich in einem steilen Abstieg nach Leukerbad zurück. Sie ist mit T5 zu bewerten.
Von der Oberen Freiheit bei P. 2345 folgt man nach links dem markierten Pfad, der in südlicher Richtung den Geröllbändern entlang zur Schulter bei P. 2303 führt. Nun steil über felsige Stufen und Geröll hinunter über Tysche (1832 m) zu den Alphütten von Fiess bei P. 1562.8. Von da weiter dem Bergweg entlang, der zurück nach Leukerbad führt; 3 Std. von der Oberen Freiheit.

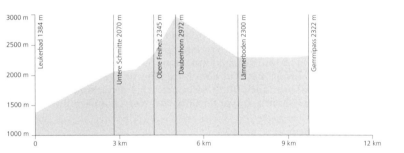

Neue Route über das Schwarzhorn

Lämmerenhütte – Montana

Auf den in diesem Führer beschriebenen Wegen und Routen durch die Berner Alpen sind wir schon mehrmals den Spuren und Folgen des gegenwärtigen Gletscherrückgangs im Alpenraum begegnet. Dies hat vor allem für Hochtouren häufig eher negative Konsequenzen: Viele der in früheren Jahren üblichen Zugänge zu hohen Gipfelzielen sind heute komplizierter, manchmal schwieriger, nicht selten gefährlicher oder gar unmöglich geworden. Mit diesen Geländeveränderungen sind jedoch, gerade im Bereich des alpinen Bergwanderns, auch neue Routen und Wege möglich geworden, die bei höheren Gletscherständen noch undenkbar gewesen wären. Ein anschauliches Beispiel dazu ist die hier vorgestellte alpine Route über das Schwarzhorn. Vor einigen Jahren noch war dieser Berg von der Lämmerenhütte aus nur über eine nicht ganz einfache Gletscherroute erreichbar. Mit dem Rückgang des Lämmerengletschers ist dieser Gipfel nun auch ohne Seil und Pickel erreichbar und ermöglicht eine interessante Traversierung von der Lämmerenhütte nach Montana.

T4	7¹/₂ – 8¹/₂ Std.	▲ 680 m	▼ 1700 m

Schwierigkeit T4
Vor allem im ersten Abschnitt anspruchsvolle Route im hochalpinen Gelände. Die Fertigstellung dieses Weges ist für den Sommer 2003 geplant.

Zeit 7¹/₂ – 8¹/₂ Std.
Lämmerenhütte – Schwarzhorn 3 – 3¹/₂ Std.
Schwarzhorn – Les Outannes (P. 2331) 1¹/₂ Std.
Les Outannes (P. 2331) – Cave du Sex 1¹/₂ Std.
Cave du Sex – Montana 1¹/₂ – 2 Std.

Gastlicher Ort in steiniger Landschaft: Lämmerenhütte

Höhenunterschiede Aufstieg 680 Hm, Abstieg 1700 Hm

Ausgangspunkt Lämmerenhütte SAC, 2501 m
Koord. 610 450 / 138 780.
SAC Sektion Angenstein, 4000 Basel. Die Hütte ist immer offen. Im Sommer
bewartet von Juli – Oktober.
Tel. Hütte: 027 470 25 15.

Talorte Kandersteg, 1178 m oder Leukerbad, 1384 m
Kandersteg: Bahnverbindung nach Bern und Brig [300]. Leukerbad:
Busverbindung nach Leuk [100.84]. Von da Bahnanschlüsse nach Brig und Sion
[100].

Endpunkt Montana, 1477 m
Weitverzweigte Tourismusdestination der gehobenen Klasse mit mehreren Orts-
teilen.
Standseilbahn nach Sierre [2225].
Hotelreservation: Crans Montana Tourismus, Tel. 027 485 04 04. Eine einfache
Übernachtungsmöglichkeit (Touristenlager) gibt es beim Restaurant des
Campingplatzes La Moubra, Tel. 027 481 28 51.

Einfachster Abstieg ins Tal Nach Kandersteg, 1178 m oder Leukerbad, 1384
m
Von der Lämmerenhütte auf den üblichen Wegen über den Lämmerenboden
zum Gemmipass. Von da zu Fuss zur Bergstation der Luftseilbahn Kandersteg
– Sunnbühl (T2; 3½ Std. von der Hütte) oder zur Bergstation der Luftseilbahn
Leukerbad – Gemmipass (T2; 1½ Std. von der Hütte).

Karten 1267 Gemmi, 1287 Sierre, 263T Wildstrubel, 273T Montana

Die Route Von der Lämmerenhütte auf dem Pfad nach Südwesten, der zum
Geröllboden bei P. 2449 führt (Wegweiser). Über eine Brücke über den Bach
und nach Süden über den Geröllhang hinauf. Auf ca. 2600 m nach rechts hinauf auf die Felsschulter bei P. 2621. Nun dem östlichen Rand des Lämmerengletschers entlang hinauf bis auf ca. 3000m. Von da kann man den Rothornpass (P. 3005, ohne Namen auf der LK) in wenigen Min. direkt gewinnen. Es
lohnt sich aber, zuerst über den abschliessenden Schutthang zum Gipfel des
Schwarzhorns (3105 m) aufzusteigen.
Vom Gipfel zurück in den Rothornpass und über Geröll nach Süden hinunter
zum namenlosen See bei P. 2843. Nun nach Westen durch das langgezogene
Tal von Les Outannes, im unteren Teil mehr oder weniger dem Bachlauf der
Tièche entlang über P. 2331 bis an den westlichsten Ausläufer der Arête de
Nusey bei P. 2304. Hier stösst man auf den Weg, der von der Bergstation der

Luftseilbahn vom Petit Mont Bovin (2383 m) herüberkommt. Von hier aus ist diese Station in einer knappen halben Stunde erreichbar. Will man zu Fuss bis nach Montana weitergehen, folgt man dem talwärts führenden Weg, der zu den Hütten der Alp von Montagne du Plan (2075 m) hinunterführt. Von da dem Bergweg entlang weiter zur Cave du Sex und dem in Etappe 22 beschriebenen Weg nach Montana.

Hinweis Die Bahn von Animona zum Petit Mont Bovin ist in der Regel nur bis Mitte September in Betrieb [2235].

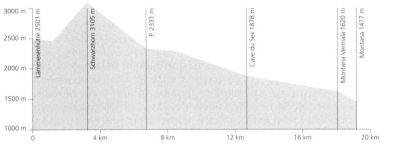

Altbekannter Weg über einen berühmten Pass

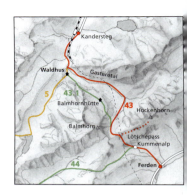

Kandersteg – Lötschepass – Lötschental

Trotz seiner Höhe und den daraus resultieren Höhenunterschieden zwischen dem Lötschen- und Kandertal war der Lötschepass im Mittelalter eine bedeutende Handelsroute. Die Funde von Pfeilbogen aus dem Lötschegletscher, die aus einer Zeit um 3500 vor Christus stammen, und von römischen Münzen auf dem Pass, weisen darauf hin, dass dieser Übergang schon viel früher eine grosse Bedeutung hatte. Seit 1913 ist diese wichtige Verbindung durch einen Bahntunnel zwischen Kandersteg und Goppenstein erschlossen, und schon in wenigen Jahren wird ein Basistunnel zwischen Frutigen und Raron die Mobilitätsbedürfnisse der Moderne befriedigen. Die Passroute hingegen bleibt dem Langsamverkehr der Bergwanderer vorbehalten und hat einiges zu bieten: Schon allein das Gasteretal mit seiner speziellen Flora ist eine Reise wert. Während dem steilen Aufstieg werden die Ausblicke auf die mächtigen Felsabstürze des Balmhorns und des Doldenhorns immer eindrücklicher. Oben auf dem Pass öffnet sich der Blick nach Süden zur Gipfelwelt der Walliser Alpen. Mit genügend Zeit- und Konditionsreserven liegt mit dem Hockenhorn auch einer der lohnendsten Bergwandergipfel der Berner Alpen in Reichweite.

T3	6½ – 7 Std.	▲ 1160 m	▼ 1320 m

Schwierigkeit T3
Im Abschnitt zwischen Gfelalp und Lötschegletscher exponierter, aber gut gesicherter Pfad.

Zeit 6½ – 7 Std.
Selden – Gfelalp 1 Std.
Gfelalp – Lötschepass 2½ – 3 Std.
Lötschepass – Kummenalp 1½ Std.
Kummenalp – Ferden 1½ Std.

Gletscherschliff am Lötschepass

Höhenunterschiede Aufstieg 1160 Hm, Abstieg 1320 Hm

Ausgangspunkt Selden, 1537m
Weiler im Gasteretal. Nur im Sommer bewohnt. Zu Fuss von Kandersteg über den Talwanderweg in 2$\frac{1}{2}$ Std. Busverbindung ab Kandersteg von Mitte Juni – Ende September [300.40], übrige Zeit auf Bestellung, Tel. 033 671 11 71. Übernachtungsmöglichkeiten: Hotel Gasterntal, Tel. 033 675 11 63; Hotel Steinbock, Tel. 033 675 11 62.

Talort Kandersteg, 1176 m
Bahnverbindungen nach Bern und Brig [300].
Talort mit zahlreichen Übernachtungsmöglichkeiten in Hotels und Pensionen.
Tourismusinformation: Tel. 033 675 80 80.

Endpunkt Ferden, 1375 m
Unterstes Dorf im Lötschental. Postautoverbindung nach Goppenstein und Gampel-Steg [300.45]. Übernachtungsmöglichkeit: Pension Ambord, Tel. 027 939 11 32. Weitere Unterkünfte in den verschiedenen Ortschaften im Lötschental.
Auskunft und Reservation: Lötschental Tourismus, Tel. 027 938 88 88.

Karten 1268 Lötschental, 264T Jungfrau

Unterwegs einkehren Lötschenpasshütte, 2690 m
Koord. 621 380 / 140 590.
Privatbesitz. Auskunft Beat Dietrich, 3918 Wiler.
Geöffnet von Juni – Oktober. Tel. Hütte 027 939 19 81.
Weitere Verpflegungs- und Unterkunftsmöglichkeiten: Berghaus Gfelalp, 1 Std. oberhalb Selden, Tel. 033 675 11 61. Berggasthaus Kummenalp, 2086 m oberhalb Ferden, geöffnet von Juni – September, Tel. 027 939 12 80.

Die Route Vom Hotel Steinbock in Selden führt der Weg zunächst mittels einer Hängebrücke über die Kander und steigt dann in steilen Kehren zur Gfelalp hinauf. Weiter oben, am nördlichen Rand der kleinen Ebene von Schönbüel, trennt sich der Pfad: Der rechte Weg führt über Balme, hart am Fusse der Felsabstürze des Balmhorns und leitet dann über den geröllbedeckten Lötschegletscher, den man schräg links aufwärts zu seiner östlichen Seitenmoräne traversiert. Dieser Weg ist sonniger, aber etwas länger als der Aufstieg über den sog. „Römerweg". Dieser im 17. Jahrhundert erbaute Saumweg wurde 1991 / 92 als Bergweg wiederhergestellt. Für diesen Weiteraufstieg folgt man bei der genannten Weggabelung dem linken Pfad, der über einen Bach und eine alte Seitenmoräne des Lötschegletscher an die Steilstufe auf ca. 2200 m leitet. Nun den steilen Weg über diese Stufe hinauf (Drahtseilsicherungen und eine Leiter), bis man auf ca. 2350 m wieder in flacheres Gelände gelangt. Weiter über die östliche Seitenmoräne des Löschegletscher hinauf, wo der zuvor erwähnte Weg über den Gletscher einmündet. Beide Wege führen nun wieder gemeinsam über eine letzte Felsstufe und zuletzt nur noch wenig ansteigend zum Lötschepass (2690 m) hinauf. Der Abstieg ins Wallis erfolgt zunächst durch eine schöne Gletscherschlifflandschaft mit eingelagerten Seen. Weiter unten führt der Weg steil über den Stierstutz hinunter und leitet dann zur kleinen Alpsiedlung der Kummenalp. Von da direkt den steilen Weg hinunter oder (flacher, aber weiter) dem Fahrsträsschen entlang nach Ferden.

Variante Zur Lauchernalp, 1969 m
Von der Kummenalp auf dem Lötschentaler Höhenweg über die Hockenalp zur Bergstation der Luftseilbahn Wiler – Lauchernalp [2265]; 1 Std. von der Kummenalp.

Gipfel Hockenhorn, 3293 m
Markanter Felsgipfel, hervorragender Aussichtspunkt.
Vom Lötschepass dem markierten Pfad entlang nach Osten über den breiten Gratrücken an den Fuss des Kleinhockenhorn (3163 m). Nördlich an diesem vorbei in den Sattel zwischen Kleinhockenhorn und Hockenhorn. (Dieser Abschnitt ist bei Altschnee oder Vereisung sehr heikel. Sicherer bei solchen Verhältnissen ist eine südliche Umgehung des Kleinhockenhorn). Vom Sattel nach links ausholen und auf den deutlichen Wegspuren zum Gipfel. T4; zusätzlicher Zeitbedarf ab Lötschepass ca. 3 Std.

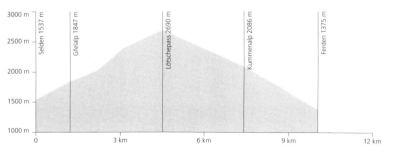

Etappe 43.1

Wilder Zugang zum Lötschepass

Kandersteg – Balmhornhütte – Lötschental

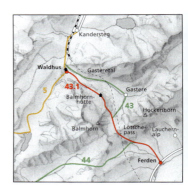

Vom Nordostgrat des Balmhorns fällt im Osten und Norden eine mächtige Steilflanke ab, die im oberen Teil im Lötschegletscher endet und im unteren Teil direkt im Gasteretal fusst. Dieser Grat (Wildelsigengrat genannt) wurde erstmals 1901 direkt vom Gasteretal aus durch diese Flanke erreicht und bestiegen. Seit dem Bau der Balmhornhütte wurde dieser alte Zustieg kaum mehr begangen. Die SAC Sektion Altels hat im Jahr 2000 diese in Vergessenheit geratene Route mit Sicherungspunkten (Bohrhaken) und Seilsicherungen versehen. Sie ist dadurch auch dem erfahrenen Alpinwanderer zugänglich geworden und ermöglicht eine interessante, wenn auch sehr anspruchsvolle Alternative zur „üblichen" Lötschepassroute. Gemäss dem Konzept dieses Führers wird die Route von Tal zu Tal beschrieben. Die respektablen Aufstiegshöhenmeter lassen sich jedoch mit einer Übernachtung in der Balmhornhütte auf zwei Tage unterteilen. Ein Vorhaben, das schon allein wegen des sehr schönen Standortes dieser Hütte zu empfehlen ist.

T5	10 Std.	▲ 1910 m	▼ 1900 m

Schwierigkeit T5

Die alpintechnischen Anforderungen konzentrieren sich auf den Abstieg durch die steile Wildelsigenflanke. Für die Begehung dieser alpinen Route (rot markiert) wird Seilsicherung empfohlen. Sie sollte nur bei trockenen Verhältnissen angegangen werden. Eine Begehung in umgekehrter Richtung ist nicht zu empfehlen.

Steiler und steiniger Abstieg durch die Wildelsigenflanke

Zeit 10 Std.
Waldhus – Balmhornhütte 2 Std.
Balmhornhütte – P. 2729 2 Std.
P. 2729 – Schönbüel 1$^1/_2$ Std.
Schönbüel – Lötschepass 1$^1/_2$ Std.
Lötschepass – Kummenalp 1$^1/_2$ Std.
Kummenalp – Ferden 1$^1/_2$ Std.

Höhenunterschiede Aufstieg 1910 Hm, Abstieg 1900 Hm

Ausgangspunkt Waldhus, 1358 m
Gasthaus im vorderen Teil des Gasteretals. Zu Fuss von Kandersteg über den Talwanderweg in 1 Std. erreichbar. Von Mitte Juni – Ende September Busverbindung ab Kandersteg [300.40], übrige Zeit auf Bestellung, Tel. 033 671 11 71. Übernachtungsmöglichkeit von Juni – Oktober im Hotel–Restaurant Waldhaus, Tel. 033 675 12 73.

Talort Kandersteg, 1176 m
Bahnverbindungen nach Bern und Brig [300].
Talort mit zahlreichen Übernachtungsmöglichkeiten in Hotels und Pensionen. Tourismusinformation: Tel. 033 675 80 80.

Endpunkt Ferden, 1375 m
Unterstes Dorf im Lötschental. Postautoverbindung nach Goppenstein und Gampel-Steg [300.45]. Übernachtungsmöglichkeit: Pension Ambord, Tel. 027 939 11 32. Weitere Unterkünfte in den verschiedenen Ortschaften im Lötschental. Auskunft und Reservation Lötschental Tourismus, Tel. 027 938 88 88.

Karten 1267 Gemmi, 1268 Lötschental, 263T Wildstrubel, 264T Jungfrau

Unterwegs einkehren Balmhornhütte SAC, 1956 m
Koord. 619 280 / 144 470.
SAC Sektion Altels, 3714 Frutigen. Die Hütte ist immer offen, in der Regel bewartet Juli und August. Tel. Hütte: 033 675 13 40.
Weitere Verpflegungs- und Unterkunftsmöglichkeiten: Lötschenpasshütte (2690 m), Tel. 027 939 19 81. Berggasthaus Kummenalp (2086m) oberhalb Ferden, geöffnet Juni – September, Tel. 027 939 12 80. (Siehe auch Etappe 43).

Die Route Vom Hotel–Restaurant Waldhaus auf dem breiten Weg taleinwärts bis zu P. 1367 im Gastereholz. Hier zweigt der Weg zur Balmhornhütte ab (holzgeschnitzter Wegweiser, zusätzliches Schild mit Angaben, ob die Balmhornhütte bewartet ist). Man folgt diesem Weg, der nach ca. 300 m exponiert durch eine steile und eindrückliche Felswand führt. Oberhalb dieser Wand gelangt man in den breiten Gras- und Geröllkessel unter der Nordflanke des Balmhorn. Weiter über den Weg, mehrere Bäche querend, in nordöstlicher Richtung zur Balmhornhütte. Von der Hütte folgt man dem guten und markierten Pfad, der nach kurzer Zeit durch eine Felsstufe auf den Gratrücken von Wildelsigen hinaufführt. Weiter über diesen Gras- und Geröllrücken bis zu P. 2729. Hier befindet sich die Einstiegsstelle für den Abstieg in die Wildelsigenflanke. (Vor diesem Abstieg lohnt sich ein kurzer Abstecher zu P. 2821.7, einer Aussichtskanzel mit sehr schönem Blick in das Gasteretal). Von P. 2729 führt ein erstes Couloir durch die steile Ostflanke hinunter (7 Bohrhaken mit Geländerseil). Es folgt eine Querung nach Süden auf ca. 2560 m in einen Sattel. Hier führt ein weiteres Couloir (6) Bohrhaken) nach unten. Am Fusse desselben folgt man den Pfadspuren (Steinmänner und Markierungen) absteigend in Richtung Schönbüel. Man erreicht so den von der Gfelalp heraufkommenden Bergweg zum Lötschepass oberhalb Schönbüel auf ca. 2150 m. Weiter über diesen Weg, wie in der Etappe 43 beschrieben, in den Lötschepass und auf der Südseite hinunter in das Lötschental.

Variante Zur Lauchernalp, 1969 m
Von der Kummenalp auf dem Lötschentaler Höhenweg über die Hockenalp zur Bergstation der Luftseilbahn Wiler – Lauchernalp [2265], 1 Std. von der Kummenalp.

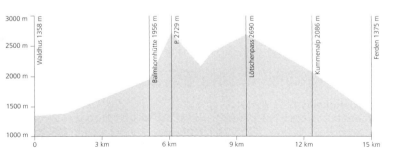

Über den Ferdenpass zu den Thermalquellen

Lötschental – Leukerbad

Topographisch betrachtet sind sich das Lötschen- und das Dalatal recht ähnlich. Beide sind eher kleinere Seitentäler im Kamm der Berner Alpen, die sich nach Süden hin zum Rhônetal öffnen. Der bekannteste Übergang im Kamm zwischen diesen beiden Tälern ist der Restipass, der von Ferden oder von der Kummenalp aus als Etappe der „Tour du Wildstrubel" in verschiedenen Publikationen beschrieben und dementsprechend auch recht häufig begangen wird. (Der letze Abschnitt dieser Rundtour wird in diesem Führer auch in der Etappe 21 von Jeizinen nach Leukerbad beschrieben). Der hier vorgestellte Weg über den Ferdenpass ist höher, anspruchsvoller und dementsprechend auch deutlich seltener begangen. Für erfahrene und konditionsstarke Bergwanderer liegt in Reichweite dieser Etappe auch eine Besteigung des Ferdenrothorns, einem eher selten besuchten Berg mit eindrücklichen Ausblicken auf die Berner und Walliser Alpen.

T4	6 – 7 Std.	▲ 1450 m	▼ 1450 m

Schwierigkeit T4

Der anspruchsvollste Teil dieser Etappe ist der steile Abstieg vom Ferdenpass bis zur Flüealp. Solange hier noch oder bereits Schnee liegt (in der Regel bis Mitte Juli und ab Oktober), sollte von einer Begehung abgesehen werden.

Zeit 6 – 7 Std.
Ferden – Kummenalp 1¹/₂ Std.
Kummenalp – Ferdenpass 2 Std.
Ferdenpass – Flüealp 1 – 1¹/₂ Std.
Flüealp – Leukerbad 1¹/₂ – 2 Std.

Auch für Alpinwanderer erreichbar: Das Ferdenrothorn

Höhenunterschiede Aufstieg 1450 Hm, Abstieg 1450 Hm

Ausgangspunkt Ferden, 1375 m
Unterstes Dorf im Lötschental. Postautoverbindung nach Goppenstein und Gampel-Steg [300.45]. Übernachtungsmöglichkeit: Pension Ambord, Tel. 027 939 11 32. Weitere Unterkünfte in den verschiedenen Ortschaften im Lötschental. Auskunft und Reservation: Lötschental Tourismus, Tel. 027 938 88 88.

Endpunkt Leukerbad, 1384 m
Busverbindung nach Leuk [100.84]. Zahlreiche Hotels. Vermittlung und Reservation: Leukerbad Tourismus, Tel. 027 472 71 71. Eine einfachere Unterkunft bietet das Touristenheim Bergfreunde im oberen Dorfteil, Tel. 027 470 17 61.

Karten 1267 Gemmi, 1268 Lötschental, 263T Wildstrubel, 264T Jungfrau

Die Route Von Ferden folgt man dem Bergweg durch den Färdawald bis zur kleinen Alpsiedlung der Kummenalp. Von da dem Weg entlang, der nach Westen, durch die Siedlung, an der Kapelle vorbei zur Geländekammer von Unders Färdu führt. Hier wendet sich der Weg nach Süden und überwindet eine kleine Steilstufe (Zem Tritt auf der LK) zu den Schafweiden von Obers Färda. Nun durch dieses lange Hochtal, mehr oder weniger dem nördlichen Ufer des Baches entlang nach Westen und zuletzt über Geröll in den Ferdenpass. Der Abstieg auf der Westseite des Passes ist steil und führt über Pfadspuren und Geröll durch mehrere kleine Felsstufen hindurch bis zu den obersten Weiden der Flüealp, über die man die Flüealp erreicht. Für den Weiterweg nach Leukerbad gibt es zwei Möglichkeiten: Etwas kürzer ist derjenige, welcher der linken (südlichen) Talflanke des Dalatales entlang über die Majingalp hinunterführt. Interessanter ist es jedoch, von der Flüealp dem Weg nach Nordosten zu folgen, der zu einer Brücke über die Dala und zur Flüekapelle führt. Von da leitet der Bergweg der rechten (nördlichen) Talflanke des Dalatales entlang und erlaubt interessante Einblicke in die tiefer gelegene Dalaschlucht. Nach der Clabinualp (1861m) erreicht man das lokale Bergwanderwegnetz von Leukerbad. Über dieses in verschiedenen Varianten hinunter zum Ortszentrum.

Variante Von der Lauchernalp, 1969 m
Falls man für diese Etappe nicht bereits auf der Kummenalp logiert, kann für den Aufstieg vom Lötschental her auch die Luftseilbahn Wiler – Lauchernalp [2265] in Betracht gezogen werden. Von deren Bergstation aus ist die Kummenalp über den Lötschentaler Höhenweg in einer knappen Stunde erreichbar.

Gipfel Ferdenrothorn, 3180 m
Markanter Berg im Kamm zwischen Lötschen- und Dalatal mit hervorragender
Aussicht. Vom Ferdenpass folgt man dem breiten Gratrücken über Wegspuren
und Geröll (evtl. auch Schnee- und Firnflecken) bis zum Vorgipfel (3136 m). Von
diesem steigt man über Geröll und eine kurze Felsstufe hinunter in einen Sattel.
Von da wird der Hauptgipfel über spärliche Wegspuren und einige kürzere
Felsstufen erreicht. Zusätzlicher Zeitaufwand vom Ferdenpass 2½ Std.

Erlebenswert Thermalbad Leukerbad
Wie bereits bei der Etappe 21 beschrieben, sollte man sich in Leukerbad einen
Besuch in einem der Thermalbäder nicht entgehen lassen. Allgemein zugäng-
lich ist das öffentliche Burgerbad (am unteren Dorfrand, offen bis 20 Uhr).

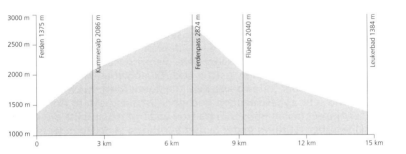

Das Bietschhorn dominiert die Szenerie

Lötschental – Bietschjoch –
Ausserberg

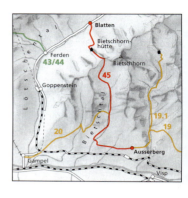

Bereits vom allseits bekannten Lötschentaler Höhenweg Lauchernalp – Fafleralp aus ist dieser Gipfel allgegenwärtig: Wenn man auf diesem Weg nach Osten wandert, wandelt sich die Ansicht dieses Berges vom einem mächtigen Klotz zu einer eleganten Pyramide. Einen ganz anderen Anblick bietet dieser Berg von Süden her: Gleich einem gotischen Dom erhebt er sich hier über dem Reemi, einem wilden und höchst abgelegenen Talkessel zuhinterst im langgezogenen Bietschtal. Auf der hier vorgestellten Verbindungsetappe zwischen dem Lötschental und der „Wanderautobahn" des Südrampenhöhenweges Hohtenn – Ausserberg hat man nun Gelegenheit, diesen stolzen Berg (es ist der höchste Gipfel im Aaregranit; siehe auch Geologiebeitrag ab Seite 234) – aus nächster Nähe kennenzulernen. Die Route führt durch eine grossartige und sehr abgeschiedene Hochgebirgslandschaft. In Anbetracht der sehr respektablen Höhendifferenzen und Distanzen sollte diese Tour mit einer Übernachtung in der Bietschhornhütte verbunden werden.

T5	11 – 11 Std. 30 Min.	▲ 1700 m	▼ 2350 m

Schwierigkeit T5
Die alpintechnischen Anforderungen konzentrieren sich auf den Abschnitt zwischen der Bietschhornhütte und dem Talboden im Bietschtal. Dieser Teil erfordert einen sehr guten Orientierungssinn im weglosen und unmarkierten Gelände. Bei schlechter Sicht schwierige Orientierung beim Abstieg ins Bietschtal. Für den ersten Teil des Abstieges über den Bietschgletscher ist ein Pickel nützlich.

Bergtüchtig und neugierig: Ziegenherde im Bietschtal

Zeit 11 – 11½ Std.
Blatten – Bietschhornhütte 3½ Std.
Bietschhornhütte – Bietschjoch 1½ Std.
Bietschjoch – Schafbärg 20 Min.
Schafbärg – Jegisand 2½ – 3 Std.
Jegisand – P. 1019 2 Std.
P. 1019 – Ausserberg 1 Std.

Höhenunterschiede Aufstieg 1700 Hm, Abstieg 2350 Hm

Ausgangspunkt Blatten, 1540 m
Hinterstes Dorf im Lötschental. Postautoverbindung von Gampel-Steg und Goppenstein [300.45]. Mehrere Unterkünfte in den Hotels im Ort. Auskunft und Reservation: Lötschental Tourismus, Tel. 027 938 88 88.

Endpunkt Ausserberg, 1008 m
Ortschaft an der Bahnlinie der Lötschbergbahn [300], Postauto von Visp [140.15]. Unterkunft im Hotel Bahnhof, Tel. 027 946 22 59 oder im Hotel Sonnenhalde, Tel. 027 946 25 83.

Karten 1268 Lötschental, 1288 Raron, 264T Jungfrau, 274T Visp

Unterwegs einkehren Bietschhornhütte AACB, 2565 m
Koord. 629 110 / 138 260.
Akademischer Alpenclub Bern, 3000 Bern. Die Hütte ist an den Wochenenden Juli/August bewartet. Reservationen bei der Hüttenwartin Anni Imstepf, 3942 Niedergestelen, Tel. 027 934 2 81.
Restaurant Rarnerkumme, Tel. 027 934 28 35. Am Geländerücken der Rarnerchumma am Höhenweg Hohtenn – Ausserberg. Hier kommt man nur vorbei, wenn man nach der Einmündung des Weges aus dem Bietschtal Richtung Hohtenn weitergeht. Bis zur Rarnerchumma Fahrstrasse nach Raron. Keine öV-Anbindung. Alpentaxi Viktor Forno in Steg, Tel. 027 932 14 67.

Die Route Vom grossen Parkplatz am südlichen Dorfrand von Blatten über die Lonzabrücke und über Brunnmatte nach Süden, nach P. 1635 den Birchbach überqueren. Weiter in südwestlicher Richtung schräg durch den Nästwald ansteigen und auf dem E-Ufer des Nästbachs empor. Dieser wird bei P. 1978 überschritten (bei hohem Wasserstand evtl. mit Schwierigkeiten verbunden), und man trifft auf 2000 m auf den von Wiler heraufkommenden Weg. Nun führt der Weg steil empor gegen die Zunge des Nestgletschers und biegt dann nach Westen ab und quert den Howitzgrat, einige Felsstufen passierend. Zuletzt nach S hinauf zur Hütte.

Für den Weiterweg zum Schafbärg folgt man der Wasserleitung nach Südwesten. Weiter über Wegspuren (Steinmänner und Markierungen) links einer Rinne, die von zwei Felsköpfen im Hauptgrat abfällt, entlang aufwärts. Weiter oben führt der Pfad einer schwach ausgeprägten Rippe entlang, dabei mehrere Felsstufen überwindend, in das Bietschjoch (3174 m). Von da über Firn und einige Felsen nach Osten zum kleinen Gipfel des Schafbärgs.

Für den Abstieg durch das Reemi in den Talgrund des Bietschtales beim Jegisand folgt man dem sanft geneigten Bietschgletscher in südwestlicher Richtung bis an seinen südwestlichen Rand auf ca. 2900 m, südlich unterhalb des Schwarzhorn. Weiter weglos über Geröll absteigen zu P. 2672. Nun den steilen Moränenzügen entlang hinunter zur Reemistafel auf ca. 2000 m, wo man auf Wegspuren trifft, die vom Jegisand her hinaufziehen. Über diese und den allmählich breiter und deutlicher werdenden Bergweg durch das Bietschtal hinaus talwärts. Westlich oberhalb der Naturbrücke bei P. 1019 trifft man auf den Höhenweg der Südrampe Hohtenn – Ausserberg. Diesem entlang nach Ausserberg oder Hohtenn.

Variante Abstieg durch den östlichen Teil des Reemi
Vom Schafbärg in südöstlicher Richtung über den Bietschgletscher hinunter zu seinem Ende bei ca. 3000 m. Weiter weglos über gletschergeschliffene Felsplatten und Geröll schräg hinunter zu P. 2667. Von da mehr oder weniger gerade über die steilen Gras und Geröllhänge abwärts, bis man auf ca. 2300 m auf ein Schafweglein trifft. Diesem entlang über einen Bach und weiter hinunter zum Jegisand und der Hauptroute entlang durch das Bietschtal talwärts.

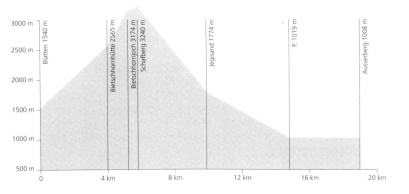

Literatur

Weitere Führerliteratur über das Gebiet der Berner Alpen aus dem Programm des SAC-Verlags:

Martin Gerber	Berner Voralpen, 1997 (Gstaad bis Meiringen)
D. Anker, Th. Kopp, J. Müller, W. Munter, P. Schmid	Berner Alpen 1, 1991 (Sanetsch bis Gemmi)
Jürg Müller	Berner Alpen 2, 1993 (Gemmi bis Petersgrat)
Christoph Blum	Berner Alpen 3, 1994 (Bietschhorn- und Aletschhorngruppe)
Karl Hausmann	Berner Alpen 4, 1997 (Tschingelhorn bis Finsteraarhorn)
Ueli Mosimann	Berner Alpen 5, 1996 (Von Grindelwald zur Grimsel)
Ueli Mosimann	Hochtouren Berner Alpen, 1999 (Sanetsch bis Grimsel), auch auf CD erhältlich
R. Kundert, M. Volken	Hütten der Schweizer Alpen, 2002

Ein ausführliches, jährlich aktualisiertes Verzeichnis aller Veröffentlichungen des SAC-Verlags ist kostenlos erhältlich bei:

– SAC-Verlag, Monbijoustr. 61, Postfach, CH-3000 Bern 23
– SAC-Buchauslieferung, Postfach 134, CH-7004 Chur
– Aktuellste Informationen über SAC-Bücher erhalten Sie unter www.sac-verlag.ch

Daniel Anker	S. 163, 231
Peter Donatsch	S. 128, 131
Egon Feller	S. 201, 205
Lukas Högl	S. 189
Ralf Imstepf	S. 212, 213, 215, 217
Kraftwerke Oberhasli	S. 152, 155, 157
Toni Labhart	S.234, 236, 237, 239, 245
Hansruedi Mösching	S. 59, 61, 63, 75, 76, 77, 104, 190
Ueli Mosimann	Titelbild, S. 13, 15, 22, 23, 24, 27, 28, 29, 45, 46, 47, 55, 58, 71, 85, 89, 93, 97, 101, 109, 117, 121, 125, 133, 137, 141, 144, 145, 147, 149, 153, 159, 167, 171, 175, 179, 183, 193, 209, 219, 223, 227, 249, 285
Jakob Schmid	S. 269
Patrice Schreyer	S. 31, 257
A. und V. Strehl	S.187 (beide)
Marco Volken	S. 113, 253, 261, 265
Ernst Zbären	S. 51, 67, 81, 197, 273, 277

Auf dem Weg zur Lauteraarhütte

Berner Alpen im SAC-Verlag

Clubführer

Berner Alpen 1
Sanetsch bis Gemmi
von D. Anker, T. Kopp, J. Müller,
W. Munter, P. Schmid
Ausgabe 1991   **Art.-Nr. 103-6**

Berner Alpen 2
Gemmi bis Petersgrat
von Jürg Müller
Ausgabe 1993   **Art.-Nr. 132-X**

Berner Alpen 3
Bietschhorn- bis Aletsch-
horngruppe
von Christoph Blum
Ausgabe 1994   **Art.-Nr. 133-8**

Berner Alpen 4
Tschingelhorn bis Finster-
aarhorn
von Karl Hausmann
Ausgabe 1997   **Art.-Nr. 162-1**

Berner Alpen 5
Grindelwald zur Grimsel
von Ueli Mosimann
Ausgabe 1996   **Art.-Nr. 155-9**

Berner Voralpen
Gstaad bis Meiringen
von Martin Gerber
Ausgabe 1997   **Art.-Nr. 165-6**

Auswahlführer

Hochtouren Berner Alpen
von Ueli Mosimann
Ausgabe 1999   **Art.-Nr. 183-4**

Auswahlführer
auf CD-ROM

Hochtouren Berner Alpen
Sanetschpass zur Grimsel
von U. Mosimann/S. Oberli
Ausgabe 2001   **Art.-Nr. 189-3**

Kletterführer

Berner Voralpen
von Martin Gerber
Ausgabe 1998   **Art.-Nr. 174-5**

Weitere SAC-Alpin-Wanderführer

*Die **SAC-Alpin-Wanderführer** richten sich an ein Publikum, das meist ohne Seil und Pickel die Hochgebirgswelt erwandern möchte. Sie beschreiben eine attraktive Auswahl der schönsten Hütten- und Passwege sowie der leichten Gipfelziele.*

**Wandern alpin –
von Hütte zu Hütte**
von Philippe Metzker
222 Seiten, 82 Skizzen,
25 Fotos
Ausgabe 2002   **Art.-Nr. 205-9**

**Alpinwandern Graubünden
Weitwandern in 65 Etappen**
von P. Donatsch/P. Meinherz
366 Seiten, 16 Farbfotos,
11 Karten
Ausgabe 2001   **Art.-Nr. 176-1**

Alpinwandern Wallis
von Bernhard Banzhaf
360 Seiten, über 130 Farbfotos
und Kärtchen
Ausgabe 2003   **Art.-Nr. 217-2**

**Alpinwandern Zentral-
schweiz - Glarus - Alpstein**
von R. Kundert/M. Volken
336 Seiten, 4 Übersichtskarten
(mehrtägige Rundwanderun-
gen), 55 farbige Routen-
kärtchen (55 Tagesetappen),
55 Höhenprofile, 73 Farbfotos
und 11 Zeichnungen
Ausgabe 2002   **Art.-Nr. 207-5**

**Wanderfitzig
Talein, talaus durchs
Göschenertal**
von Thomas Bachmann
196 Seiten, reich illustriert
Ausgabe 1999   **Art.-Nr. 186-9**

Erhältlich überall, wo es Bücher gibt.   www.sac-verlag.ch